Reiseführer

MASUREN

und Umgebung

Jan Zduniak
Agnieszka Fedczak

Reiseführer
MASUREN
und Umgebung

Bildnachweis

Tadeusz Filipowicz: S. 3, 14 oben, 25, 38, 39, 51, 52 unten, 67, 73, 92, 97, 98, 121, 128, 131, 161, 162, 181, 197, 210, 229-232, 244 oben, 255, 263, 284, 295-297, 303 unten, 304 oben, 311, 313-315, 319, 330 unten, 340
J. Franczuk: S. 280
Włodzimierz Łapiński: S. 9, 11 oben, 23, 24, 26-31, 34-36, 80, 90, 91, 151, 152, 170, 171, 206, 209, 228, 254, 303 oben, 304 unten, 307, 316
Lucjan Mikulski: S. 107, 109, 111 oben, 119, 173 oben, 193
Jan Osiecki: S. 185 oben
Alicja Woronowicz: S. 11 unten, 16, 17, 18, 33, 46, 47, 50, 54, 64, 65, 71, 78, 88, 89, 122, 137, 157-159, 163, 169, 180 oben, 192, 194, 264
Jan Zduniak: S. 13, 14 unten, 15, 20, 21, 32, 40, 43, 52 oben, 55, 61, 69, 70, 74, 75, 82, 84, 85, 87, 95, 101, 102, 103, 105, 108, 111 unten, 113, 115, 117, 126 unten, 129, 133, 134, 140, 141, 143, 145, 147, 164, 166, 167, 175, 176, 180 unten, 182, 187, 188, 190, 198, 199, 201, 203, 207, 212, 225, 234, 236, 237, 240, 244 unten, 247, 248, 251, 257, 260, 266, 268, 269, 277, 278, 286, 289, 324-329, 330 oben, 337

Die Reproduktion der deutschen Stadtwappen erfolgte mit freundlicher Genehmigung des Schadinsky-Verlages in Celle
(Heimatkarte von Ostpreußen und der freien Stadt Danzig).

Kętrzyn 2003

ISBN 83-89119-51-X

Wydawnictwo / Verlag
KENGRAF
11-400 Kętrzyn, ul. Budowlana 3
Tel./Fax (089) 7524014

Fotosatz und Druck
KENGRAF

INHALTSVERZEICHNIS

Immer mehr Biber leben in Masuren.

LAND UND LEUTE

LAGE

Das Land der dunklen Wälder und kristallnen Seen – Masuren – ist der südliche Teil Ostpreußens. Es ist dies eine Landschaft zwischen der Kernsdorfer Höhe (313 m ü.d.M.) im Westen und der Seesker Höhe (309 m ü.d.M.) im Osten.

Erst zu Beginn des 19. Jh. begann man den Namen „Masuren" für jenen Teil Ostpreußens zu gebrauchen, in dem hauptsächlich auf dem Lande die evangelische Bevölkerung, die aus dem polnischen Masowien gekommen war, vorherrschend war. Unter den Historikern gibt es keine Übereinstimmung zur Frage, welche Landstriche zu Masuren gehören. Selbst der aufmerksamste Leser findet in den Lehrbüchern für Geschichte oder Geographie keine genauen Angaben über die Grenzen dieser Landschaft. Am häufigsten zählt man zu Masuren die Kreise: Treuburg, Lyck, Johannisburg, Sensburg, Ortelsburg, Neidenburg, Soldau, Osterode sowie auch die südlichen Teile der Kreise Rastenburg und Goldap.

Außer den schon erwähnten Gebieten beschreibt der vorliegende Reiseführer auch die Umgebung Masurens. Der Leser findet also hier zum Beispiel die Beschreibung von Rastenburg und Goldap (von deutschen Historikern nicht Masuren zugerechnet)[1] und auch solche Ortschaften wie Heiligelinde, Steinort, Dönhoffstädt und einige andere, die man aufsuchen und besichtigen sollte.

STRUKTUR DER ERDOBERFLÄCHE

Die Erdoberfläche Masurens wurde zur Zeit der letzten Vereisung geformt. Sie entstand durch Auswirkungen des skandinavischen Inlandeises. Der sich zurückziehende Gletscher und das aus ihm entstehende Schmelzwasser meißelten intensiv die Erdoberfläche; daher ist diese auch in Masuren abwechslungsreich. Es gibt Moränenanhöhen mit steilen Berghängen, kleine, wenig ansteigende Hügel,

Masurische Landschaft

Eine Schwanenfamilie auf dem Mauer-See

sich weit erstreckende sandige oder sumpfige Täler. Es gibt hier schnellströmende und sich träg dahinschleppende Flüße und Bäche, Tausende großer oder kleiner Seen, malerische Buchten und kleine Inseln. Manche Seeufer sind niedrig und mit Schilf bewachsen, andere wiederum erheben sich hoch und sind steinig. Es gibt hier schwer zu durchquerende Sumpfgelände, Torfmoore und sich weit erstreckende, mit unzähligen Steinen bedeckte Felder. Hin und wieder stößt man auf riesige, vom Gletscher herangebrachte Felsblöcke.

KLIMA

Masuren liegt in der Zone, in der atlantische Luftmassen auf kontinentale stoßen, daher ist das Wetter hier sehr unbeständig. Die große Anzahl Seen und die Nähe der Ostsee nehmen Einfluß auf das Klima, das sich vom Klima der weiter südlich gelegenen Gebiete unterscheidet. Der Frühling beginnt hier erst Mitte April, die Feldarbeiten und die Ernte sind im Vergleich zu anderen Teilen Polens um 2 bis 3 Wochen verzögert. Der Sommer ist warm, aber er währt nur 70 bis 80 Tage. Die größte Anzahl sonniger Tage gibt es im Juni und September. Der Mittelwert für die Luft beträgt 7° C für das ganze Jahr, für den Sommer 17° C. Die jährliche Menge der Niederschläge liegt über 550 mm. Der Winter dauert in Masuren 90 bis 110 Tage, also lange, aber er ist in der Regel mild.

MASURISCHE SEEN

Masuren wird auch als das Land der tausend Seen bezeichnet. Es treten hier zwei Grundformen von Seen auf: Rinnen- und Moränenseen. Die Rinnenseen sind lang, tief und haben hohe, steile Ufer. Die Moränenseen haben die Form einer Mulde, eine abwechslungsreiche Uferlinie und sind nicht besonders tief. Die größte Anzahl der Seen befindet sich im östlichen Teil Masurens, das als das Land der Großen Masurischen Seen bezeichnet wird.

Der Spirding-See/jez. Śniardwy ist der größte in Masuren. Er bedeckt eine Fläche von 11.383 ha. Die Länge von Westen nach Osten beträgt 22,1 km, die Breite 13,4 km, maximale Tiefe 23 m. Die Uferlinie hat eine Länge von 83 km. Seine Ufer sind flach, sumpfig oder steinig, der Grund des Sees ist sandig. Nur erfahrene Segler können mit dem Boot oder Paddelboot einen Ausflug auf dem Spirding-

Auf dem Mauer-See

Angeln

Wildenten

Wassersport

See unternehmen. Für die gewöhnlichen Touristen kann sich der See als zu riskant erweisen. Zahlreiche unter der Wasseroberfläche verborgene Felsen können für sie gefährlich werden, bei großem Wind erreichen die Wellen zuweilen eine Höhe von 1,5 m. Die interessanteste Insel auf dem See ist Teufelswerder (Czarci Ostrów) im südlichen Teil gelegen. Auf der Insel gab es seinerzeit eine Kultstätte der ehemaligen Pruzzen. In den Jahren 1784-1796 wurde auf Befehl des Königs von Preußen, Friedrich II., hier die mächtige Feste Lyck errichtet. Ihre Überreste sind bis heute vorhanden. Die Anhöhe, auf der sich einst die Feste befand, ist heute ein ausgezeichneter Aussichtspunkt.

Der Mauer-See/jez. Mamry besteht eigentlich aus sechs Seen: der eigentliche Mauer-See, der Schwenzait-See, der Kirsaiten-See, der Doben-See, der Dargainen-See, der Kissain-See. Im Mittelalter waren sie nicht miteinander verbunden, sondern stellten getrennte Seen dar. Zu dieser Zeit begann der geologische Prozeß der Anhebung des nördlichen Ufers des eigentlichen Mauer-Sees, was eine Erhöhung des Wasserstands um 2 m (4 mm jährlich) zur Folge hatte. Durch Überschwemmung der Landengen verbanden sich diese kleinen Seen zu einem großen.

Der Mauer-See hat eine Fläche von 10.439 ha und ist somit der zweitgrößte See Masurens. Seine Länge beträgt 25 km, Breite 10 km,

Am See

Seerosen

Auf dem Kirsaiten-See

Masurische Landschaft

Anlegestelle am Schwenzait-See

Am Rehsauer See

maximale Tiefe 43,8 m. Seine Ufer sind größtenteils niedrig, stark mit Schilf bewachsen, das Wasser an den Ufern ist flach. Auf dem See gibt es 33 Inseln mit einer Gesamtfläche von 213 ha; die größte ist Upalten (68 ha).

Der Löwentin-See/jez. Niegocin, südlich von Lötzen gelegen, ist der drittgrößte See der Masurischen Seenplatte. Seine Fläche beträgt 2.604 ha, Länge 10,8 km, Breite 5 km, maximale Tiefe 40 m. Seine nördlichen und südlichen Ufer sind niedrig, die westlichen höher. Nur die westlichen Ufer sind bewaldet. Im östlichen Teil befindet sich die Insel Graiwer (3,9 ha).

Die größten Seen Masurens

Deutscher Name	Polnischer Name	Fläche	Länge	Tiefe
Spirding-See	Śniardwy	11383 ha	22,1 km	23 m
Mauer-See	Mamry	10439 ha	25 km	43,8 m
Löwentin-See	Niegocin	2604 ha	10,8 km	40 m
Rosch-See	Roś	1888 ha	11,4 km	32 m
Nieder-See	Jez. Nidzkie	1831 ha	23 km	24 m
Gr. Selment-See	Selmęt Wielki	1273 ha	11,6 km	22 m
Talter Gewässer	Tałty	1160 ha	12,5 km	45 m
Arys-See	Orzysz	1076 ha	11,7 km	36 m
Kròsten-See	Jez. Jagodne	945 ha	8,7 km	37 m
Beldahn-See	Bełdany	944 ha	12,4 km	46 m
Laschmieden-See	Łaśmiady	885 ha	5,8 km	44 m
Gr. Schoben-See	Sasek Wielki	870 ha	12,5 km	38 m
Goldapgar-See	Gołdopiwo	862 ha	4 km	27 m
Mucker-See	Jez. Mokre	846 ha	7,7 km	51 m
Deyguhner-See	Dejguny	769 ha	6,5 km	45 m
Pogobier-See	Pogubie Wielkie	692 ha	3,9 km	3 m
Rheinischer-See	Jez. Ryńskie	676 ha	7,5 km	51 m

Quelle: „Słownik geograficzno-krajoznawczy Polski“ pod red. M. I. Mileskiej

KANÄLE UND SCHLEUSEN

Durch ein System von Kanälen und Schleusen sind die Seen im Land der Großen Masurischen Seen miteinander verbunden, was den Seglern ein Gefühl der Freiheit und Ungebundenheit verleiht.

Auf den Gedanken, die masurischen Seen zu verbinden, kam der Hochmeister des Deutschen Ordens, Winrich von Kniprode während

Wießer Schwan

Masurische Landschaft

seiner bahnbrechenden Fahrt im Jahre 1379. Er begab sich mit dem Boot von Angerburg/Węgorzewo über Rhein/Ryn nach Johannisburg/Pisz und kehrte von dort über die Flüsse Galinde/Pisa, Narew und Weichsel nach Marienburg/Malbork zurück. Damals wurde das Boot des Hochmeisters noch von See zu See getragen. Kniprode verwirklichte seinen Gedanken nicht. Im 17. Jh. kam man wieder darauf zurück. In den Jahren 1660-1687 arbeitete Josef Naroński, Kartograph des preußischen Fürsten, Pläne für eine Verbindung der Seen auf der Strecke Angerburg – Johannisburg aus. Seine Arbeiten wurden von Samuel Suchodolski und seinem Sohn Jan fortgeführt. Beendet wurden die Pläne im Jahre 1744. Der 1765 begonnene Bau der Kanäle dauerte viele Jahre. Erst 1854 startete der erste Dampfer mit dem Namen „Masowia", an Bord mit dem preußischen König Friedrich Wilhelm zur ersten Fahrt von Angerburg nach Johannisburg. Ab 1857 gab es eine reguläre Schiffahrt.

Im Jahre 1911 wurde mit dem Bau des **Masurischen Kanals** begonnen. Er sollte den Mauer-See durch die Flüsse Alle und Pregel mit der Ostsee verbinden. Der Kanal war 51 km lang. Jeder Kilometer des Kanals kostete 800.000 Reichsmark.[2] Um die 111 Meter hohe Differenz des Wasserspiegels auszugleichen, baute man 10

Am Masurischen Kanal

Schleusen; 5 von ihnen befinden sich heute innerhalb der Grenzen Polens. Der Bau des Masurischen Kanals sollte große wirtschaftliche Vorteile bringen. Man plante, auf ihm Waren zu befördern. Außerdem sollte er eine Melioration der Sumpf- und Morastgelände ermöglichen. Als die Kanalarbeiten sich ihrem Ende näherten, wurden sie in Hinblick auf den andauernden Krieg unterbrochen. Später durchschnitt die polnisch-russische Grenze den Masurischen Kanal und jegliche Arbeiten wurden eingestellt.

Weitere Kanäle:

- **Grünwalder Kanal** (Kanał Grunwaldzki, Kanał Lelecki), 470 m lang, verbindet den Kleinen See/jez. Kotek Wielki mit dem Kleinen Talter See/Jez. Tałtowisko
- **Immenhagener Kanal** (Kanał Mioduński), 1,92 km lang, verbindet den Schmidtsdorfer See/jez. Szymon mit dem Kleinen See/Jez. Kotek Wielki
- **Kulla-Kanal** (Kanał Kula), 110 m lang, verbindet den Saitensee/Jez. Boczne mit dem Krösten-See/Jez. Jagodne
- **Lötzener Kanal** (Kanał Giżycki), 2,13 km lang, verbindet den Kissain-See/jez. Kisajno mit dem Löwentin-See/jez. Niegocin
- **Nähe-Kanal** (Kanał Węgorzewski) von 920 m Länge verbindet die Flusswindungen der Angerapp/Węgorapa
- **Niedersee-Kanal** (Kanał Nidzki), 95 m lang, verbindet den Nieder-See/Jez. Nidzkie mit dem Großen Guschiener See/jez. Guzianka Wielka. Über diesen Kanal wurden eine Straßen- und eine Eisenbahnbrücke gebaut
- **Rafalker Kanal** (Kanał Niegociński), 1,2 km lang, verbindet den Löwentin-See/jez. Niegocin mit dem Taita-See/jez. Tajty
- **Schmidtsdorfer Kanal** (Kanał Szymoński) mit 2,36 km Länge verbindet den Großen Hensel-See/Jez. Szymoneckie mit dem Schmidtsdorfer See/jez. Szymon
- **Schönberg Kanal** (Kanał Piękna Góra), 300 m lang verbindet den Taita-See/jez. Tajty mit dem Kissain-See/jez. Kisajno
- **Talter Kanal** (Kanał Tałcki) mit 1,6 km Länge verbindet den Kleinen Taltersee/jez. Tałtowisko mit dem Talter Gewässer/jez. Tałty
- **Wagenauer Kanal** (Kanał Jegliński) mit einer Länge von 5,25 km verbindet den Sexter See/jez. Seksty mit dem Rosch-See/jez. Roś

WÄLDER

Noch im 13. Jh. waren 80% der Fläche Masurens durch Urwälder bedeckt. Als man mit der Besiedlung dieser Gebiete begann, wurden auf fruchtbarem Boden die Wälder abgeholzt, um Anbaugebiete für die Landwirtschaft zu gewinnen. Seit dem 14. Jh. verkauften die Kreuzritter Holz an Länder im Westen Europas, später wurde das Holz an Ort und Stelle industriell verarbeitet. Im Laufe der Jahrhunderte verringerten sich die Waldgebiete immer mehr. Im Jahre 1926 bedeckten sie nur noch 18% der Fläche (gegenwärtig etwa 23%). In Masuren blieben noch Urwälder erhalten.

Star

Specht

Die Johannisburger Heide/Puszcza Piska erstreckt sich auf einer Fläche von etwa 86.000 ha. Es sind dies vorwiegend Kiefernwälder in Verbindung mit Fichten und Laubbäumen. Man findet auch Eichen, Wißbuchen, Linden, Ahorn, Birken, Erlen und Eschen. In der Heide gibt es viele malerisch gelegene Seen. Die Flüsse Kruttinna und Galinde durchfließen sie. In der Heide leben u.a. Wildschweine, Hirsche, Rehe, Elche, Luchse, Wölfe, Biber, Adler und Schwarzstörche.

Der Borker Wald/Puszcza Borecka erstreckt sich östlich vom Mauer-See auf einer Fläche von 14.000 ha. Hier wächst Mischwald, vorwiegend Fichten. Die Ansicht dieses Waldgebietes wird von hohen Erhebungen und Seen geprägt. Zu den interessantesten Tieren, die hier leben, gehören die Wisente (ca. 70).

Der Kalterborner Forst/Lasy Napiwodzkie zieht sich auf einer Fläche von etwa 59.000 ha im südlichen Teil Masurens, zwischen Ortelsburg und Neidenburg. Hier wachsen vor allem Kiefern, seltener sind Fichten, Eichen und Eschen.

Die Heide von Ostróda (26.100 ha), die auch als „Wälder von Taberbrück" bekannt ist, ist im westlichen Teil der Masuren auf einem malerisch gewellten Sandr- und Moränengebiet gelegen Darin überwiegt die berühmte Kiefer, die qualitätsmäßig wertvolles Holz für die Möbelindustrie liefert. Außerdem wachsen dort Buchen und Eichenbäume. Diese Wälder sind reich an Rotwild.

Im Winter

TIERWELT

Große Waldgebiete, zahlreiche Seen, Flüße und Bäche, unzugängliche Sumpfgegenden, Dickichte, Wiesen und Felder sind Plätze, an denen Tiere günstige Lebensbedingungen finden. Daher leben in Masuren auch hunderte von Tierarten.

Zu den interessantesten Kriechtieren zählt die Sumpfschildkröte, leider immer seltener anzutreffen, obwohl sie in der Zwischenkriegszeit hier noch ein ziemlich alltägliches Tier war. Wenn man etwas Glück hat, kann man die Sumpfschildkröte heute noch in der Umgebung von Sensburg/Mrągowo oder Peitschendorf/Piecki zu Gesicht bekommen. Häufig in den Wäldern anzutreffende Tierarten sind Hirsche, Rehe und Wildschweine. Seltener sieht man Wölfe (etwa 20 Paar). Die seit längerer Zeit unter Schutz stehenden Elche haben sich so stark vermehrt, daß man die Jagd auf sie wieder aufgenommen hat. Immer mehr Biber leben in Masuren. Seltener trifft man auf einen Luchs oder einen Fischotter. In den masurischen Seen gibt es über 40 Fischarten. In den größten Seen leben Welse sowie kleine und große Maränen. Weitere Fischarten sind: Zander, Brasse, Barsch, Aal, Lachsforelle, Schlammbeißer, Plötze.

Nachteulen

Rehkitz

Hirsche

Biber

Reh

Baummarder

Luchs

In Masuren leben über 300 Vogelarten. Zum Symbol dieser Gegend wurde der Kormoran, dessen Kolonien hier zahlreich vorhanden sind. Eine der Stellen, an denen sich diese Vögel scharen, ist die Wolfganginsel/Wysoki Ostrów im Doben-See, häufig als Kormoraninsel bezeichnet. Ein sehr schöner in Masuren lebender Vogel ist der stumme Schwan, auch tauber Schwan genannt. In einer alten Überlieferung ist die Rede davon, daß diese Vögel ihr ganzes Leben hindurch schweigen. Nur einmal im Leben singen sie, und das kurz vor ihrem Tode. Die Fischreiher bauen ihre Nester meistenteils auf alten Kiefern. Auf manchen Bäumen sind gleich mehrere Nester des Fischreihers zu sehen. Zu den Raubvögeln zählen u.a. Adler, Schreiadler, Fischadler und Habichte. Auch der Storch ist ein Raubvogel.

Störche wecken besondere Sympathie und Interesse[3]. Sie wurden zu Helden von Sagen, Märchen, Volksglauben und Weissagungen. In Polen leben ca. 61.000 dieser Vögel, ihre größte Anzahl in Masuren. Hier haben sie die günstigsten Lebensbedingungen: zahlreiche Sumpfgelände, wo sie leicht Nahrung finden. Im Gegensatz zu der herkömmlichen Meinung ernährt der Storch sich nicht nur von Fröschen, die es in Masuren noch reichlich gibt, sondern auch von

Störche wecken besondere Sympathie und Interesse

Ein Storchennest wiegt gewöhnlich nicht weniger als 500 kg

Der Schwarzstorch hält sich vom Menschen fern

In der Natur

Haubentaucher

Fischotter

Eisvogel

Elentier

Kranich

Regenwürmern, Insekten, Wühlmäusen. Er frißt auch Eidechsen, Blindschleichen, Schlangen und Mäuse. Somit ist der Storch ein nützliches Tier im Kampf gegen Schädlinge auf dem Feld. Eine Storchenfamilie verbraucht jährlich ca. 250 kg Nahrung. In Masuren leben zwei Arten dieses Vogels: der Weißstorch und der Schwarzstorch.

Der Weißstorch ist die häufigste Art. Er ist ungefähr 1 m lang, Flügelspannweite 2 m. Sein Nest baut er in menschlichen Ansiedlungen oder in ihrer Nähe. Die Möglichkeit, Laute hervorzubringen, ist begrenzt. Manche Störche zischen laut, andere klappern mit dem Schnabel. Sie überwintern in Afrika. Ende März kommen sie nach Masuren zurück, wobei sie eine Entfernung von 4000 km zurücklegen müssen. Zuerst kommt der Herr Storch nach Hause. Er sieht nach, ob das Nest an seinem Platz ist und ob es nicht ausgebessert werden muß. Einige Tage später trifft die Frau Störchin ein. Gemeinsam richten sie ihre Behausung ein. Nun beginnt die Balzzeit, die mit 3-5 Eiern im Nest endet. Nach einem Monat schlüpfen aus ihnen junge Störche. Wenn ein Junges krank ist, wird es aus dem Nest geworfen, die übrigen werden sehr sorgsam betreut. Nach 2 bis 3 Monaten verlassen die Jungen das elterliche Nest und beginnen ein selbständiges Dasein.

Ein Storchennest wiegt gewöhnlich nicht weniger als 500 kg, manchmal erreicht es sogar das Gewicht von 2 Tonnen. Der Weißstorch legt es meistens auf dem Dach eines Hauses an, manchmal auf einem Leitungsmast.

Der Schwarzstorch hält sich vom Menschen fern, er ist scheu. Sein Nest baut er meistenteils tief im Wald, am liebsten auf Eichen. Im Gegensatz zum Weißstorch, klappern die Schwarzstörche nicht. Sie verständigen sich untereinander durch Gebärden.

In Masuren ist es nicht denkbar, daß jemand einem Storch etwas antut. Man glaubt, daß ein Storch auf dem Dach eines Hauses Glück bringt.

NATURSCHUTZGEBIETE

In Masuren gibt es noch Stellen, in denen die Natur ihren Urzustand beibehalten hat. Es sind Verfahren eingeleitet, um diese Gebiete vor dem ungünstigen Einfluß der Industrie und der unüberlegten Tätigkeit des Menschen zu schützen.

1977 wurde **der Masurische Landschaftspark** geschaffen. Er

Butterblumen

Gänseblümchen

Leberblümchen

Buschwindröschen

umfaßt den ganzen Spirding-See und die westlich und südlich vom See gelegenen Gebiete. Der Park nimmt eine Fläche von 53 655 ha ein; 54% davon sind Wälder, 33,5% Wasserflächen, 12,5% Felder, Wiesen und Moraste. Die Zone, die besonderen Schutz genießt, umfaßt 18 608 ha. Durch den Park fließt der schönste masurische Fluß, die Kruttinna. Sie durchfließt mehrere Seen und bildet eine malerische Wegstrecke für Touristen.

Dem Schutz der ursprünglichen masurischen Natur dienen zahlreiche **Reservate**. Am bekanntesten ist das in der Nähe von Nikolaiken gelegene Vogelreservat „Luknainer See“ (Jezioro Łuknajno). Das Reservat wurde zum Schutz des stummen Schwans angelegt. Aber außer Schwänen leben hier über 170 Gattungen anderer Vögel. Im Reservat „Zakręt“, unweit des Dorfes Kruttinnen/ Krutyń gibt es die sog. schwimmenden Inseln, die Aufmerksamkeit erregen. Im Reservat „Królewska Sosna“, auch in der Nähe von Kruttinnen unter vielen Bäumen, die bis zu 250 Jahre alt sind, befindet sich eine Kiefer, deren Umfang 360 cm beträgt.

Eine der ältesten Eichen in Masuren am Wege nach Steinort

EIN BLICK IN DIE GESCHICHTE

Die ersten Siedler kamen in der Eiszeit nach Masuren, etwa 8000-5000 v.Chr. Sie waren Fischer und Jäger. An den jeweiligen Plätzen hielten sie sich nur solange auf, wie sie dort günstige Bedingungen für Jagd und Fischfang fanden; wenn diese zu geringe Erträge lieferten, suchten sie nach neuen Wohnplätzen. Ihre primitive Kultur wird von den Historikern als vorindogermanisch, finno-ugrisch bezeichnet.

In der jüngeren Steinzeit kam es zu einem großen kulturellen Wandel auf diesem Gebiet. Es war der Übergang vom Jägernomadentum zu Ackerbau und Viehzucht. Träger dieser neuen Lebensweise waren Urindogermanen, die in zwei großen Wellen aus dem Westen ins Land strömten.

Aus der Vermischung der eingesessenen Bevölkerung mit den Neueinwanderern entstand zwischen Ostpommern und der Düna die Baltische Völkergruppe, die sich einige Jahrhunderte später in Westbalten (Pruzzen) und Ostbalten (Litauer und Letten) teilte.

Im Gebiet Masurens lebten zwei pruzzische Volksgruppen: Galinder und Sudauer. Die Galinder bewohnten den Raum zwischen Narew, Bobr, dem Masurischen Tal, dem Pissek und der oberen Alle. Die Sudauer, auch Jatwinger genannt, lebten zwischen Memel im Norden und Osten und den Flüssen Bobr und Narew im Süden.

Die Pruzzen waren Heiden. Ursprünglich haben sie Sonne, Mond und manche Tiere, z.B. Schlangen und Kröten angebetet, später schufen sie sich eine personifizierte Götterwelt. Perkunos war der Gott des Gewitters und der Natur, Potrimpos der Gott des Lebens, Patollu – der des Todes. Die Pruzzen ehrten sie an Gewässern und in heiligen Hainen und brachten ihnen Opfer.

Man versuchte schon im 10. Jh., die Pruzzen für das Christentum zu gewinnen. Der erste Versuch war die Mission des Bischofs Adalbert von Prag. Er gelangte über Danzig ins Pruzzenland, starb aber bald den Märtyrertod. Ebenso endete die Mission des deutschen Grafen Bruno von Querfurt im Jahre 1009. Nach diesem Mißerfolg verzichtete man auf längere Zeit auf die Christianisierungsversuche bei den Pruzzen.

Seit etwa 700 n.Ch. führten die pruzzischen Stämme ständige Kämpfe mit ihren Nachbarn – Polen (Masowiern) und Russen. Anfang des 13. Jh. griffen sie das Herzogtum Masowien an, plünderten das Land und gefährdeten dessen Hauptstadt Płock. Da die eigenen Kräfte des Staates nicht ausreichten, bat Herzog Konrad von Masowien im Jahre 1226 den Deutschen Orden um Hilfe.

Der Hochmeister Hermann von Salza wollte nicht nur Pruzzen christianisieren, sondern vor allem das eroberte Land für den Orden erwerben. Um Rechtsgrundlagen für dieses Vorhaben zu schaffen, wandte er sich an die obersten Autoritäten Europas, an Kaiser und Papst. Der Kaiser Friedrich II. schenkte dem Orden in der sog. „Goldenen Bulle“ das von dem masowischen Herzog angebotene Kulmerland sowie alle weiteren erworbenen Gebiete im Pruzzenland. Auch der Papst verlieh dem Deutschen Orden den Besitz in Preußen.

1231 begann die Eroberung des Pruzzenlandes durch die Ordensritter. Zur Sicherung des Landes wurden Burgen errichtet. Um sie entstanden städtische Siedlungen. Die Ordensritter eroberten Galinden wegen seiner geringen Bevölkerungszahl ohne große Mühe. Nach harten Kämpfen gelang es ihnen auch, Samland zu besetzen. 1283 war der Kampf abgeschlossen und es folgte die Kolonisation der eroberten Gebiete. Die Ordensritter wollten die Sicherheit der Siedler und des Siedlungsgebietes erreichen. Deshalb bauten sie zuerst Burgen oder „Häuser“, d.h. befestigte Holzgebäude mit einem Palisadenzaun, erst dann gründeten sie Siedlungen.

1386 kam es zu einer Union zwischen Polen und Litauen, indem der litauische Großfürst Jagiełło die polnische Königin Jadwiga heiratete. Die bisher heidnischen Litauer wurden Christen. Damit verlor der Orden die Kreuzzugshilfe des Westens und erlitt eine schwere Niederlage im Krieg mit dem vereinigten Staat (Tannenberg 1410), die für immer seine Stoßkraft brach.

Diese Niederlage bedrohte die innere Stabilität des Ordensstaates. Die Unzufriedenheit der Bevölkerung begann zu wachsen. Sie verstärkte sich noch, nachdem der Orden in seiner Geldnot begonnen hatte, Steuern von seinen Untertanen zu erheben. Bürgertum und Adel strebten nach einem Mitregieren in Preußen, und so wurde 1440 der Preußische Bund gegründet, dessen Mitglieder, Vertreter der Städte und des Adels, sich an den polnischen König gewandt und ihm die Schutzherrschaft angeboten haben. Darauf begann der sog. Dreizehnjährige Krieg (1454-1466), zwischen dem Orden einerseits und den preußischen Ständen sowie Polen andererseits. Die Kämpfe endeten mit dem Frieden von Thorn. Pommerellen, das Kulmerland, das Ermland sowie die Städte Marienburg, Elbing und Danzig wurden an Polen abgetreten. Der restliche Teil des ehemaligen Ordensstaates wurde ein polnisches Lehen und jeder Hochmeister des Ordens mußte dem polnischen König den Lehnseid leisten.

Der Orden war jedoch bemüht, das Abhängigkeitsverhältnis zu Polen zu lösen. 1520 begann Markgraf Albrecht von Brandenburg-Ansbach den sogenannten Reiterkrieg gegen Polen, der für ihn ungünstig verlief und mit dem Friedensvertrag von Krakau 1525 endete. Dieser Vertrag bedeutete das Ende des Ordensstaates, der in ein weltliches, von dem polnischen König abhängiges Herzogtum umgewandelt wurde.

Im 17. Jh. hat der Große Kurfürst Friedrich Wilhelm den schwedisch-polnischen Krieg genutzt, um die volle Souveränität über Preußen zu erlangen. Die polnische Lehnshoheit hatte damit ein Ende. 1701 fand in Königsberg die Krönung Friedrichs I. zum König in Preußen statt.

Ende des 18. Jh. nahm Preußen an den drei polnischen Teilungen teil. Der Erwerb von Land war für Masuren wichtig, denn durch ein großes Absatzgebiet entwickelte sich Handel und Gewerbe sehr günstig. Aber schon Anfang des 19. Jh. wurde das Land in das Kriegsgeschehen einbezogen. Nach der Niederlage Preußens bei Jena und Auerstädt gegen die Franzosen belasteten die Kriegskontributionen und Einquartierungen die Bevölkerung. Nach dem Wiener Kongreß begann eine neue Blütezeit Masurens. Durch die

Soldatenfriedhof bei Spirgsten/Spytkowo

Schaffung eines Straßennetzes, das bisher in Masuren fast ganz fehlte, und durch den Bau von Eisenbahnen wurde der wirtschaftliche Aufschwung des Landes wirksam gefördert. Seit dem Anfang des Jahrhunderts erfolgten in Preußen große Reformen: Umgestaltung der Verwaltung, Einführung einer neuen Städteordnung und der Gewerbefreiheit sowie eine Entlastung des bäuerlichen Besitzes.

Nach dem Ausbruch des 1. Weltkrieges wurde Masuren von russischen Truppen besetzt. Aber schon im September 1914 wurden die beiden Armeen in zwei großen Schlachten – bei Tannenberg und an den Masurischen Seen – besiegt. Nach der gewaltigen Masurischen Winterschlacht (Februar 1915) wurde ganz Ostpreußen endgültig vom Feind befreit. Während der folgenden Kriegsjahre wurde Masuren nicht mehr besetzt.

In der Abstimmung vom 11. Juli 1920 äußerte sich die Mehrheit der masurischen Bevölkerung für den Verbleib Masurens bei Deutschland.

Nach der Machtübernahme durch die NSDAP leisteten zwei Gruppierungen energischen Widerstand in Masuren: Sozialdemokraten und Angehörige der evangelischen Kirche. Eine besondere Bedeutung in der Auseinandersetzung mit dem Nationalsozialismus gewann die Kirchengemeinde Wallenrode (Wielitzken). Damals kamen ca. 100 Pfarrer Ostpreußens in Gefängnisse und Konzentrationslager.

In den ersten Jahren des 2. Weltkrieges lag Masuren fernab von allem Kriegsgeschehen und blieb von schweren Luftangriffen verschont. Diese Lage änderte sich mit Beginn der russischen Offensive im Jahre 1944.

Im Januar 1945 erfolgte der sowjetische Großangriff, der bereits am 18. Januar den Stadtrand von Soldau und am 19. Januar Neidenburg sowie die Kreise Ortelsburg und Osterode erreichte. Trotzdem unterband der Gauleiter Koch die notwendige Evakuierung der Zivilbevölkerung, weil die Gauleitung es nicht wahrhaben wollte, daß der Krieg verloren war. Räumungsbefehle kamen zu spät; bei der überhasteten Flucht in eisigen Winterstürmen fanden viele Ostpreußen den Tod.

Nach der Regelung im Potsdamer Abkommen vom 2. August 1945 kam der nördliche Teil Ostpreußens zum heutigen Rußland, das Gebiet nördlich der Memel zum heutigen Litauen und der südliche Teil Ostpreußens zu Polen.[4]

MENSCHEN

Bis zum 13. Jh. war Preußen ein schwach besiedeltes Land. Auf dem ganzen Gebiet zwischen Weichsel und Memel lebten nicht mehr als 170.000 Menschen. Ein wesentlicher Teil der Einwohner Preußens kam während der Eroberung dieser Gebiete durch den Deutschen Orden ums Leben. Um das verödete Land zu bevölkern und zu bewirtschaften, bot der Orden günstige Bedingungen für eine Ansiedlung.[5] Die ersten Ansiedler waren Deutsche aus Schlesien und Sachsen, die bevorzugt im westlichen und nördlichen Teil Preußens ansässig wurden.

Im 15. und 16. Jh. kamen Polen aus Masowien, die sich vorwiegend im Süden auf dem Lande ansiedelten. Die Welle der polnischen Besiedlung war so groß, daß im südlichen Teil Preußens die Zahl der Einwohner polnischer Herkunft in Kürze die Gesamteinwohnerzahl der ehemaligen Pruzzen und Ansiedler aus Deutschland weit überstieg.

Nach Auflösung des Ritterordens und Säkularisation Preußens im Jahre 1525 gingen die Siedler aus Masowien sowie alle Einwohner Preußens zum als Staatsreligion anerkannten Protestantismus über. Das hatte eine gewisse Abkapselung vom katholischen Polen zur Folge.

Noch in den letzten Jahren des 19. Jh. sprach 90% der Siedler aus Masowien polnisch (masurisch). Man nannte sie „polnische Preußen" und die Gegenden ihrer Ansiedlung „polnische Kreise". Erst zu Beginn des 19. Jh. wurde die Bezeichnung „Masuren" angewandt. Das Wort „Masure", auf polnisch „Mazur", bezeichnete anfänglich ausschließlich jemanden, der auf dem Gebiet des polnischen Masowiens lebte. Da die Bewohner des südlichen Teils Ostpreußens aus Masowien kamen und sich derselben Sprache bedienten, nannte man das Gebiet, das sie bewohnten, „Masuren".[6]

Längere Zeit hindurch bildeten die Masuren eine geschlossene Volksgruppe, die ihre Eigenart beibehielt und sich deutlich sowohl von Polen als auch von Deutschen absonderte. Ihr Wahlspruch lautete: „Ich bin weder Deutscher noch Pole, ich bin Masure".

Diese Situation änderte sich allmählich im Laufe des 19. Jh. Es begann eine Entwicklung engerer Beziehungen zwischen Masuren und dem deutschen Staat. Anfänglich beschränkte sich dieser Prozeß auf die masurische Intelligenz, später dann auf breitere Kreise der Masuren. Die Kenntnisse der polnischen (masurischen) Sprache wurden immer geringer. Im Jahre 1925 kannten nur noch etwas mehr als 12% der Bevölkerung die masurische Sprache. In immer größerem

Umfang übernahmen die Masuren den deutschen Lebensstil und das Wirtschaftssystem. Sie begannen sich mit dem deutschen Volk zu identifizieren. Vor Ausbruch des 2. Weltkrieges sprachen fast nur noch ältere Menschen masurisch, und nur sie pflegten noch die masurischen Bräuche.[7]

Die Masuren hatten kein leichtes Leben. Sie wohnten im Grenzgebiet, in dem es oft zum Krieg kam. Ihre Häuser wurden im Laufe der Jahrhunderte von litauischen, tatarischen, französischen, polnischen und russischen Heeren geplündert und vernichtet. Als evangelische waren sie bei den katholischen Polen nicht beliebt; als Menschen, die aus einem anderen Land stammen, fanden sie bei Deutschen oft kein Verständnis. Meistens wohnten sie auf dem Lande, waren Bauern, arbeiteten als Landarbeiter, Fischer, Handwerker. In der Verwaltung nahmen sie die niedrigsten Positionen ein.[8]

Die schwersten Zeiten kamen für die Masuren zu Beginn des Jahres 1945. Masuren war der erste Teil des Dritten Reiches, in den die Sowjetarmee eindrang. Wegen der zu spät angeordneten Evakuierung der Einwohner Ostpreußens, kamen etwa 30.000 Masuren ums Leben. Diejenigen, die am Leben blieben, aber nicht rechtzeitig geflohen waren, machte man verantwortlich für alle von den Nazis begangenen Verbrechen. Viele Masuren wurden in die Sowjetunion verschleppt, viele kamen in die Arbeitslager.[9]

Nach dem 2. Weltkrieg verblieben in den seit 1945 zu Polen gehörenden Gebieten 81.000 Masuren. Aus unterschiedlichen Gründen fanden sie in der neuen Wirklichkeit für sich keinen Platz. Ihre überwiegende Mehrzahl siedelte in den Nachkriegsjahren nach Deutschland über.[10] Gegenwärtig leben in ihrer Heimat nur noch etwa 4.500 Masuren. Bis vor kurzem lebten sie auf ganz Masuren verteilt, nicht zusammengeschlossen, zu keiner Organisation gehörend. Jedoch in den letzten Jahren, nach den politischen Veränderungen in Polen, entstanden zahlreiche gesellschaftlich-kulturelle Verbände der deutschen Minderheit in Masuren. Sie bemühen sich darum, daß die hiesige Bevölkerung sich nicht fremd in ihrer Heimat fühlt. Diese Verbände sind u.a. als Hilfe für die Versöhnung zwischen Polen und Deutschen tätig. Sie betreuen Friedhöfe, auf denen deutsche Gefallene aus dem 1. und 2. Weltkrieg begraben sind, sie pflegen Kulturwerte und materielle Güter, veranstalten Kurse der deutschen Sprache und organisieren die Teilnahme masurischer Jugendlicher an Ferienlagern in Deutschland. Solche Verbände wurden in vielen masurischen Städten ins Leben gerufen.

Bauernhaus

Pflügen

BRÄUCHE

Der Masure

Viele Verfasser ethnographischer Abhandlungen zum Thema Masuren versuchen, die Bewohner dieser Gegend treffend zu schildern. Unter den Eigenschaften der Masuren überwiegen entschieden positive Wesenszüge. Der Masure ist ein begabter Mensch, er ist fleißig, beharrlich und sparsam, immer bemüht um Ordnung und Sauberkeit. Er ist diszipliniert, aufrichtig und ehrlich. Selbst schwerste Arbeit scheut er nicht, wenn sie Erfolg verspricht. Der Masure ist zäh und unnachgiebig, zugleich aber gutmütig, einfach und bescheiden. Er hat ein gutes Herz, mit jedem teilt er sein letztes Stück Brot. Er ist sehr gastfreundlich. Zu den Untugenden des Masuren gehören ein großes Mißtrauen gegenüber Unbekannten, Starrsinn und manchmal Zanksucht.[11]

Kleidung

Die Kleidung des masurischen Bauern war sehr einfach. Im Sommer trug er gewöhnlich einen dunkelblauen Rock und einen einfachen Hut. Im Winter zog er einen Schafpelz an, setzte eine Pelzmütze auf und trug lange Lederstiefel. Die Mädchen gingen meistens ohne Kopfbedeckung, verheiratete Frauen dagegen trugen seidene Kopftücher und über ihren langen Kleidern Wolltücher.[12] Die Betten wurden mit sehr dekorativen Decken zugedeckt.

Mahlzeiten

Mahlzeiten wurden 3 bis 5 mal täglich eingenommen. Zum Frühstück gab es oft Kartoffeln mit Fett und dazu Erbsen, rote Bete oder Sauerkraut. Nicht selten bestand das Hauptgericht zum Frühstück aus Milchsuppe mit Klößen. In wohlhabenderen Haushalten wurde zusätzlich ein zweites Frühstück eingenommen. Es bestand aus Brot mit einem Stück Wurst, dazu Malzkaffee. Zu Mittag wurde in ärmeren Haushalten eine sämige Suppe serviert, in der alles enthalten war: Kartoffeln, Fleisch, Gemüse. In reicheren Haushalten bestand das Mittagessen aus zwei Gängen: außer Suppe wurden Kartoffeln mit Sauce, Fleisch und Rohkost aus Gemüse aufgetragen. In manchen Häusern wurde zum Nachmittag noch einmal Kuchen oder Brot mit Pflaumenmus gegessen. Zum Abendessen gab es oft Fisch und Brot.[13]

Bauernhof

Fischfang auf dem Schwenzait-See

Masurisches Dorf

Bauernbräuche

Alte Masuren erinnern sich noch an verschiedenartige Bauernbräuche. Als man z.B. im Frühjahr das erste Mal die Kühe auf die Weide trieb, wurde dies am Mittwoch oder Freitag getan; es sollte dem Bauern Glück bringen. An diesem Tage wurde auf der Schwelle des Kuhstalls eine Axt niedergelegt, die von den Rindern Krankheiten fern halten sollte. Im südlichen Masuren wurden junge Gänschen und Küken zum ersten Mal aus der Hose des Bauern auf den Hof gesetzt, was sie das ganze Jahr über an den Hof binden sollte.[14]

Während der Ernte wurden wunderschöne Lieder gesungen. Wenn bei einem reicheren Bauern die Roggenmahd dem Ende zuging, wurden die letzten Ähren vom Bauern selbst geschnitten. Hatte er das getan, wurde er mit einem Strick gebunden, damit er sich loskauft. In die Räder des Erntewagens, der die letzten Garben in die Scheune brachte, wurden Äste hineingeschoben, um Krach zu erzeugen. So wurde das Ende der Ernte auf dem Feld verkündet.[15]

Hochzeit

Ein Brautwerber leitete in Masuren eine Hochzeit ein. In jeder Gegend war es leicht einen Mann aufzutreiben, der dies in seine Hände nahm und dafür entlohnt wurde. Man nannte ihn auch

Kuppler. Er sprach den Vater des Jungen oder des Mädchens an und schlug die Ehe der jungen Leute vor. Nach einer Woche brachte er den Jungen in das Haus des Mädchens. Oft geschah es, dass sich die jungen Menschen zum ersten Mal im Leben sahen. Die Eheschließung beschlossen die Eltern.

Gewöhnlich fand nach 7 Tagen nach dieser ersten Begegnung die Verlobung statt. Es wurde gegessen und getrunken und dazu wurden Verlobungslieder gesungen. Während der Verlobung lernten sich auch die Familien kennen, die Wirtschaft des Mädchens wurde in Augenschein genommen, und zum Schluss wurde das Datum der Hochzeit festgelegt.

Die Hochzeit fand in Masuren gewöhnlich im Haus der Braut statt. Erst zum Ausgang des 19. Jh. richtete man Hochzeiten manchmal auch im Wirtshaus aus. Diese Feier wurde gewöhnlich auf einen Dienstag oder Donnerstag festgesetzt, weil diese Tage als die glücklichsten galten. Die Organisation der Hochzeiten oblag dem Hochzeitsmarschall, auch Platzmeister genannt. Es waren immer zwei Platzmeister da, einer vertrat die Familie der Verlobten, der andere diejenige des Jungen. Platzmeister durfte nur ein Mann werden, der sich durch organisatorische Fähigkeiten, Humor und eine Rednergabe auszeichnete. Die Braut wählte aus dem Kreise ihrer Freundinnen einige Brautjungfern, vertraute Freunde des Bräutigams übernahmen die Rolle der Brautführer.

Festgelegt wurde auch, wer zum Tanz spielen wird. Freiwillige Spenden während der Feier seitens der Gäste bildeten den Lohn der Musikanten, und der war gar nicht so gering, da davon auch noch ein schönes Paar Schuhe für die Braut gestiftet wurde.

Am Hochzeitstag fuhr der Platzmeister schon am frühen Morgen von Bauernhof zu Bauernhof, um die Bauern offiziell zur Hochzeitsfeier einzuladen. Wo dies möglich war, ritt er – auf seinem Pferd sitzend – in die Stube. Dort trank er den ihm spendierten Korn aus und warf – zum Glück – das Glas auf den Boden, damit es zerbrach. Die im Hochzeitshaus erscheinenden Gäste wurden von der Kapelle begrüßt, und dann offiziell vorgestellt. Nach dem ersten Umtrunk fuhr man zur Kirche.

Bis Ende des 19. Jh. zog die Braut immer ein schwarzes Kleid an, erst zu Beginn des 20. Jh. trug sie ein weißes. Auf dem Weg von der Kirche zum Hochzeitshaus wurden dem jungen Paar Hindernisse in den Weg gelegt. Um diese zu überwinden, mußte der Bräutigam sich freikaufen. Auf der Schwelle des Hauses begrüßten die Eltern das

Brautpaar mit Brot und Salz. Danach wurde wieder an den Tischen Platz genommen. Der ganze Hochzeitszug bemühte sich dann auch noch zum Gut der Herrschaften, die dem jungen Paar gratuliertren und ein Geschenk überreichten. Es war desto wertvoller, je bekannter und geschätzter die Brautleute im Herrenhaus waren.

Die Hochzeiter kamen dann zurück und der Tanz begann. Er wurde etwa um 22.00 Uhr kurz unterbrochen, um das Abendbrot zu servieren. Dieses begleiteten gewöhnlich humorvolle Gelegenheitslieder. Um 24.00 Uhr wurde das Festessen serviert, das sich bei reicheren Bauern zu einem richtigen Schmaus entwickelte.

Nach dem Mahl wurde ein Zeremonielied gesungen, während dessen die Braut ihren Kranz zuerst der Mutter, dann dem Vater, den Geschwistern und dem Bräutigam reichte und ihn dann wieder aufsetzte. Der Platzmeister sammelte Spenden für das junge Paar ein, welches danach miteinander, später dann die Braut mit den Brautführern und der Bräutigam mit den Brautjungfern tanzten. Danach nahm die älteste Brautjungfer der Braut den Kranz vom Kopf und setzte ihr feierlich die außerordentlich reich bestickte Haube auf, die auch „harte Mütze" genannt wurde. Der Braut wurden die Augen zugebunden, um sie kreisten die Brautjungfern. Diejenige, die von der Braut gefasst wurde, erhielt den Kranz, was ihr eine baldige Heirat voraussagte.

Die Hochzeitsfeier endete gewöhnlich morgens um 8.00, wenn die Braut zum Hause ihres Mannes zog. Sie nahm ihre ganze Aussteuer mit sich. Die wertvollsten Gegenstände waren im verzierten, bemalten Mitgiftschrein verstaut. Die junge Frau verabschiedete sich von ihren Eltern, sang ein sentimentales Lied, in dem sie für die Mühe ihrer Erziehung dankte.[16]

Es war üblich, daß in der ersten Nacht nach der Trauung, der Bräutigam die Schwiegermutter fragte, ob er mit seiner Braut schlafen gehen darf.

Weihnachtsfest

Interessant sind die mit dem Weihnachtsfest verbundenen Bräuche. In der Zeit vor Weihnachten, in der Adventszeit, gingen in manchen Dörfern verkleidete Jugendliche von Haus zu Haus. Sie verkleideten sich als Bären, Wölfe, Ziegen und andere Tiere. Dort, wo der Brauch des Verkleidens nicht bekannt war, fand der Weihnachtsumzug der Jungen mit Weihnachtsstern und Weihnachtsliedern statt. Noch im Jahre 1910 wurde zur Weihnachtszeit in

Hölzerne Windmühle

die Stubenecke ein Getreidebündel hingestellt, erst später verbreitete sich der Brauch, einen Weihnachtsbaum aufzustellen.

Neujahr

Sehr feierlich wurde in Masuren der Tag vor Neujahr begangen. Am Abend wurde Blei oder Wachs in Wasser gegossen. Aus der Form des abgegossenen Blei- oder Wachsklumpens wurde die Zukunft prophezeit. Die Mädchen gingen aus dem Haus und lauschten auf Tierstimmen. Von der Seite, von der sich die Stimme vernehmen ließ, wird der künftige Ehemann kommen. Man glaubte auch, daß wenn im Neuen Jahr der erste Gast ein Mann ist, das ganze Jahr glücklich sein wird, ist der Gast jedoch eine Frau – werden die Einwohner des Hauses weniger Glück haben. In der Silvesternacht spielten sich die Einwohner Masurens die verschiedensten Streiche. Allgemein verbreitet war der Brauch, Geräte von ihrem Platz auf eine andere Stelle zu bringen, zum Beispiel auf das Dach des Hauses.

Dreikönigstag

Am Dreikönigstag zogen entsprechend verkleidete Jünglinge (selten ältere Männer) durch das Dorf. Die drei Könige folgten einem Jungen mit einem Stern. Weitere Bräuche, die bis auf den heutigen Tag erhalten geblieben sind, sind die Weihe von Gold, Weihrauch und Myrrhe sowie die Anbringung an der Tür der drei Initiale K+M+B (Kaspar, Melchior und Balthasar).

Fastnachtbräuche

Die letzten drei Karnevalstage, in Masuren als Fastnacht bezeichnet, waren eine Zeit, in der das ganze Dorf tanzte und sich amüsierte. Die Hausfrauen backten aus diesem Anlass Pfannkuchen. Am lautesten ging es am letzten Tag, also am Dienstag zu. Die Bauern richteten oft einen gemeinsamen Fonds ein und veranstalteten in der Schänke einen Tanzabend, verbunden mit anderen Vergnügungsformen. Z. B. wurde auf ein tanzendes Paar ein in Silberpapier eingewickelter Weidenkranz geworfen. Das auf diese Weise ausgezeichnete Paar musste sich loskaufen. Mancherorts versteckten die jüngeren Frauen ihre Gesichter hinter einer Kürbismaske und schreckten die Teilnehmer der Vergnügung auf. Zum Abschluss der Fastnacht, also kurz nach Mitternacht wurde eine Bratpfanne in den Schornstein gehängt oder in den Wald getragen, was bedeutete: die Fastenzeit begann.

Am See

Masurisches Dorf

Osterfeiertag

Am ersten Osterfeiertag ging man in vielen masurischen Dörfern bei Sonnenaufgang an ein fließendes Gewässer und wusch sich darin. Man glaubte, daß dies für das ganze Jahr Gesundheit gewährleistet. In einigen Dörfern wurden die Pferde mit Wasser begossen, damit sie prächtiger gedeihen sollten. Wasser wurde auch auf den Boden gegossen, um ihn fruchtbarer und ertragsreicher zu machen. Eine besondere Macht sollten scheinbar Flüsse, Rinnsäle und Bäche ausüben, die gen Osten flossen. Betrat man sie, war gemäß dem Wasserlauf zu wandern. Man durfte sich nicht umschauen und musste still sein oder beten.

Am zweiten Osterfeiertag gingen Jugendgruppen mit Weiden- oder Birkenruten von Haus zu Haus. Wer Schlägen mit diesen Ruten entkommen wollte, mußte sich freikaufen mit Eiern, Kuchen, Wurst oder Geld. Im Süden Masurens begossen Junggesellen die unterwegs angetroffenen Mädchen.

Auf jedem Tisch standen in diesen Tagen auserlesene Eier, bemalte Ostereier. Sie wurden in Wasser mit Zwiebelschalen gekocht und bekamen davon die braune Farbe. Seltener wurden Roggenhalme dazu genommen, um eine grüne Farbe zu erzeugen. Erst seit kurzer Zeit werden Fertigfarben angewandt. Vielerorts werden auf solche Rohlinge auch noch Zeichnungen und Muster eingeritzt. Die Ostereier und das Wassergießen am zweiten Feiertag sind Bräuche, die bis auf den heutigen Tag lebendig sind. Bekannt sind sie nicht nur auf dem Lande, sondern auch in der Stadt.

Eine alte Tradition verbot das Barfußlaufen während der Osternzeit; wer diesem Verbot nicht folgte, sollte das ganze Jahr über kränkeln. Wünschte sich die Hausfrau, dass ihre Hühner viele Eier legten, musste sie zur Osternzeit 15 Minuten lang auf einer männlichen Mütze sitzen.

Pfingsten

Zu Pfingsten wurden die masurischen Häuser mit grünen Zweigen von Birken, Linden oder Ahorn geschmückt. In manchen Dörfern wurden auch Kuhhörner mit Zweigen besteckt und der Viehhirt mit Geschenken bedacht. Man glaubte, daß grüne Zweige den Hof vor Blitzschlag schützen und Felder, Wiesen und Wirtschaftsgebäude vor Mäusen und Ungeziefer.

Steinpilze

Johannisnacht

In der Johannisnacht (23./24. Juni) versammelten sich die Dorfeinwohner auf Wiesen oder Anhöhen, zündeten Lagerfeuer an, sangen Lieder und vergnügten sich. Ein Überspringen des brennenden Feuers sollte dem Menschen die Befreiung von Sünden sichern. Die Mädchen warfen Kränzchen auf Bäume. Blieb ein Kränzchen auf einem Ast hängen, bedeutete das, daß das Mädchen bald heiraten wird. Manchmal buddelten Mädchen und Junge zwei Löcher im Boden und setzten Bäumchen ein. Wenn die einwurzelten, bedeutete dies, dass die beiden heiraten werden. Einige Mädchen flochten Thymiankränze und legten sie nachts unter das Kopfkissen. Wenn sie dann von einem Jüngling träumten, bedeutete es, er wird ihr Ehemann werden.

Allgemein wurde daran geglaubt, dass in der Johannisnacht Farne blühen. Die Blüten sollten eine wunderbare Kraft besitzen. Es war allerdings nicht leicht, diese Blüte zu pflücken: der Farn wuchs weit ab im dunklen Forst. Und war man auf der Suche nach ihm, durfte nicht gesprochen werden und man durfte sich auch nicht umschauen. Die Suche dauerte sehr lange, denn die Farnblüte entfernte sich zusehends vom Suchenden. Falls es aber jemand geschafft hatte, die Blüte zu finden und anzutasten, konnte er mit der übernatürlichen Welt Kontakt aufnehmen, mit Geistern, Gespenstern und Hexen sprechen. Die gefundene Farnblüte machte aus ihrem Finder einen Hellseher. Diese Fähigkeit endete sobald die wunderbare Blüte verloren gegangen war.[17]

Martinstag

Der Martinstag (11. November) war der Gesindetag, also der Tag der Mägde und Knechte, die bei reicheren Bauern beschäftigt waren. Das Gesinde entstammte ärmeren Schichten der Dorfbewohner oder aus kleinbäuerlichen Verhältnissen. Solche Familien waren oft kinderreich, und so konnten die Eltern von einem kleinen Stück Land nicht alle Kinder ernähren. Diejenigen, die keine Beschäftigung in der Stadt, im Wald oder im Sägewerk fanden, arbeiteten bei wohlhabenden Bauern, bei denen es an Arbeitskräften mangelte.

Am 11. November endete meist der Arbeits-Jahresvertrag. Da musste man entscheiden, ob man weiterhin bei demselben Bauern arbeiten wollte, oder sich eine andere Stellung suchen sollte. Am Martinstag und zwei weiteren Tagen war das Gesinde von der Arbeit befreit. Man nannte sie „Erholungstage“. Alle in der Wirtschaft anfal-

Umgebung von Heiligelinde/Święta Lipka

Feldblumen

lenden Arbeiten wurden von den Eigentümern ausgeführt. Knechte und Mägde erhielten den Lohn für die Arbeit des ganzen Jahres. Abhängig vom Vertrag war es Geld, Getreide, seltener Erbsen und Kartoffeln. Die Mädchen bekamen auch Handtücher, Leinen und Federbetten, die ihre Aussteuer bildeten.

Die beim Bauern arbeitenden Knechte und Mägde wurden von ihm eher gut behandelt und möglichst auch gut entlohnt. Manchmal stießen sie aber auf einen knauserigen und dazu despotischen Arbeitgeber – da erwarteten sie mit Ungeduld den Martinstag, um dem Hof den Rücken zu kehren und anderswo eine Bleibe zu suchen.[18]

Flachsspinnen

Im Spätherbst begann man auf dem Lande den Flachs zu spinnen. Die Bäuerinnen verabredeten sich zur Dämmerung in einem der Häuser, nahmen Flachs und Spinnrad mit sich und arbeiteten gemeinsam. Auf diese Weise war die Arbeit nicht langweilig, und überdies wurden gesellschaftliche Kontakte gepflegt. Wenn in einer Stube junge Mädchen spannen, fanden sich auch Jungen ein. Man sang gemeinsam, erzählte Anekdoten, Legenden, Sagen und Geschichten; es wurden „wahre" Geister-Begebenheiten und Gruselgeschichten zum Besten gegeben, so dass man dann Angst hatte, allein nach Hause zu gehen. Die Bäuerin stellte einen Imbiss bereit und alle langten kräftig zu.[19] Nach vollbrachter Arbeit gab es manchmal noch etwas Zeit, um zu tanzen und mancherlei Gesellschaftsspiel in die Wege zu leiten. Diese Begegnungen endeten meist kurz vor 22 Uhr.

Allerseelentag

Der Gedächtnistag für die Verstorbenen, der Allerseelentag, wurde in Masuren am letzten Novembersonntag begangen. Auf Gräbern wurden Kerzen angezündet. In manchen Dörfern wurde auf Gräbern Essen für die Verstorbenen gestellt.[20]

VOLKSSAGEN UND MÄRCHEN

Städte und Dörfer hatten vielerorts in Masuren ihre eigenen Gruselgeschichten, Erzählungen und Sagen. Öfter waren sie mit besonderen geheimnisumwobenen Plätzen verbunden, z.B. mit altprussischen Wehrburgen, Ruinen einer Burg, Kirche bzw. eines

Mitbringsel aus Masuren

Klosters. Aus den Übertragungen erfahren wir über dort früher lebende ungerechte Herren, die ihre Untertanen schlecht behandelten, über tapfere Ritter, über Räuber, die armen Menschen halfen, über schlafende Königinnen sowie Damen, die um Mitternacht in Schwarz oder Weiß erschienen, über unterirdische Kemenaten und versunkene Schätze.

Laut Volksüberzeugung sammeln sich auf hohen, waldbewachsenen dunklen Anhöhen, an tiefen Seen und auf unzugänglichen Sümpfen oder auf vom Ufer weitab liegenden Inseln Geister, böse Mächte und Hexen.

In den masurischen Sagen kommt besonders oft der Teufel vor. Personen, die von ihm erzählen, bemühen sich dem Hörer mit dem Teufel keine Angst einzujagen. Er ist eine vertraute und „gezähmte" Gestalt, die öfter sogar humoristisch dargestellt wird. Kommt er mit einem einfallsreichen, pfiffigen Menschen in einen Handel, verliert er ganz gewiss. In zahlreichen Erzählungen macht sich der Teufel vor Angst vor einem Treffen mit einem despotischen Dorfweib auf die Beine. Eine dieser Erzählungen berichtet über eine dermaßen hässliche Frau, dass sie sich auf keine Art und Weise einen Mann erobern konnte. Ihre Bekannten präzisierten, dass sie wohl allein beim Teufel Chancen hätte. Da die Frau dem Teufel ihre Seele versprochen hatte, war der klumpige Geselle aus der Hölle gern bereit, sie zu ehelichen. Aber bald nach der Hochzeit zeigte es sich, dass sogar er mit diesem Weib nicht aushalten konnte und sich vor ihm nur durch einen Ausreißer retten konnte.

In den masurischen Sagen ist der Teufel nicht immer ein Bösewicht, der den Menschen auf Abwege leiten möchte. Manchmal steht er auf der Seite von ehrlichen und redlichen Leuten, rächt sich dagegen an unehrlichen und despotischen Menschen, indem er ihnen gegenüber Gerechtigkeit walten lässt.[21] So geht es u.a. in der nun folgenden Sage von der Kneipenwirtin aus Eichmedien zu:

Die Wirtin der Kneipe aus Eichmedien schrieb den Bauern das Bier an, wobei sie aber immer mehr angeschrieben hatte als sie tatsächlich servierte. Als bezahlt werden sollte, klagten die Kunden offen über ihre Unehrlichkeit und warnten, sie käme bestimmt nicht in den Himmel, falls sie weiterhin so handeln würde. Der Teufel würde auf sie warten.

Eines Tages (im Jahre 1473), als die Wirtin wieder mal die Vorwürfe parierte, indem sie ausrief: „Wenn ich euch auch nur um ein Bierseidel betrogen habe, dann hole mich der Teufel", gab es sofort nach diesen

Worten im Wirtshaus einen Krach und vor den vor Angst versteinerten Leuten stand der leibliche Teufel. Die Wirtin verzauberte er in eine schwarze Stute, schwang sich auf sie und ritt davon. Inzwischen war die Nacht eingebrochen als er beim Hufschmied in Schwarzstein eintraf und diesen aufforderte, die Stute zu beschlagen. Der Schmied wollte sich der Arbeit nicht annehmen, weil er sein Feuer schon gelöscht hatte. Der Teufel musste also lügen, dass er wichtige Briefe an den Herrn befördere, und wenn der Schmied seine Arbeit nicht leisten wolle und die Korrespondenz nicht rechtzeitig beim Adligen abgegeben würde, könne der Schmied eine harte Strafe erwarten.

Der Meister ging schließlich seiner Arbeit nach, aber er machte alles nur mit großer Mühe, weil seine Lehrlinge fehlten, die ihm gewöhnlich halfen; er musste alles selbst tun. Der Morgen graute schon als die Hufeisen endlich fertig waren. Als der Schmied der Stute das erste Hufeisen anschlagen wollte und ihren Huf hob, ließ sich das Tier mit menschlicher Stimme vernehmen: Er solle die Hufeisen nur vorsichtig anschlagen, da sie die Wirtin des Eichmdiener Wirtshauses sei. Der erschrockene Schmied ließ die Werkzeuge fallen und war außerstande, mit der Arbeit fortzufahren. Der Teufel drängte ihn, seine Arbeit zu tun, aber plötzlich ließ sich das erste Krähen des Hahnes vernehmen und der Teufelszauber hörte auf zu wirken. Die Stute nahm Frauengestalt an, aber bevor der Teufel verschwand, hatte er ihr noch einen Schlag ins Gesicht verpasst und so ein Andenken in Gestalt seiner Krallenspuren hinterlassen. Daraufhin wurde die unehrliche Wirtin wahnsinnig, und sie verstarb nach einigen Monaten. Die Hufeisen fanden einen Platz in der Kirche zu Czerniki; noch 1562 sollten sie dort gehangen haben, dann sind sie verschwunden.

Einen interessanten Sagenbereich bilden jene Geschichten, die vom sogenannten „Klobuk“ erzählen. Laut masurischer Überlieferung sollte es ein Wesen gewesen sein, das die Gestalt einer Henne oder eines anderen Vogels annahm, der auf dem Hof eines Bauern lebte. Dieser „Klobuk“ also sollte den Bauern aufmerksam beobachten und bewerten, was für ein Mensch er sei. Des „Klobuks“ Zuneigung konnte am leichtesten gewonnen werden, indem man ihm Rührei zum Essen gab. Nach einiger Zeit verließ das Wesen das Haus für immer durch den Schornstein. Hatte es festgestellt, dass es sch in diesem Haus gut gelebt hatte, zeigte ee sich den Bewohnern gegenüber dankbar auch ohne ihr Wissen, indem es sie glücklich und reich machte. War das Wesen aber unzufrieden, rächte es sich, indem es über das Haus Unglücke ausschüttete und sogar Feuer am Wohnhaus und an den Wirtschaftsgebäuden anlegte. Das Motiv des „Klobuks“ ist allein für Masuren zutreffend und tritt in Volkssagen allein hier auf. In anderen Kulturen ist dieses Motiv unbekannt.[22]

Elch

ALT ROSENTHAL / STARA RÓŻANKA

Das Dorf, 4 km nördlich von Rastenburg/Kętrzyn gelegen, wurde 1399 gegründet. Die gotische Kirche aus dem 14 Jh. wurde längere Zeit nicht renoviert, 1725 wurde sie abgetragen. Die Windmühle aus dem 19. Jh. dient gegenwärtig als Gaststätte.

Windmühle in Alt Rosenthal

ALT UKTA / UKTA

Das Dorf liegt 7 km nordwestlich von Niedersee/Ruciane-Nida. 1754 entstand am Fluß eine Glashütte und in ihrer Nähe Häuser der in der Hütte Beschäftigten. Nach Verfall der Hütte wohnten hier die in der Johannisburger Heide Beschäftigten. 1832 ließen sich hier die Philipponen nieder (siehe: Eckertsdorf/Wojnowo). In der zweiten Hälfte des 19. Jh. gab es zwei Sägewerke und eine Streichholzfabrik. Im 2. Weltkrieg war hier ein Zwangsarbeitslager eingerichtet. In ihm saßen Gefangene der verschiedensten Nationalitäten. Gegenwärtig ist Ukta ein bekannter Touristenort auf der Paddelbootroute des Flusses Kruttinna. Es gibt hier Erholungsheime und ein Bootshaus mit einer Anlegestelle.

Man sollte hier die **neugotische Kirche** aus dem Jahre 1845 beachten. In ihrem Chorraum ist ein neugotischer Altar mit barockem Bild, das die Beweinung Christi nach der Kreuzabnahme darstellt. Neben der Kirche steht ein hölzerner Glockenturm mit zwei Glocken aus dem Jahre 1846.

Nordöstlich von Ukta befindet sich das **Naturschutzgebiet** „Krutynia Dolna – **Untere Kruttinne**“ (969 ha). Es umfasst den unteren Lauf des Flusses Kruttinna, die Seen Garten/Jez. Gardyńskie, Storchwiesenbucht/jez. Malinówko, den Langendorfer See/jez. Dłużec und das Schwarzes Loch/jez. Smolak sowie die umliegenden Wälder, Torfmoore und Wiesen. Zahlreiche Spezies seltener Pflanzen sind hier angesiedelt, unter ihnen sogar 10 Arten des Knabenkrauts, weiter Affodil, Anemone und Küchenschelle. Hier wachsen sogar Pflanzen, die Insekten vertilgen: Sonnentau und Wasserschlauch. Am nordöstlichen Ufer des Gartensees wächst die „Dianaeiche“, eine Blattstieleiche mit einem Umfang von 610 cm und einer Höhe von 29 m. Ihre Nester bauen in diesem Naturschutzgebiet u.a. See-, Fisch- und Schreiadler, Uhu, Wachtelkönig, Eisvogel, Kranich und Vakuole.[23]

ALTKELBUNKEN / STARE KIEŁBONKI

Das Dorf liegt 25 km südlich von Sensburg/Mrągowo. Es entstand im 16. Jh. 1785 gab es hier 37 Häuser, 1740 wurde eine Schule eröffnet. 1939 wohnten in Altkelbunken 504 Personen. In der Nähe dieser Ortschaft liegen vier Seen: Großer Aweyden-See, Mucker-See, Großer Sixdroy-See und Drusener See.

ALTKIRCHEN (Schwentainen) / ŚWIĘTAJNO

Ein großes Dorf, das 17 km östlich von Ortelsburg/Szczytno gelegen ist. Gegründet wurde es 1686 als Siedlung für die in den umliegenden Wäldern arbeitenden Menschen, die Teer, Birkenteeröl und Pottasche gewannen. Im 18. Jh. bauten die Bewohner Kartoffeln an. Im 19. Jh. wurden hier viermal im Jahr große Jahrmärkte veranstaltet. 1914 wurde das Dorf schwer beschädigt; es wurde aber bald wieder aufgebaut. In der Zwischenkriegszeit funktionierten hier: Sägemühle, zwei Mühlen und zahlreiche Gewerbebetriebe. 1939 bewohnten dieses Dorf 1660 Personen. Die hiesige Kirche wurde 1908 errichtet, 1914 ist sie abgebrannt und 1925 ist sie wieder aufgebaut worden.

Dorfkirche in Klien Jerutten/Jerutki

ANGERBURG / WĘGORZEWO

Die Stadt liegt 2 km vom nördlichen Ufer des Mauer-Sees/jez. Mamry entfernt, am Angerapp-Fluß/Węgorapa. An dieser Stelle war seinerzeit eine Grenzbefestigung der heidnischen Pruzzen. Nachdem die Kreuzritter sie eingenommen hatten, bauten sie 1335 ein Holzschloß. Dreißig Jahre später wurde es von Litauern vernichtet. Am Ausgang des 15. Jh. entstand hier ein Neubau in Stein, daneben eine Ansiedlung, in der im 15. Jh. Wirtshaus und Mühle untergebracht waren.

1939

2001

1571 wurde Angerburg zur Stadt erhoben. Zu dieser Zeit hatte sie schon ein Rathaus, Erdbefestigungen, Palisaden und war von einem Festungsgraben umgeben. In die Stadt fuhr man durch eins der drei Tore mit Zugbrücke. 1656 wurde die Stadt zweimal geplündert und verbrannt. Die Mehrzahl der Einwohner wurde getötet oder in Gefangenschaft genommen. Um die verödete Stadt zu bevölkern, wurde sie mit Kolonisten aus dem polnischen Masowien besiedelt.

In den Jahren 1709-1710 starben 90% ihrer Einwohner an der Pest. Von 1758 bis 1762 war Angerburg von russischen Truppen besetzt. 1829 wurde hier ein Lehrerseminar gegründet. Die hier ausgebildeten jungen deutschen Pädagogen sollten die Lehrer ersetzen, die in den masurischen Schulen auf polnisch unterrichteten.

In der zweiten Hälfte des 19. Jh. fand in Angerburg eine deutliche Belebung der Wirtschaft statt. Die Stadt erhielt eine Bahnverbindung zu Gerdauen, Goldap, Lötzen und Rastenburg. In den ersten Jahren des 20. Jh. erbaute man ein Gaswerk, ein Schlachthaus, ein Badehaus, eine Buchdruckerei, eine Brutanstalt für Fische sowie eine Wasserleitung. Im 1. Weltkrieg war Angerburg für gewisse Zeit von Russen besetzt, erlitt jedoch keine größeren Kriegsschäden. In der Zwischenkriegszeit wurde Angerburg zu einem bekannten Touristen- und Sportzentrum. In den dreißiger Jahren wurden auf dem Mauer-See die Europäischen Meisterschaften im Eissegeln ausgetragen. Zu

Die Ordensburg in Angerburg/Węgorzewo

Pfarrkirche in Angerburg/Węgorzewo

der Zeit wurden in der Stadt zwei neue Hotels erbaut: „Deutsches Haus“ und „Schloßhotel“. Am Ende des 2. Weltkrieges wurde Angerburg zu 80% beschädigt. Russische Truppen besetzten die Stadt am 24. Januar 1945. Heute ist Angerburg/Węgorzewo ein großes Zentrum des Touristenverkehrs und Segelsports. Es entwickeln sich Metall-, Lebensmittel- und Holzindustrie.

Besichtigungen

Das interessanteste Baudenkmal in der Stadt ist die zu Beginn des 16. Jh. erbaute spätgotische **Pfarrkirche**. Der Kirchturm wurde in der Mitte des 18. Jh. aufgestockt. Die Innenausstattung der Kirche ist im Stil der späten Renaissance gehalten. Hochaltar und Kanzel stammen aus dem 17. Jh. Über der Turmtür befinden sich die Wappen der Familien Dohna und Kreytzen, der Stifter der Kirche. An der Außenwand des Turms blieb der Grabstein des Starosten Hans von Auer aus dem Jahre 1659 erhalten. Auch das **Ordensschloß** aus dem 14. Jh., im 18. Jh. umgebaut sollte man sich ansehen. 1945 fiel es einem Brand zum Opfer, kürzlich wurde es wiederaufgebaut.

Gleich hinter Angerburg, an der Straße nach Lötzen/Giżycko befindet sich ein **Heldenfriedhof** aus dem 1. Weltkrieg, mit Gräbern deutscher und russischer Soldaten. Etwas weiter entfernt liegt der empfehlenswerte Campingplatz „Rusałka“ am Schwenzait-See/jez. Święcajty.

Anlegestelle in Angerburg/Węgorzewo

ARNSWALD / GRABOWO

Das Dorf liegt an der Strecke Angerburg/Węgorzewo – Goldap. Gegründet wurde es 1585. Seit 1591 ist das Dorf Sitz einer Pfarrgemeinde. Die hiesige **Kirche** entstand Ende des 16. Jhs. Umgebaut wurde sie im 17 Jh., 1732 wurde der Turm angebaut. In der Nähe des Dorfes befindet sich eine Anhöhe, die Steiler Berg (228 m) genannt wird.

ARYS / ORZYSZ

Arys liegt unweit des Ostufers des Spirding-Sees/jez. Śniardwy, am großen Arys-See. In Mittelalter verlief hier eine wichtige Handelsstraße von Norden nach Süden, und es war der einzige Durchgang durch Seen- und Sumpfgebiete. An dieser Stelle entstand zuerst ein Wirtshaus. Im Jahre 1443, aufgrund eines vom Hochmeister Konrad von Erlichshausen eingeräumten Privilegs, wurde hier ein Dorf angelegt; zuerst Neudorf genannt, wurde der Name 1507 in Arys umgeändert. Im 16. Jh. wurde die Ansiedlung Sitz des Kirchspiels. Sie machte sich einen Namen durch ihre Märkte mit Flachs und Leinwand. Im Jahre 1725 wurde sie durch König Friedrich Wilhelm I. zur Stadt erhoben.

1939 

 2001

Am Anfang des 19. Jh. entwickelte sich die Stadt nur langsam. Die Situation ihrer Einwohner verbesserte sich erst am Ausgang des Jahrhunderts, als hier eine Garnison und am Stadtrand ein Truppenübungsplatz entstand. Arys wurde auch zum wichtigen Eisenbahn- und Straßenknotenpunkt. Im 1. Weltkrieg war die Stadt ein halbes Jahr von russischen Truppen besetzt. Am Ende des 2. Weltkriegs wurde Arys zu 30% kriegsbeschädigt. Inzwischen entwickeln sich in der Stadt Handel und Dienstleistungen.

Einwohnerzahl: *1939*: 3500; *2001*: 6000.

Besichtigungen

Das einzige altertümliche Bauwerk ist die mit einem wuchtigen Turm versehene **Kirche** aus dem Jahre 1530, die im 19 Jh. umgebaut wurde. Die eherne Kirchenglocke stammt aus dem Jahre 1603, die Kanzel aus der Mitte des 18. Jh.

Auch Arys ist ein Urlauberzentrum mit Urlauberunterkünften, Bademöglichkeiten und einem schönen Strand. Gute Bedingungen für Erholung und Segelsport bietet der östlich von der Stadt gelegene **Arys-See**/jez. Arys (Länge 11,7 km; Breite bis zu 3,3 km, Tiefe bis zu 36 m). Der See verfügt über eine stark ausgeprägte Uferlinie, zwei lange Buchten, neun von Bäumen bewachsene Inseln, ziemlich hohe, bewaldete Ufer. Vom Südwesten schließt es sich an den Stollendorfer See/Jez. Wierzbińskie an, von dem er durch die lange Halbinsel Amerika getrennt ist. Den Aryssee durchquert der Fluss Arys, der ihn mit dem Tirklo-See verbindet.

Kirche in Arys/Orzysz

AWEYDEN / NAWIADY

Es ist ein Dorf, das zwischen Ortelsburg/Szczytno und Sensburg/Mrągowo gelegen ist. Gegründet wurde es 1397. Seine ersten Bewohner beschäftigten sich mit der Waldbienenzucht. 1665 wurde im Dorf das erste Wirtshaus eröffnet. Die hiesige Kirche wurde im 15. Jh. gebaut, dann mehrmals umgebaut, das letzte Mal 1881. Der im oberen Teil hölzerne Turm ist von 1687. Wertvolle Ausstattungsteile des Gotteshauses sind ein spätrenaissances Triptychon, zwei Engelfiguren aus dem 17. Jh. sowie eine Grabplatte von 1727.

BABENTEN / BABIĘTA

Das Dorf in der Johannisburger Heide am Babenter Fließ liegt 24 km nordöstlich von Ortelsburg. Die Geschichte dieses Ortes geht bis auf das 14. Jh. zurück, als man hier eine große Schmiede erbaute, und um sie herum eine kleine Ansiedlung entstand. Gegenwärtig ist Babenten ein allgemein bekanntes Touristenzentrum an der Paddelbootroute auf der Kruttinna. Am Ort ist eine Bootsanlegestelle und ein Biwakplatz. Man sollte hier die alte Wassermühle besichtigen. In 2,5 km Entfernung vom Dorf ist einer der schönsten masurischen Seen, der Große Sixdroi-See/jez. Zyzdrój Wielki und am Ufer dieses Sees liegt der Ferienort Sixdroi/Zyzdrój.

Seenlandschaft

BARTEN / BARCIANY

Die Ortschaft liegt nördlich von Rastenburg/Kętrzyn. Es war einst das Zentrum des altprussischen Stammes der Barten, die hier ihre Wehrburg hatten. 1240 hat der Deutsche Orden diese Burg erobert, verstärkt und für seine Zwecke eingerichtet. Nicht weit von dieser alten sollte eine neue Burg aus Mauerwerk als Sitz eines Komturs errichtet werden, doch hat man auf diese Pläne vorerst verzichtet. Der 1325 begonnene Bau wurde auf viele Jahre eingestellt; er wurde erst 1377-1390 fortgeführt und beendet. Die Burg war auf einer von natürlichen Hürden geschützten Stelle plaziert; zwei Seen und der Fluß Liebe erschwerten den Zugang, der allein von Osten über eine Zugbrücke über den Burggraben möglich war. Im 15. Jh. verlandeten die Seen langsam und die Burg verlor ihre Verteidigungsfunktion. Im 16. Jh. wurde sie zum Landgut umgebaut. Neben der Burg entstand schon Ende des 14. Jhs eine Siedlung, die Städtchen genannt wurde, aber erst 1628 wurden der Siedlung volle Stadtrechte verliehen. 1657 wurde die Stadt von der Pest heimgesucht, und im Jahre 1695 verwüstete die Stadt ein Orkan. 1939 zählte Barten 1541 Einwohner. Im letzten Weltkrieg stark zerstört, verlor die Ortschaft 1945 die Stadtrechte.

Ordensburg in Barten/Barciany

Besichtigungen

Im Dorf blieb die gotische **Ordensburg** aus dem 14. Jh. erhalten. Zur Zeit ihres Glanzes beherbergte die Burg u.a.: Refektorium, Rüstungskammer, Bäckerei, Brauerei und einen Speicher; auf der Vorburg war eine Mühle in Betrieb. Ein weiteres Baudenkmal ist die gotische **Kirche** aus dem 14. Jh.; ihr Turm wurde 1741 und 1804 umgebaut, die Glocken stammen von 1425. Laut Volksmund sollen Kirche und Burg durch einen 800 m langen Tunnel verbunden sein. Das **Pfarrhaus** entstand im 19. Jh., und aus derselben Zeit stammt die **Friedhofskapelle**.

BENKHEIM / BANIE MAZURSKIE

Das Dorf liegt zwischen Angerburg/Węgorzewo und Goldap etwa auf der Hälfte des Weges. 1566 gegründet, 1656 von Tataren niedergebrannt. Im Jahre 1710 starben viele Einwohner an der Pest. Es entwickelte sich hervorragend im 19. und 20. Jh. Im letzten Weltkrieg teilweise vernichtet. Ein Großteil der zur Zeit hier wohnenden Einwohner ist ukrainischer Herkunft, die nach dem Krieg zwangsmäßig hierher aus dem südöstlichen Teil Polens umgesiedelt worden waren. Der Ort ist Zentrum ukrainischer Kultur. Die hiesige **Pfarrkirche** stammt aus dem 16. Jh., der Turm wurde Ende des 17. Jhs angebaut.

BIEBERN / BOBRÓWKO

Das Dorf liegt südwestlich von Nikolaiken an der Straße nach Niedersee. Es entstand inmitten von Wäldern erst 1705. Die ersten Einwohner hatten das Recht, Fische nur für ihren Eigenbedarf zu fangen und nur im Biebern-See/jez. Skok. Jagen durften sie nicht. Sie befassten sich auch mit Landwirtschaft, sammelten den Unterwuchs im Walde und im Winter fanden sie beim Abholzen in umliegenden Forsten Arbeit.

Biebern ist an der Grenze des **Naturschutzgebietes** für Flora und Fauna „Pierwos“ (605 ha) gelegen, der die Ortschaft von drei Seiten umringt. Dieses umfasst den seichten Haselweiher/jez. Pierwos, die Bäche Skocker Mühlenfließ und Garcianka sowie den Mündungsabschnitt des Flusses Kruttinna. Hier wachsen zahlreiche alte Bäume, unter ihnen Eichen mit einem Umfang von über 3 m. In dieser abgelegenen Wildnis leben See- und Schreiadler, Uhu und Wolf.

BUDDERN / BUDRY

Das Dorf ist auf der Strecke Angerburg/Węgorzewo – Goldap gelegen. Gegründet wurde es 1565 vom Komtur der Angerburg, Johannes Mix, der vom Fürsten Albrecht ein Stück Land verliehen bekommen hatte. 1710 ist die Hälfte der Einwohner der Pest zum Opfer gefallen. Noch am Anfang des 18. Jhs gab es in Buddern keine Kirche. Der Preußenkönig Friedrich Wilhelm I. drohte dem Gemeindevorsteher, daß er ihn hängen lassen wird, sofern in einigen Jahren kein **Gotteshaus** im Dorf steht. Die Arbeiten begannen sofort, und 1739 wurde die Kirche der Gemeinde zur Nutzung übergeben. 1888 wurde ein Turm angebaut. Die Kirche hat eine originelle Konstruktion: Ihre Decke tragen hölzerne Pfeiler.

DÖNHOFFSTÄDT / DROGOSZE

Im Jahre 1361 erhielt Konrad von Wolfsdorf von den Kreuzrittern den nach ihm benannten Ort Groß Wolfsdorf. Am Ausgang des 14. Jh. wurde hier eine Kirche im gotischen Stil errichtet, die zweimal umgebaut bis auf den heutigen Tag steht. 1487 ging das Dorf auf die Familie von Rauter über. Sie erbaute hier das erste Schloß, das hundert Jahre später durch Blitzschlag zerstört wurde.

Im Jahre 1631 wurde das Dorf von der Familie Dönhoff übernommen; der Name des Ortes wurde in Dönhoffstädt umgeändert. Die Familie von Dönhoff stammte aus Westfalen, wo sie im 13. Jh. große Besitztümer hatte. Im 14. Jh. siedelte ein Teil der Familie ins Baltikum über und ließ sich in der Umgebung von Riga nieder. Seit dem 18. Jh. wurde Dönhoffstädt zum Hauptsitz des Geschlechts, das immer mächtiger wurde und in ganz Europa bekannt war. Im 18. Jh. gehörten 25 Dörfer in den Kreisen Sensburg und Rastenburg den Dönhoffs.

Im Jahre 1710 gab Boguslav Friedrich v. Dönhoff den Auftrag, ein stattliches **Schloß im Barockstil** zu erbauen. Der Bau wurde 1716 beendet. Der Entwurf stammte vom Architekten de Collas, der sich den Palast in Friedrichstein als Vorbild nahm. Im Jahre 1816 kam Boguslav v. Dönhoff im Duell ums Leben. Da er keine männlichen Erben hinterließ, ging der Palast auf die Familie Stolberg-Wernigerode über. Diese Familie bewohnte ihn bis 1945. Die Wappen beider Geschlechter befinden sich in gutem Zustand über dem Palasteingang.

Wappen über dem Schloßeingang in Dönhoffstädt/Drogosze

Schloß in Dönhoffstädt/Drogosze

Nach dem Krieg wurde im Palast ein Schulungszentrum für Landwirte und Traktoristen eingerichtet. In Sommermonaten fanden hier Ferienlager für Dorfkinder statt. Immer seltener wurden am Palast Renovierungsarbeiten durchgeführt. Schließlich im Jahre 1990 wurde er geschlossen und für Besichtigungen grundsätzlich nicht mehr freigegeben. Seit 1993 ist das Bauwerk in privatem Besitz, und derzeit beginnt seine Instandsetzung.

Der Palast in Dönhoffstädt, der größte und schönste in Masuren, ist ein gewaltiges Bauwerk mit einer Kubatur von 22.000 m^3. Es wird erzählt, daß der Bau so viele Fenster hat wie Tage im Jahr, so viele Gemächer wie Wochen im Jahr und so viele Schornsteine, wie es Monate im Jahr gibt. Sein Mittelstück ist durch vier Säulen mit barocken Spitzen verziert. Die Fassaden sind von unterschiedlicher Höhe, da das Bauwerk auf unebenem Gelände steht.

Das Palastinnere hatte eine prachtvolle Ausstattung: stilvolle Möbel, Gemälde bekannter Meister, Gobelins, Erzeugnisse aus Fayence und Porzellan. Es gab hier eine Bibliothek mit 10.000 Bänden und sogar ein Schloßtheater.

Von außen sieht der Palast gegenwärtig noch gut aus, aber innen dagegen ist nicht viel von seiner einstigen Pracht geblieben. Am besten erhalten ist die Hauskapelle, in der sich zwei Sarkophage der Familie Dönhoff befinden. An den Wänden findet man Epitaphien der Familie Stolberg-Wernigerode. Relativ gut erhalten blieben einige Kamine, zwei Deckenmalereien und zahlreiche Stuckarbeiten. Der besterhaltene Raum ist der ehemalige Ballsaal, genannt Spiegelsaal.

Hinter dem Palast erstreckt sich ein 75 ha großer **Park**. Heute ist er verwildert und sieht eher einem Wald ähnlich. Der Park wurde zu Beginn des 19. Jh. angelegt, in ihm befand sich u.a. ein Reservat für Damwild. Bewunderung erwecken hier wunderschöne alte Eichen und Linden.

DRENGFURT / SROKOWO

Es ist ein großes Dorf (früher sogar Stadt), das nordöstlich von Rastenburg/Kętrzyn gelegen ist. Einst gab es hier eine altprussische Siedlung, an deren Stelle die Ordensritter 1397 ein Dorf gründeten. Es entwickelte sich so schnell, daß ihm der Hochmeister Konrad von Jungingen schon 1405 die Stadtrechte verlieh. Im 17. Jh. hatte die Stadt zwar keine Mauern, aber sie war von einem Erdwall mit Palisaden und Stadtgraben umringt. In die Stadt kam man durch zwei

Tore. In den Jahren 1626-1629 wurde Drengfurt von den Schweden beraubt, und 1657 teilweise von den Tataren abgebrannt. 1806-1812 mußten die Bewohner die Belastungen des Durchmarsches der französischen, preußischen und russischen Truppen tragen; später brachen auch oft Feuersbrünste und Epidemien aus. 1897 erhielt die Stadt eine Bahnverbindung mit Rastenburg. Während des letzten Weltkriegs zerstört, verlor Drengfurt 1945 seine Stadtrechte.

Besichtigungen

Die hiesige gotische Kirche vom Anfang des 15. Jhs wurde später zweimal umgebaut. Der Hauptaltar stammt von 1824. In seiner Bekrönung steht eine gotische Figur der Mutter Gottes mit dem Jesuskind aus dem 15. Jh. Das 1608 gebaute **Rathaus** brannte während des Tatarenzuges ab. 1775 wurde ein neues Rathaus gebaut, das bis heute steht. Sehenswert sind außerdem der **Speicher** aus dem 18. Jh., Denkmalswert besitzende **Häuser** aus dem 18. und 19. Jh. sowie die **evangelische Kirche** von 1937.

Den heutigen Namen Srokowo bekam die Stadt 1950 zu Ehren von Stanisław Srokowski, eines Geographen, der zahlreiche wis-

Rathaus in Drengfurt/Srokowo

senschaftliche Arbeiten zum Thema: Region Ermland und Masuren, veröffentlicht hat.

Zwischen Drengfurt und Fürstenau/Leśniewo erhebt sich der **Teufelsberg**/Diabla Góra (157 m). Auf dem Gipfel steht die Ruine eines Turmes, der 1902 zu Ehren des Kanzlers Otto von Bismarck errichtet worden ist. Von diesem Bau hatte man eine wunderschöne Aussicht auf die ganze Umgebung. Unweit des Turmes ist ein Sockel erhalten geblieben, auf dem ein Denkmal zu Ehren deutscher Soldaten stand, die 1914 die Russen aus Drengfurt vertrieben hatten.

DRIGELSDORF / DRYGAŁY

Die Ortschaft befindet sich zwischen Gehlenburg/Biała Piska und Lyck/Ełk. Gegründet wurde sie 1436. Schon im 16. Jh. existierten hier ein Wirtshaus und eine Mühle. 1656 wurde das Dorf von Tataren abgebrannt; der größte Teil der Bevölkerung wurde gefangen genommen. 1710 kam die Pest. Die **Kirche** im Ort wurde 1732 anstelle der alten aus dem 15. Jh. gebaut, die von Tataren vernichtet wurde. Neben der Kirche steht ein **Pfarrhaus** aus dem 18. Jh.

ECKERTSDORF / WOJNOWO

Das Dorf liegt 6 km westlich von Niedersee/Ruciane-Nida, am Kruttinna-Fluß. Im Ort ist eine kleine griechisch-katholische Kirche und ein **Nonnenkloster der Altgläubigen, auch Philipponen genannt**. Es ist dies eine kleine Sekte der russisch-orthodoxen Kirche.

In der zweiten Hälfte des 17. Jh. führte der Patriarch der russischen Kirche Nikon mit Unterstützung des Zaren Alexey Reformen durch. Man begann, die Taufe durch Wasserbegießen zu vollziehen und nicht wie einst durch Eintauchen in Wasser. Die Gläubigen sollten sich mit zwei Fingern bekreuzigen und nicht wie bisher – mit drei. Während der Andacht wurde jetzt „Halleluja“ (lobet den Herrn) zweimal gesungen und nicht dreimal. Die Prozession um das Gotteshaus sollte von nun an von Westen nach Osten gehen und nicht in Richtung der Sonnenbewegung. Auch das Wort Jesus mußte fortan anders geschrieben werden.

Diese Reformen forderten heftigen Widerspruch bei den Geistlichen und Gläubigen heraus, die streng an den Überlieferungen festhielten. In der russischen Kirche kam es zur Spaltung. Diejenigen, die die neue Kirchenzeremonie nicht anerkannten, nannte man Altgläubige. Sie wurden verfolgt, in Gefängnisse gesperrt, geschlagen und gefoltert. Da sie ihre religiösen Überzeugungen nicht aufgeben wollten, siedelten sie in Sibirien und anderen Ländern, u.a. im östlichen Teil Polens.

Im Jahre 1825 erlaubte der preußische König Friedrich Wilhelm III. die Ansiedlung der Altgläubigen in Masuren. Die Einwohnerzahl in der Johannisburger Heide verringerte sich damals durch Napoleonkriege, so daß neue Ansiedler für dieses Gebiet für den preußischen Staat wichtig waren. Man schuf ihnen hier günstige Lebensbedingungen. Sechs Jahre hindurch brauchten sie keine Steuern zu zahlen und konnten Boden als Eigentum erwerben.

Die nach Masuren gekommenen Philipponen erwiesen sich als sehr fleißige und praktische Menschen. Sie befaßten sich u.a. mit Fischerei, Waldwirtschaft und bauten Straßen. Ihr Glaube verbot ihnen entschieden, Alkohol zu sich zu nehmen. Sie glaubten, daß derjenige, der Alkohol trinkt, dreißig Jahre Schande über sich bringe.

In jedem Haus mußte mindestens eine Ikone sein. Sie war das Symbol für die Verbindung des Menschen mit den Heiligen und erfreute sich tiefer Ehrfurcht. Sie wurde entweder auf einem Regal oder in einem speziellen Glasschränkchen aufgestellt. Es war nicht

Kloster der Altgläubigen in Eckertsdorf/Wojnowo

erlaubt, sie auf einem Nagel aufzuhängen. Man durfte sie auch nicht erneuern, es war nur erlaubt, sie mit Öl abzureiben, was dem ältesten Familienmitglied gestattet war. Im Falle eines Brandes retteten die Philipponen zuerst die Ikone. Im Raum, in dem sie aufgestellt war, durften keine Zigaretten geraucht werden. Während einer Annäherung zwischen Frau und Mann war die Ikone mit einem Tuch bedeckt.

Die ersten Philipponen siedelten sich 1830 in der Johannisburger Heide an. Sie gründeten dazumal das Dorf Rehfelde/Onufryjewo. Kurz darauf legten sie die nächsten Dörfer an, u.a. Nickelshorst/Gałkowo, Schlößchen/Zameczek und Schwignainen/Śwignajno. Im Jahre 1832 entstand Eckertsdorf/Wojnowo. 1847 errichtete man hier das gemauerte Kloster. Es befindet sich wenige hundert Meter südwestlich vom Dorf, auf einem Hügel am See. Anfänglich hielten sich in ihm sowohl Männer als auch Frauen auf. Später wurden Männer nicht mehr aufgenommen, es verblieben allein Frauen im Kloster. Vor dem 1. Weltkrieg waren hier 80 Nonnen. Sie befaßten sich nicht nur mit Andachtsübungen, sondern arbeiteten schwer in der zum Kloster gehörenden Landwirtschaft. Außerdem betreuten sie Körperbehinderte und alte Menschen. Die Zahl der Nonnen verringerte sich allmählich, 1995 waren es nur noch zwei.

Beide Weltkriege verschonten das Kloster. Zu seiner Ausstattung gehören wertvolle Ikonen aus dem 19. Jh., Kreuze und ein silberner Kronleuchter. Ikonen aus Eckertsdorf/Wojnowo befinden sich auch in den Museumssammlungen in Heilsberg/Lidzbark Warmiński. Neben dem Kloster steht ein altes Klosterhaus sowie Wirtschaftsgebäude und Tor.

Gleich hinter dem Kloster ist ein **Friedhof**. Die achteckigen Kreuze auf den Gräbern sind immer auf der östlichen Seite, zu Füßen der Verstorbenen aufgestellt. Dem einstigen religiösen Brauchtum zufolge durften nur Holzkreuze aufgestellt werden. Sie sollten stehenbleiben, bis sie verfault und zerfallen waren. Es war nicht erlaubt, solch ein Kreuz zu renovieren. Heute hat man mit dieser Tradition gebrochen.

Noch im Jahre 1968 wohnten in Eckertsdorf 115 Altgläubige. Viele von ihnen siedelten nach Deutschland um. Heute leben im Dorf nur noch sehr wenige Altgläubige.[24]

In Eckertsdorf gibt es noch eine zweite **orthodoxe Kirche**, einen Holzbau aus den Jahren 1922-1927. Sie gehörte nicht den Philipponen, sondern den sog. Jedinowiercy, d.h. denen, die die alten

Friedhof der Altgläubigen

Orthodoxe Kirche in Eckertsdorf/Wojnowo

Zeremonien beibehalten hatten, aber die neue russisch-orthodoxe Kirche anerkannten.

Im Forst südlich von Eckertsdorf am Duß-See/jez. Duś befindet sich ein 9 ha-großes **Felsenfeld**, auf dem etwa 13.000 Felsblöcke gezählt worden sind.

Gotteshaus der Altgläubigen in Eckertsdorf/Wojnowo

EICHMEDIEN / NAKOMIADY

Das Dorf ist in südöstlicher Richtung 9 km von Rastenburg entfernt. Früher bewohnten heidnische Prussen dieses Gebiet, die auf einem See, der später verschwand, Fischfang betrieben. Zur Hälfte des 14. Jhs. gab es diese Ansiedlung nicht mehr. Das Leben kehrte in diese Gegend zum Ende des 14. Jhs. zurück, als der Balgaer Komtur, Konrad von Kyburg, hier ein Dorf gründete. Das genaue Datum ist leider unbekannt, aber sicher ist, dass es zwischen 1392 und 1396 geschehen musste. 1402 erneuerte der Komtur Ulrich von Jungingen (der spätere Ordensgroßmeister) die Lokation auf der Grundlage des Kulmer Rechts. 1519-1521 wurde Eichmedien während der Kriegshandlungen zwischen Polen und dem Ordensstaat vernichtet und entvölkert. Später zogen Siedler aus Polen zu. Zur Hälfte des 17. Jhs. belehnte der Kurfürst Friedrich Wilhelm den Ritter Jan von Hoverbeck mit dem Dorf als Lohn für seinen langjährigen Dienst.

Besichtigungen

In Eichmedien ist vor allem **das barocke Schloss** zu besichtigen. Es wurde von den Hoverbecks 1664-1680 nach dem Projekt des Warschauer Architekten Josef Pioli errichtet. Berühmt wurde dieser Bau dank seiner weiträumigen, geheimnisvollen Verliese. Darin sollten widerspenstige Untertanen schmachten, die von den rohen, despotischen Eigentümern des Schlosses hineingeworfen worden waren. Diese Verliese sollten durch einen geheimen langen Gang mit dem früheren Wachtturm des Deutschen Ordens verbunden sein, der auf dem Schlossberg stand. Diese Anhöhe befindet sich südlich des Dorfes am Flusse Guber. Zwischen 1785 und 1945 war das von einem weiträumigen Park umgebene Schloss Eigentum der Familie von Redecker. In der Nähe des Dorfes befindet sich ein Friedhof, auf dem Mitglieder dieser Familie ihre letzte Ruhe gefunden haben. Nach dem letzten Weltkrieg hatte im Schloss zuerst eine Schule ihren Platz gefunden, heute ist es wieder Privatbesitz.

Das **Gotteshaus** von Eichmedien wurde schon Anfang des 15. Jhs. errichtet. 1556 wurde es zu einer evangelischen Kirche umgebaut, die laut Volksmund ab dem 17. Jh. durch einen unterirdischen Gang mit dem Hoverbeck-Schloss und weiter mit dem Ordenswachtturm verbunden sein sollte. Der Tunnel sollte 2 km lang sein. Im 20. Jh. wurde die alte Kirche im neugotischen Stil gründlich umgebaut; Turm und Vorhalle stammen von 1932. Seit 1945 gehört das Gotteshaus den Katholiken.

EINSIEDELN / KADZIDŁOWO

Dieses ist eine kleine Ansiedlung mit einem **Wildpark** in der Johannisburger Heide. Gründer und Eigentümer des Wildparks ist der Zoologe Dr. Andrzej Krzywiński. Auf einer Fläche von 40 ha finden wir hier die in Masuren lebenden Tierarten wie Rehe, Hirsche, Wildschweine, Wölfe, Elche, Biber, Tarpanpferde sowie die verschiedensten Vogelarten. Die Lebensbedingungen der Tiere sind den in der freien Natur sehr ähnlich.

Nach Einsiedeln kann man von Nikolaiken/Mikołajki aus, auf der Chaussee nach Süden, in Richtung Niedersee/Ruciane-Nida fahren. Etwa 3,5 km hinter dem Dorf Bobrówko biegt man rechts ab in einen Waldweg (Entfernung von der Chaussee etwa 800 m).

Im Wildpark Einsiedeln/Kadzidłowo

EISERMÜHL (Staßwinnen) / STAŚWINY

Das Dorf befindet sich südlich von Lötzen/Giżycko an der Straße, die nach Arys/Orzysz führt. An dieser Stelle wurden Spuren einer altprussischen Siedlung gefunden, aber Anfang des 14. Jhs war das Gebiet menschenleer. 1475 befahl Bernhard von Balzhofen, Komtur aus Pokarmin, einem gewissen Simon (Szymon) ein Dorf zu gründen,

Wölfe

In Spirding/Popielno wird die Kreuzung von Wisent und Hausrind gezüchtet

in dem nur deutsche Siedler wohnen sollten. 1539 gab es in diesem Dorf 32 Bauern, Deutsche und Polen. Im 17. Jh. existierte hier eine Mühle. Der Volksmund erzählt, daß der Müller seinen eigenen Sohn ermordet und ausgeraubt habe, als der nach vielen Jahren aus fremdem Land mit einem beträchtlichen Vermögen unerkannt von den Eltern nach Hause kam. 1656 nahmen die Tataren so viele Menschen aus dem Dorf in Gefangenschaft, daß es niemanden gab, der den Boden bearbeiten konnte. 1819 wurde hier eine Schule eröffnet. 1914 wurden viele Häuser infolge der Kampfhandlungen zerstört. Im Mai 1939 gab es hier 453 Einwohner, und die Bauern bearbeiteten 1916 ha Ackerboden.

Westlich des Dorfes liegt der **Hessen-See**/jez. Wojnowo (4,6 km lang, 1 km breit und 14 m tief). Ein kurzer Bach verbindet ihn mit dem südlich liegenden Martinshagener-See/jez. Buwełno.

Reh

FLIESSDORF (Alt Jucha) / STARE JUCHY

Dieses große Gemeindedorf befindet sich nordwestlich von Lyck/Ełk, auf der Hälfte des Weges nach Widminnen/Wydminy. Es entstand Anfang des 15. Jhs, 1471 wurde sein Lokationsprivileg erneuert. Zu dieser Zeit existierte hier ein Wirtshaus. 1625 sind viele Einwohner infolge einer Seuche gestorben. 1655 haben die Tataren das Dorf eingeäschert, die Menschen verteidigten sich in der Kirche. 1709-1710 starben 88 Personen infolge der Pest. Anfang des 20. Jhs funktionierten hier Wassermühle und Branntweinbrennerei.

Die hiesige **Kirche** wurde im 16. Jh. errichtet. Zweimal wurde sie ein Opfer der Flammen (1595, 1656), und in den Jahren 1885-1886 wurde sie umgebaut. Die Kanzel ist mit Renaissancegemälden von 1574 ausgeschmückt; im Hauptaltar gibt es ein Renaissancetriptychon von 1591, die Barockorgel ist von 1772.

Weitere Sehenswürdigkeiten von Fließdorf stammen aus der ersten Hälfte des 19. Jhs. Dies sind die alten **Gasthäuser** (zurzeit befinden sich Läden darin), dann die ehemalige **polnische Schule** aus dem 18. Jh. sowie das von einem Park umgebene **Herrenhaus** aus der zweiten Hälfte des 19. Jhs.

Nordöstlich vom Dorf befindet sich auf dem Gelände des Gutes Orla Jucha ein **Findling** von 11,5 m Umfang. Dem Volksmund nach haben heidnische Prussen darauf Tiere getötet, um sie ihren Göttern zu opfern.

Mäusefalke

Säger

Kormorane

FRIEDRICHSHOF / ROZOGI

Das Dorf liegt 26 km südöstlich von Ortelsburg/Szczytno. Gegründet wurde es 1645. An der Grenze Ostpreußens zu Polen gelegen, war Friedrichshof ein bedeutendes Handelszentrum. Im 1. Weltkrieg wurde es stark beschädigt, in der Zwischenkriegszeit wiederaufgebaut. Die **neugotische Kirche** stammt aus dem Jahre 1845.

6 km westlich, am Fuße des malerischen Ahornberges/Góra Klonowa befindet sich das Dorf Liebenberg/Klon, und darin alte hölzerne masurische Bauernhäuser.

Neugotische Kirche in Friedrichshof/Rozogi

GEDWANGEN / JEDWABNO

Das große Dorf liegt auf der Strecke Ortelsburg/Szczytno – Neidenburg/Nidzica. An der Stelle der ehemaligen Grenzbefestigung der heidnischen Pruzzen erbauten die Kreuzritter im Jahre 1380 ein Jagdschlößchen. Daneben entstand eine Ansiedlung mit Waldbienenzüchtern. Im 18. Jh. war Gedwangen ein weit bekanntes

Marktdorf. Die im 15. Jh. errichtete Kirche blieb nicht erhalten, die heutige stammt aus dem Jahre 1932. Das Dorf, umgeben von herrlichen Wäldern und Seen, bietet ideale Möglichkeiten zur Erholung für Touristen.

GEHLENBURG (Bialla) / BIAŁA PISKA

Das Städtchen ist 17 km östlich von Johannisburg entfernt. Anstelle der von den Kreuzrittern vernichteten Ansiedlung der heidnischen Pruzzen „Gayle" entstand hier 1428 ein kleines Dorf. 1656 wurde es von Tataren niedergebrannt. Im Jahre 1710 starb die Mehrzahl der Einwohner an der Pest. 1722 wurde es durch Handfeste zur Stadt erhoben. Eine rasante Entwicklung trat im Jahr 1883 ein, als die Eisenbahnlinie Lyck – Johannisburg in Betrieb genommen wurde. Das Städtchen, 1914 von russischen Truppen zerstört, wurde schnell wiederaufgebaut. Es entwickelt sich hier die Holz- und Lebensmittelindustrie.

Die barocke **Pfarrkirche** am Ort wurde in den Jahren 1756-1763 erbaut, der Turm im Jahre 1832.

Einwohnerzahl: *1939*: 2623; *2001*: 3200.

1939

2001

GOLDAP / GOŁDAP

Am Fluß Goldap, an der Stelle, wo früher nur Vorwerk und Sägemühle standen, entstand eine Ansiedlung, die 1579 von Herzog Albrecht von Hohenzollern zur Stadt erhoben wird. Anfänglich kamen hauptsächlich Siedler aus dem polnischen Masowien hierher. Erst im Jahre 1734 ließen sich hier 117 Emigranten aus Salzburg nieder.

Die Einwohner Goldaps wurden im Laufe der Jahrhunderte von Pest und Cholera heimgesucht, die Stadt wurde mehrmals durch Brände verwüstet, von fremden Truppen angegriffen und zerstört.

1657 fielen Tataren ein, 1757 wird Goldap von russischen Truppen eingenommen und geplündert, 1807 erleidet die Stadt große Schäden beim Durchzug der napoleonischen Armee. Bessere Zeiten kamen dann im 19. Jh. 1818 wurde Goldap Kreishauptstadt, später erhielt sie Straßen- und Eisenbahnverbindung mit den benachbarten Städten und entwickelte sich wirtschaftlich positiv. Diese Entwicklung wurde im 1. Weltkrieg plötzlich unterbrochen. Die Stadt befand sich an der Linie der russisch-deutschen Front. Mehrmals ging sie von einer Hand in die andere über und wurde zerstört. In der Zwischenkriegszeit wiederaufgebaut, befand sich Goldap im 2. Weltkrieg erneut im Kriegsbrand. Im Oktober 1944 von der Roten Armee eingenommen, wurde sie im November von Deutschen zurückerobert, am 22. Januar 1945 von Russen besetzt. Ca. 90% der Stadt wurden vernichtet.

1939

2001

Besichtigungen

In Goldap sind nur wenige historische Bauten erhalten geblieben. Eine alte **Pfarrkirche** aus dem 16. Jh., nach Kriegsbeschädigungen erst in den achtziger Jahren des 20. Jh. wiederaufgebaut, eine **Kirche** aus dem Ende des 19. Jh., mehrere **Bürgerhäuser** aus dem 19. Jh., ein Heldenfriedhof aus den Jahren 1914-1915, auf dem deutsche und russische Soldaten beigesetzt sind.

Goldap, weitab von geräuschvollen Touristenrouten gelegen, bietet den sich hier aufhaltenden Gästen Ruhe und gute Erholungsmöglichkeiten. Nur 2 km von der Stadt entfernt liegt der **Goldaper Berg**, auch Schöner Berg genannt. Von hier aus hat man einen wundervollen Ausblick auf die ganze Umgebung. Im Winter sind hier Lift für Skiläufer, eine Sprungschanze und eine Rodelbahn in Betrieb. In der Nähe der Stadt liegt auch der **Goldaper See** und an seinen Ufern Ferienheime, Strand und Badeanstalt.

Kirche in Goldap

GROSS SCHIEMANEN / SZYMANY

Es ist ein großes Dorf, daß 9 km südlich von Ortelsburg/Szczytno an der Straße nach Willenberg/Wielbark gelegen ist. Gegründet wurde es 1682. 1797 notierten die Chroniken, daß es hier ein Wirtshaus gab, dessen Eigentümer Fryderyk Węgorowski war. Kürzlich wurde hier ein **Flugplatz** für den zivilen Flugverkehr freigegeben, auf dem vor allem Passagierflugzeuge aus Deutschland landen.

GROSS STÜRLACK / STERŁAWKI WIELKIE

Das Dorf ist zwischen Rastenburg/Kętrzyn und Lötzen/Giżycko gelegen. Es wurde 1387 vom Komtur Friedrich von Wenden gegründet. Anfangs wohnten hier Prussen, aber schon im 16. Jh. bildeten Polen die Majorität. 1613 muß das Dorf schon ziemlich groß gewesen sein, denn die Chroniken überliefern, daß es dort vier Wirtshäuser gab. 1652 wurde ein Teil des Bodens Georg Friedrich Freiherr Schenk zu Tautenberg verliehen, der 1656 während des Tatareneinfalls getötet wurde, seine Söhne wurden verschleppt und das Herrenhaus wurde abgebrannt. Im 18. Jh. wurde im Dorf eine Wassermühle gebaut, und 1868 bekam es eine Bahnstation.

1490 existierte in Groß Stürlack eine Kapelle, 1590 wurde eine Kirche gebaut, die die Tataren einäscherten. Das heutige **Gotteshaus** wurde 1832 nach dem Projekt von Karl Friedrich Schinkel gebaut.

Nördlich vom Dorf befindet sich der **Deyguhn-See**/jez. Dejguny (6,5 km lang, 2,3 km breit und 45 m tief).

GROSSGARTEN (Possessern) / POZEZDRZE

Das Dorf entstand 1543. 1710 ist der größte Teil der Einwohner, 309 Personen, infolge der Pest gestorben. 1737 wurde hier eine Schule eröffnet. Die 1891 gebaute Kirche wurde 1914-1915, während der Kriegshandlungen beschädigt. 1923 wurde sie rekonstruiert.

Nordöstlich von Großgarten am Fluß Sapina liegt eine Anhöhe, die **Goldener Berg** genannt wird. Eine interessante Sage läßt dazu verlauten:

Die Dorfbewohner sollen öfter geheimnisvolle Laute aus dem Inneren des Berges gehört haben. Sie beschlossen, das Geheimnis zu ergründen. Also wurde ein weiser Mann zu Rate gezogen, denn sie wollten ja wissen, wie sie vorgehen sollen. Der Alte zeigte ihnen eine Stelle, an der sie graben sollten. Bald darauf stießen ihre Schaufeln auf Ziegelsteine, die sich als Gewölbe des im Inneren des Berges versteckten Kellers erwiesen. Durch das in die Decke gehauene Loch schob sich der Alte ins Innere des Kellers. Gesprächsfetzen deuteten auf einen Dialog hin. Als er endlich wieder erschien, erzählte er, im Keller befände sich eine große Kiste voll von Gold. Sie könnten das Gold untereinander aufteilen unter der Bedingung, daß sie ihm das überlassen würden, was sich in der kleinen Schublade befände. Die Bauern waren damit einverstanden. Als nun die Kiste auf der Oberfläche erschien, dachten sie, der Alte wolle das wertvollste Kleinod behalten. So sagten sie ihm, er möge verschwinden, denn sie übernehmen den Inhalt der ganzen Kiste. Sie wußten nicht, daß in der Schublade allein Handschuhe und ein Gurt aufgehoben waren. Als die Bauern den Alten verjagt hatten, begann die Kiste Richtung Fluß hinunterzurutschen, einen tiefen Graben nach sich ziehend, der noch heute zu sehen ist. Die Bauern suchten lange nach dem Gold in den Fluten des Flusses. So wurden die Bauern für ihre Gier bestraft. Übrig blieben allein die Ziegelsteine eines leeren Kellers. Sie sollen eine gewisse Zauberkraft besitzen, denn die aus ihnen gebauten Pferdeställe erfordern keine Reparaturen.

Etwa 1,5 km nordwestlich von Großgarten, an der nach Angerburg/Węgorzewo führenden Chaussee sind die gesprengten Bunker des ehemaligen **Hauptquartiers des Reichsführers der SS Heinrich Himmler** zu besichtigen. Dieses Hauptquartier, Deckname „Hochwald" baute 1940-1941 die Organisation Todt. Es entstanden 9 Gebäude, darunter 5 Bunker. Der „Hochwald" war gut getarnt, mit Stacheldraht umzäunt und von Minenfeldern geschützt. Am 20 November 1944 wurden die Bewohner des „Hochwaldes" evakuiert, und am 24. Januar 1945 haben deutsche Pioniersoldaten alle Bunker gesprengt.

GRÜNFELDE / GRUNWALD

Das Dorf liegt 20 km südwestlich von Hohenstein/Olsztynek, in der Nähe des Dorfes Tannenberg/Stębark. Am 15. Juli 1410 wurde auf den Feldern bei Grünfelde und Tannenberg die historische Schlacht ausgetragen, in der die Ritter des Deutschen Ordens, unter Hochmeister Ulrich von Jungingen, den polnisch-litauischen Heeren, angeführt vom polnischen König Władysław Jagiełło, unterlagen.

Im Jahre 1960 wurde hier ein **Denkmal** enthüllt, das sich aus einem Granitobelisk (10 m hoch) und Masten zusammen setzt, die die Banner der polnischen und litauischen Heere symbolisieren. Die Steinmaquette zeigt die Aufstellung der Heere vor der Schlacht. Im Amphitheater befindet sich ein **Museum** mit Kinosaal. Der Granitblock erinnert an den Tod des Hochmeisters Ulrich von Jungingen (siehe auch: Tannenberg/Stębark).

Granitobelisk in Grünfelde/Grunwald

HANFFEN / KONOPKI WIELKIE

Das Dorf befindet sich zwischen Lötzen/Giżycko und Arys/Orzysz. Gegründet 1475, vom Komtur Bernhard von Balzhofen wurde die Lokationsurkunde unter dieser Bedingung ausgestellt, daß sich hier nur Deutsche ansiedeln dürfen. Aber 1625 wohnten hier nur Polen. 1710 wurde das Dorf von der Pest heimgesucht. Ab dem 18. Jh. war hier eine Wassermühle in Betrieb, die noch einige Jahre nach dem 2. Weltkrieg funktionierte. 1812 wurde in Hanffen eine Schule gegründet. 1939 gab es in diesem Dorf 502 Einwohner, 1970 lediglich 416. In der Nähe des Dorfes befindet sich der Ublick-See.

HEILIGELINDE / ŚWIĘTA LIPKA

Das kleine Dorf ist sehr schön auf der Landenge zwischen Heiligelinder-See und Wirbel-See gelegen, an der Chaussee, die Rastenburg/Kętrzyn und Rößel/Reszel verbindet. Schon seit Jahrhunderten ist der Ort Ziel unzähliger Pilgerscharen. Die Kirche in Heiligelinde, der schönste Barockbau im ganzen nordöstlichen Polen, gehört zu den größten touristischen Anziehungspunkten.

Wallfahrtskirche Heiligelinde

Nach dem Sieg der Kreuzritter über die Pruzzen und der Christianisierung dieser Gebiete wurde der Ort zum Zentrum des Marienkults. Die Gottesmutter wurde als Beschützerin des Ritterordens verehrt. Anfänglich, wahrscheinlich schon im 14. Jh., betete man hier vor einer auf der großen Linde angebrachten Holzfigur der Gottesmutter. Keine historischen Dokumente bezeugen, wann das war, und wer die Figur dort hingehängt hatte.

Einer Legende zufolge war im Verlies des Rastenburger Schlosses ein zum Tode verurteilter Verbrecher eingekerkert. In der Nacht vor der Urteilsvollstreckung betete er zur Mutter Gottes, bat um Verzeihung und Hilfe. Maria erschien und befahl ihm, eine Holzfigur zu schnitzen. Der Verurteilte war überzeugt, daß es ihm nicht gelingen würde, denn er hatte sich noch nie mit Holzschnitzerei befaßt. Trotzdem machte er sich an die Arbeit, und es zeigte sich, daß er in ein paar Stunden ein schönes Bildnis der Mutter Gottes mit Kind in Holz geschnitzt hatte. Die darüber informierten Richter eilten zur Zelle, um sich die Figur anzusehen. Die Tatsache, das der Verurteilte ein so schönes Werk ausgeschnitzt hatte, verstanden sie als Intervention des Himmels und beschlossen, den Gefangenen freizusprechen. Und so geschah es auch. Der aus dem Gefängnis Befreite befestigte sein Werk an der ersten am Weg von Rastenburg nach Rößel stehenden Linde. Die Figur hatte eine ungewöhnliche Kraft. Die unter ihr vorbeiziehende Schafherde kniete nieder, und ein blinder Adliger, der vor ihr betete, erhielt die Sehkraft wieder. Die Einwohner Rastenburgs brachten die Figur in ihre Kirche, aber schon am Tag darauf fand man sie wieder an der Linde. Noch mehrmals wurde die Figur an andere Stellen gebracht, aber jedesmal kehrte sie am nächsten Tag dahin zurück, wo sie der Verurteilte angebracht hatte. Schließlich erkannte man an, daß diesen Platz die Gottesmutter selbst ausgesucht hatte, und es wurde beschlossen, hier eine Kapelle zu errichten.

Diese Legende entstand erst im 17. Jh., also ziemlich spät. Tatsache ist aber, das es hier schon im 15. Jh. eine kleine Kapelle mit den Ausmaßen 12 x 8 m gab. Der Baumstamm befand sich innerhalb des Bauwerks und seine Äste breiteten sich über dem Dach aus. Die Kapelle wurde von katholischen Pilgerscharen aufgesucht, die hierherkamen, um Ablaß der Sündenstrafen zu erhalten und gesund zu werden. 1519 kam der letzte Hochmeister des Deutschen Ordens Albrecht von Hohenzollern zu Fuß und barfuß hierher. Er war der spätere weltliche Herzog von Preußen.

Derselbe Herzog Albrecht trat 1525 zum Protestantismus über, und die katholische Religion wurde in Preußen untersagt. Ein Jahr darauf wurde die Kapelle zerstört, die Linde gefällt und die Figur vernichtet. Allen, die Wallfahrten hierher unternahmen, drohte damals die Todesstrafe; um daran zu erinnern, wurde ein Galgen aufgestellt.

Im Jahre 1605 wurde den Katholiken die Konfessionsfreiheit wiedergegeben. An Stelle der alten Kapelle begann man mit dem Bau einer neuen, von derselben Größe wie die ehemalige. 1619 wurde der Bau abgeschlossen. Der Gottesdienst wurde von Jesuiten abgehalten. Nach Heiligelinde kamen Pilger aus immer entfernteren Gegenden, selbst aus Danzig und Königsberg. Es kam u.a. der polnische König Jan Kazimierz.

Die Kapelle war nicht mehr imstande, alle Pilger aufzunehmen, daher begann man 1687 mit dem Bau einer neuen, großen Kirche. Nach ihrer Fertigstellung wurde ein Ordenshaus sowie vier durch Kreuzgänge verbundene Eckkapellen angebaut, die für Pilger bestimmt waren. Den sumpfigen Boden stärkte man durch viele lange, beschlagene Erlenpfähle. Die Bauführung oblag dem Architekten Ertly aus Wilna, geboren in Tirol. Die Arbeiten an der Ausstattung der Kirche dauerten viele Jahre. Endgültig beendet wurden sie im Jahre 1759.

Die Kirche hielt glücklich allen historischen Angriffen stand. Auch die Kriegshandlungen des 2. Weltkrieges überstand sie. Nur im Jahre 1945 zerstörten die in ihr einquartierten russischen Soldaten einen Teil der Bänke und beschädigten die Orgel. Im Jahre 1983 verlieh der Papst Johannes Paul II. der Kirche den Titel „Kleine Basilika".

Auf den Hof der Kirche gelangen wir durch eine wunderschöne grüne **Eingangspforte** aus dem Jahre 1734, ausgeführt von dem Schmied Johann Schwarz aus Rößel. Auf den Umgangsmauern sind 44 Steinfiguren aufgestellt, die das Geschlechtsregister Jesu Christi darstellen. Es sind dies Arbeiten von Christoph Perwanger, ausgeführt in den Jahren 1744-1748. Über dem Eingang stehen Figuren der Heiligen Jungfrau Maria und des Erzengels Gabriel. In der Mitte ist das Jesuskind in Strahlenglorie mit dem Kreuz in der Hand.

Ist man nun einmal auf dem Hof, ist es ratsam, zuerst die **Kreuzgänge** zu besichtigen. Sie bilden ein Rechteck. Ihre Besichtigung beginnt man am links des Tores gelegenen Westflügel. Unsere Augen betrachten die 1733-1737 entstandenen Wandgemälde von Matthias Meyer. Dieser Kunstmaler begann seine Arbeit in den Kreuzgängen, indem er zuerst alle Eckkapellen ausmalte.

→ *Hoftor*

Danach schmückte er zuerst den Westflügel aus, dann den Nordflügel. Er konnte ihn jedoch nicht mehr beenden, weil er während der Arbeit tödlich vom Gerüst stürzte.

Die Gemälde am Gewölbe stellen Szenen aus dem Alten Testament dar, die an den Wänden dagegen sind mit dem Neuen Testament verbunden und veranschaulichen das sonntägliche Evangelium.

Die Kuppel der **Eckkapelle der acht Seligpreisungen** ist in acht Felder aufgeteilt. In jedem steht ein Engelchen mit einem lateinischen Text auf einer Schleife.

Die Kapelle der acht Seligpreisungen wird öfter auch Kapelle der Hl. Dreifaltigkeit genannt, wegen des sich hier befindenden Altargemäldes, das die Szene der Krönung der hl. Jungfrau Maria, die von den drei Personen Gottes, dem Vater, dem Sohn und dem hl. Geist vorgenommen wird, darstellt. Die sich in dieser Kapelle befindende Polychromie haben der Kanzler Jan Szembek und seine Gemahlin Ewa von Leszczyński gestiftet.

Im nord-östlichen Teil der Kreuzgänge befindet sich die **Kapelle der hl. Drei Könige**, deren Namen vom Altargemälde abstammt, das die drei Weisen aus dem Morgenland darstellt, die auch Könige genannt werden, die in Bethlehem dem Jesuskindlein und der Mutter

Kreuzgänge und die Eckkapelle der acht Seligpreisungen

Westkreuzgang

Gottes huldigten. Die aus Mehlsack stammende Bürgerfamilie Drommler stiftete die Gemälde am Gewölbe. Sie illustrieren diejenigen Heiligen, die die Schutzheiligen jener Familie gewesen sind.

Der ohne Polychromie dastehende östliche Kreuzgang führt in die **Kapelle des hl. Andreas**. Dieser Heilige vom Altargemälde war der Schutzheilige des ermländischen Bischofs, Krzysztof Andrzej Szembek, der die Polychromie gestiftet hat. Seinem Wunsch nach wurden an den Wänden auch seine anderen Schutzheiligen dargestellt. Am Gewölbe dagegen sind die vier Kirchenväter der westlichen Kirche (Ambrosius, Augustinus, Gregor der Große und Hieronymus) und vier Vertreter der östlichen Kirche (Basylius der Große, Gregor von Nazianz, Gregor von Nyssa und Johannes Chrysostomos) zu bewundern.

Im südlichen Kreuzgang geht man am Eingang zum Kloster vorbei. Einige Meter weiter sind an den Wänden Tafeln angebracht, die den im 2. Weltkrieg ermordeten Jesuitenpatern gewidmet sind.

Die Wandgemälde in der **Kapelle des hl. Adalbert** stiftete die Kaufmannsfamilie Saturgus aus Königsberg. In der Kuppel gibt es Szenen aus dem Leben des Prager Bischofs, Adalbert, der 997 von den heidnischen Pruzzen während seiner Missionsreise getötet worden ist. Bald danach wurde er heilig gesprochen.

Die Wandgemälde im letzten Teil des Kreuzganges, zwischen der Kapelle des hl. Adalberts und dem Tor, entstanden 1803. Sie sind Mosers Werk, eines Kunstmalers aus Bischofstein.

In einer Ecke des Kirchhofes, der bis 1949 die Rolle eines Friedhofs übernahm, stehen vier **steinerne Skulpturen**. Neben der Kapelle des hl. Adalbert steht die Figur der Unbefleckten Jungfrau aus dem Jahr 1732 – eine der besten Arbeiten von Johann Christian Schmidt aus Rößel. In den anderen Ecken des Hofes stehen Skulpturen unbekannter Bildhauer, die die Kreuzigung, die hl. Anna und den hl. Joseph darstellen.

Die originale und wunderschöne **Westfassade** der Kirche ist in drei Geschosse eingeteilt. In der mittleren Nische ist die Linde nachgebildet. Ihr Stamm ist aus Sandstein, ihre Krone aus Metall. An der Linde angebracht ist eine kleine Figur der Muttergottes. Die emporstrebenden Türme zusammen mit den Kreuzen erreichen die Höhe von 53 m, die an ihren Wänden angebrachten Uhren haben jede ein Zifferblatt von 3 m Durchmesser.

Durch das reich geschmückte Hauptportal betreten wir die Kirche. Sie ist auf einem rechteckigen Plan mit den Ausmaßen 42 m

Fresko am Gewölbe der Kapelle des hl. Ignatius von Loyola

Hl. Franziskus Xaverius. Gemälde am Gewölbe

Länge und 24 m Breite errichtet worden. In das 19 m hohe Mittelschiff gelangt das Tageslicht durch Lünettenfenster im Gewölbe. Über den niedrigeren Seitenschiffen befinden sich Galerien.

Die wunderschönen Fresken entstanden in den Jahren 1722-1727; ihr Schöpfer ist der aus Heilsberg stammende Matthias Meyer. Sein Autoporträt befindet sich in einer Ecke über der Orgel. Es ist ein Mann in einer blauen Weste mit Pinseln in der Hand.

Die Motive seiner **Fresken am Gewölbe** des Mittelschiffs und des Presbyteriums entlieh der Maler der Maria lobpreisenden Lauretanischen Litanei. In einer Szene über dem Altar krönen Gott Vater, Sohn und der Heilige Geist die Mutter Gottes (ein Thema, das Meyer später in einer Kapelle des Kreuzgangs wiederholt hat). Im zweiten Feld wird die hl. Jungfrau Maria als Königin der Engel dargestellt. Unter den sie verehrenden Gestalten sind die Erzengel Michael in seiner Rüstung, Raffael mit seinem Pilgerstab und Gabriel mit der Lilie zu erkennen. Maria hält auf ihren Knien das Jesuskind, das ihr die Krone auf das Haupt setzt. Das dritte Feld stellt die Mutter Gottes als Königin der Patriarchen und Propheten, das vierte als Königin der Apostel dar. Im fünften Feld wird sie als Königin der Märtyrer dargestellt. In der Mitte steht ein Kreuz mit der Dornenkrone, und rundherum halten Engel die Werkzeuge der Leiden Christi; weiter sehen wir Märtyrer, u.a. den hl. Adalbert mit einem Paar Ruder und den hl. Mauritius mit einer Lanze. Im sechsten Feld preisen die Bekenner ihre Königin; darunter sind sowohl Heilige, so die hl. hl. Ignatius von Loyola und Franziskus von Assisi, wie auch weltliche Personen, so König Sigismund III. bzw. Brandenburgs Kurfürst Johann Sigismund. Die zentrale Stelle auf diesem Gemälde macht die illusorisch gemalte Kuppel aus. Steht man darunter, ist es schwierig, sich des Eindrucks zu erwehren, daß sie wirklich existiert.

Auf dem Fries unterhalb des Gewölbes des Mittelschiffs befinden sich ovale Gemälde mit **zwölf heiligen Königen**. Dies sind, wenn wir nördlich an der Orgel beginnen: der französische König Ludwig, der Burgunderkönig Sigismund, der ungarische König Stephan, Böhmens König Wenzel, der englische König Richard, und der Frankenkönig Guntram. Beginnen wir an der südlichen Seite am Altar, so sind es: der ungarische König Wladislaw, Schwedens König Erik, der deutsche Kaiser Heinrich, der spanische König Johann Hermenegild, Dänemarks König Kanut und der ethiopische König Elesbaan.

→ *Mittelschiff*

Ergießung des Heiligen Geistes

Die prächtige **Orgel** ist das schönste Kunstwerk des westlichen Teils der Kirche. Sie wurde in den Jahren 1719-1721 in der Werkstatt des königlich-preußischen Orgelmachers, Johann Josua Mosengel aus Königsberg gebaut. Mit 3960 Pfeifen und 40 Registern gibt sie eine wahre Tonflut unter den Fingern guter Orgelkünstler her. Während der Konzerte bewegen sich die an der Orgel angebrachten Figuren; die dem Konzert lauschenden Zuhörer sind zugleich Zeugen von Mariä Verkündigung. Der Erzengel Gabriel grüßt Maria und verbeugt sich vor ihr respektvoll. Sie antwortet auch mit einem höflichen Knicks. Die Engel spielen zu dieser Zeit freudig Posaunen, Mandoline und Schellen.

Um die Möglichkeiten dieses Instruments voll zu nutzen, und Heiligelinde Organisten mit hohen Qualifikationen zu sichern, riefen die Jesuiten 1722 hier eine Musikschule ins Leben, die bis zum Jahre 1909 Organisten ausbildete. Einer der fähigsten Zöglinge dieser Schule, der sie 1887-1893 besuchte, war der spätere polnische Komponist Feliks Nowowiejski. Vor der Kirche liegt ein Stein zum Gedenken an seinen Aufenthalt in Heiligelinde.

Die Heiligelinder Orgel - Königin der Instrumente

An einem der Mittelpfeiler im Mittelschiff steht ein im Jahre 1728 aufgestellter **Lindenstamm** mit künstlicher Baumkrone. Er steht genau an dieser Stelle, an der im Mittelalter der wunderbare Lindenbaum gewachsen ist. Auf diesem symbolischen Lindenbaum wurde eine Statue der Madonna placiert, die seit 1652 das Eigentum der Kirche ist. Sie ist ein Geschenk des polnischen königlichen Hofes an Heiligelinde.

Die gegenüber stehende **Kanzel** entstand im Jahre 1700. Sie wurde vom Königsberger Schnitzer Christoph Peucker aus Nußholz gefertigt. Etwas später versah sie Peter Kolberg aus Guttstadt mit Gemälden, die die Heilige Schrift illustrieren.

Nach der Besichtigung der Kanzel kehren wir zur Orgel zurück, um von dieser Seite nun das **nördliche Seitenschiff** zu besichtigen. Vor allem sind die vier nicht zu großen Gemälde an beiden Seiten des ersten Fensters in Augenschein zu nehmen. Sie greifen auf den Anfang des Marienkults in Heiligelinde zurück und stellen Geschehnisse dar, über die am Anfang dieses Kapitels in der Legende berichtet wird.

An der Nordwand befinden sich unter den Fenstern große Wandgemälde, die **Ereignisse aus dem Leben der Mutter Gottes** versinnbildlichen. Das erste stellt ihre unbefleckte Empfängnis dar. U.a. sind darauf ihre Eltern, die hl. hl. Anna und Joachim zu sehen. Das zweite Bild zeigt, wie Maria von ihren Eltern im Tempel von Jerusalem Gott geopfert wird. Das dritte Fresko illustriert Marias Vermählung mit Joseph, mit dem sie dann in Nazareth gelebt hat. Auf dem vierten Gemälde ist Erzengel Gabriel zu sehen, der der Jungfrau Maria die Geburt des Herrn Jesus Christus verkündet. Auf dem fünften Gemälde wird die hl. Elisabeth von Maria besucht.

An der Westwand und weiter am Gewölbe des nördlichen Schiffes gibt es **Szenen aus der Passion Christi**. Das Gemälde an der Wand zeigt, wie die Soldaten das Haupt Christi mit der Dornenkrone krönen. Am Gewölbe sieht man Pontius Pilatus, der Jesus zum Tode verurteilt. Auf dem nächsten Feld trägt der Sohn Gottes sein Kreuz; dabei hilft ihm Simon von Kyrene. Die nächsten zwei Fresken am Gewölbe stellen die Kreuzigung Jesus und seine Abnahme vom Kreuz dar.

Ergänzt wird die malerische Ausstattung an den Wänden durch zahlreiche ovale Gemälde, die an verschiedenen Stellen **Wunder und Genesungen** darstellen, zu denen es dank der Fürbitte der Mutter Gottes in Heiligelinde gekommen ist. Davon gibt es in der

Fresko am Gewölbe des Mittelschiffes

Fresko in der nördlichen Sakristei

ganzen Kirche über hundert. Sie sind interessant u.a. auch deswegen, weil die Namen der Genesenen darunter stehen; in überwiegender Zahl sind es polnische Namen.

Die Reihe der aus dunklem Holz gefertigten Seitenaltäre beginnt der **Altar des hl. Stanislaus Kostka** aus der Königsberger Werkstatt von Christoph Peucker. Der im 16. Jh. lebende Heilige wurde in Rostków bei Przasnysz geboren. Seine Familie wollte mit seinem asketischen Lebenswandel und dem Wunsch, in den Jesuitenorden einzutreten, nicht einverstanden sein. Letztendlich wurde er aber als Novize aufgenommen, legte das Ordensgelübde ab und starb bald danach. Von Kollegen und Vorgesetzten Jüngling genannt, wird er als Schutzpatron von Kindern und Jugendlichen angesehen. Das Gemälde, das den hl. Stanislaus mit dem Jesuskind darstellt, und die Abbildung der hl. Barbara in der Bekrönung sind nach A. Rzempołuch Werke des ermländischen Meisters, Georg Piper.

Der **Altar des hl. Joseph** von 1698 wurde von dem aus Königsberg stammenden Schnitzer Johann Döbel ausgeführt. Das Gemälde des Heiligen, der auf seinen Knien das Jesuskind hält, wurde von dem mit dem Hof von Jan III. Sobieski verbundenen italienischen Maler Martin Altomonte gemalt. Die kleine Abbildung des hl. Joachim mit Maria in der Bekrönung ist aller Wahrscheinlichkeit nach ein Werk von Matthias Meyer.

Der **Altar der Schmerzensreichen Mutter Gottes** ist auch in der Werkstatt des Johann Döbel entstanden. Das darin befindliche Gemälde der Mutter Gottes unter dem Kreuz, gemalt von Martin Altomonte, ist eines der wertvollsten Kunstwerke im Gotteshaus von Heiligelinde. Das kleine Bild am Aufsatz versinnbildlicht Jesus Bestattung.

Die sich am Ende des Seitenschiffs befindende **Kapelle des hl. Ignatius von Loyola**, des Gründers des Jesuitenordens, hebt die Anteilnahme des Herz-Jesu-Ordens bei der Festigung des Glaubens hervor. Dies versinnbildlicht vor allem die Allegorie am Gewölbe, sowie die Aufschrift an der Südwand der Kapelle „Zum größeren Ruhm Gottes", die das Motto der Jesuiten ist. Das Altarbild eines unbekannten Kunstmalers versinnbildlicht die Vision des hl. Ignatius.

Die ganze Ostwand des **Presbyteriums** belegt der hohe, fast bis zum Gewölbe reichende, aus dunklem Holz ausgeführte **Hauptaltar**. Er stammt aus dem Jahr 1714 und wird als bestes Werk von Christoph Peucker angesehen.

Gemälde der Gottesmutter von Heiligelinde

In der Mitte des unteren Altarteils befindet sich das Gemälde der Gottesmutter aus Heiligelinde, das 1640 der belgische Kunstmaler Bartholomäus Pens geschaffen hat. Sichtbar ist allein ein geringer Teil des Gemäldes, denn den Rest überdeckt ein zierliches silbernes Kleid, das der Königsberger Goldschmied Samuel Gräwe 1719 ausgeführt hat. In der zweiten Etage wird die Szene des Besuchs von Maria bei der hl. Elisabeth dargestellt. In der dritten ist Mariä Himmelfahrt zu sehen. Beide Gemälde malte Peter Kolberg. Der Altar ist mit dem Emblem des Jesuitenordens bekrönt.

Zu den schönsten und wertvollsten Kunstwerken in der Kirche gehört das Tabernakel, ausgeführt von Samuel Gräwe. An seinen Türen steht der auferstandene Christus mit zwei Schülern, die ihn am Brotbrechen in Emaus wiedererkannt haben. Ein wenig höher ist das letzte Abendmahl abgebildet.

In den Seitenteilen des Hauptaltars stehen Figuren von Heiligen. Von links zählend sieht man hier unten Johannes den Täufer, die hl. hl. Joseph, Joachim und König David; in der zweiten Etage die hl. hl. Andreas, Petrus, Paulus und Johannes den Evangelisten; über ihnen sind dann die hl. hl. Adalbert, Stephan, Kasimir und Sigismund.

Die Seitenwände des Presbyteriums sind mit Fresken ausgeschmückt, die die Marienthematik fortführen. Auf dem Gemälde über dem Eingang zum nördlichen Seitenschiff erscheint der Engel des Herrn dem schlafenden hl. Joseph. An derselben Wand neben dem Altar ist die Huldigung der Hirten in Bethlehem zu sehen, und gegenüber wird das Jesuskind im Tempel geopfert. Über dem Eingang ins südliche Seitenschiff ist die Flucht der hl. Familie nach Ägypten versinnbildlicht worden.

Im Presbyterium befinden sich die Eingänge zu zwei, den Touristen nicht zugänglichen, **Sakristeien**. Die nördliche wurde früher eingerichtet; diese benutzte man schon, als die Kirche noch nicht beendet war. Mit dem Bemalen ihrer Wände und Decke begann Matthias Meyer 1722 die Ausmalung der Kirche. Seine Fresken, hier besonders gut erhalten, stellen vor allem Szenen aus dem Alten Testament dar. Die südliche Sakristei diente anfangs zur Aufbewahrung von liturgischen Gewändern. Genutzt wurde sie seit 1748, nach der Aufstellung der Möbel und der Ausstattung mit Fresken, die das Werk von Fischer sind.

Nachdem wir das Presbyterium Richtung **südliches Seitenschiff** verlassen haben, halten wir zuerst in der **Kapelle des hl. Franziskus Xaverius** Umschau. Dieser Heilige, Mitbegründer des

Fresko in der nördlichen Sakristei

Jesuitenordens, war in der Kirchengeschichte ein außergewöhnlicher Mensch. Er wird der größte Missionar aller Zeiten genannt. Er war in vielen Ländern tätig, die vor ihm kein anderer europäischer Missionar erreicht hatte. Trotz der unvollkommenen Transportmittel des 16. Jhs. ist er sogar bis nach Japan gereist. Ihm ist u.a. das Gemälde am Gewölbe gewidmet. Es stellt auch andere Jesuitenmissionare dar, die mit ihm zusammengearbeitet haben. Über dem Eingang zum Presbyterium sehen wir an der Wand den hl. Franziskus, der einen indischen Magnaten tauft. Auf dem Altar, der Peuckers Werk ist, befindet sich ein von Peter Kolberg gemaltes Gemälde, das Franziskus Xaverius bei seiner Missionsarbeit in Indien darstellt.

Im südlichen Seitenschiff gibt es unter den Fenstern Malereien, die das **Marienthema** fortsetzen. Auf dem ersten Gemälde diskutiert der 12jährige Jesus mit den Gelehrten im Tempel zu Jerusalem, wo er dann von Maria und Joseph gefunden wird. In der unteren Ecke dieses Gemäldes hat der Freskenmaler Matthias Meyer sein Autoporträt hinterlassen und drei seiner Schüler verewigt. Das zweite Gemälde stellt Jesus in Gethsemane dar, und das dritte, wie er von den frommen Frauen beklagt und beweint wird. Zu den interessantesten gehört das vierte Gemälde, das sich mit der Ausgießung des Heiligen Geistes über die Apostel beschäftigt, die in der Apostelgeschichte folgend beschrieben worden ist: „Zum Beginn des jüdischen Pfingstfestes waren alle Jünger wieder beieinander. Plötzlich kam vom Himmel her ein Brausen wie von einem gewaltigen Sturm und erfüllte das ganze Haus, in dem sie sich versammelt hatten. Zugleich sahen sie etwas wie züngelndes Feuer, das sich auf jedem einzelnen von ihnen niederließ. So wurden sie alle mit dem Heiligen Geist erfüllt..." (Apostelgeschichte 2,1-4). Unter dem letzten Fenster ist das Einschlafen der Mutter Gottes zu sehen. Den Freskenzyklus, der der hl. Mutter Gottes gewidmet ist, beendet die Szene zu Mariä Himmelfahrt über der Seitentür.

Die **Gemälde am Gewölbe** hinter der Kapelle des hl. Franziskus Xaverius versinnbildlichen der Reihe nach: das Finden des Christuskreuzes im 4. Jh. (wird der hl. Helene zugeschrieben), Auferstehung von Jesus Christus, Christi Himmelfahrt und das Jüngste Gericht.

Der **Altar des gekreuzigten Christus** sowie der **Altar der hl. Anna**, aus dunklem Holz ausgeführt, stammen aus dem Jahr 1698. Beide entstanden in der Königsberger Werkstatt von Johann Döbel. Beide Altarbilder und die darüber angebrachten kleineren, ovalen Gemälde schuf Martin Altomonte.

Der Zyklus der Seitenaltäre im südlichen Seitenschiff endet am **Altar des Erzengels Michael**, der 1700 von Christoph Peucker errichtet worden ist. Schriftsteller der ersten Jahrhunderte der Kirchenexistenz halten den Erzengel Michael für den Engelfürsten und für Gottes Botschafter in besonderen Angelegenheiten. Er gilt als Beschützer der Kirche und Bezwinger aller Kräfte, die Gott feindlich gesinnt sind. Das Altargemälde versinnbildlicht den Sieg über Luzifer; es ist, nach Meinung von A. Rzempołuch, ein Werk von Georg Piper aus Heilsberg.

Auf den auf Buntglas gestalteten **Fenstermalereien** des südlichen Seitenschiffs werden die fünf Geheimnisse des schmerzens-

Altar des hl. Franziskus Xaverius

Altar des Gekreuzigten

Altar der hl. Anna

Altar des Erzengels Michael

reichen Teils des Rosenkranzes abgebildet. Diese Buntfenster wurden für das Gotteshaus in Heiligelinde vom Meister Joseph Michhausen in Koblenz gefertigt und 1894 in die Fensteröffnungen eingesetzt.

Auf der Empore über dem südlichen Seitenschiff funktionierte bis vor kurzem ein kleines Kirchenmuseum. Zu sehen waren da u.a. zwei Meßgewänder aus dem 17. und 18. Jh., die die Kirche als Gaben erhalten hat, eins von der polnischen Königin Marysieńka Sobieska, das zweite von der französischen Königin Maria Leszczyńska, der Gemahlin Ludwigs XV. Das wichtigste Exponat war eine große silberne **Monstranz**. Sie versinnbildlichte den Lindenbaum mit der darauf stehenden Gestalt der Mutter Gottes sowie die unter der Linde knienden Hirten mit ihren Schafen. Dieses ungewöhnlich wertvolle, aus dem Jahr 1720 stammende Werk von Samuel Gräwe wurde im Oktober 1980 leider gestohlen. 1988 entstand, dank der Umsicht der Jesuitenpater, eine Kopie jener Monstranz, die jedoch den Besuchern nicht mehr zugänglich ist.

An der Chaussee aus Heiligelinde nach Rößel stehen 15 steinerne **Rosenkranz-Kapellen**. In den in ihnen ausgehauenen Nischen befinden sich Wandreliefs, die die Geheimnisse des Rosenkranzes versinnbildlichen. Es ist nicht sicher, wer sie geschaffen hat. Sie stammen aus dem Jahr 1734. Der Zahn der Zeit nagt stetig daran, und sie mußten schon öfter renoviert werden. An derselben Chaussee steht eine Säule, die genau jene Stelle markiert, wo die historische Grenze zwischen dem Fürstlichen Preußen und Ermland verlief.

Heilige Messen werden gelesen:
- an sommerlichen Wochentagen: 6.30, 12.00, 18.00 Uhr; im Herbst und Winter: 6.30, 17.00 Uhr
- an Sonntagen: 7.00, 8.45, 11.00, 14.00 (nur im Sommer), 17.00 Uhr

Orgelkonzerte gibt es in der sommerlichen Saison:
- an Wochentagen: 9.30, 10.30, 11.30, 13.30, 14.30, 15.30, 16.30, 17.30 Uhr
- an Sonn- und Feiertagen: 10.30, 12.30, 13.30, 15.30, 16.30 Uhr

Unterkünfte (70 Betten) sind im „Haus des Pilgers" direkt neben der Kirche zu buchen.[25]

→
Silberne Monstranz

HIRSCHEN (Sgonn) / ZGON

An der Straße von Ortelsburg/Szczytno nach Niedersee/Ruciane-Nida am Südufer des Mucker-Sees/Jez. Mokre, auf dem sich fünf Inseln befinden, gelegen, entstand Hirschen 1708. Eine hölzerne Windmühle und eine Hütte (Nr. 37) blieben hier aus dem 19. Jh. erhalten. In einer Entfernung von 1 km in nordöstlicher Richtung befindet sich das **Waldnaturschutzgebiet „Królewska Sosna“**, gegründet zwecks Schutz und Erhalt der hier wachsenden 200-jährigen Kiefern.

Etwa 1,5 km vom Dorf entfernt befindet sich am Uplick-See/jez. Uplik das **Naturschutzgebiet „Czaplisko Ławny Lasek“** (7,6 ha), in dem älter als 200jährige Kiefern unter Schutz stehen. In diesem Naturschutzgebiet befand sich früher mal eine Kolonie des Graureihers.

HOHENSTEIN / OLSZTYNEK

Die Stadt liegt 27 km südlich von Allenstein/Olsztyn. 1351 erbauten hier die Kreuzritter eine hölzerne Festung. Neben ihr entwickelte sich eine Ansiedlung, die 1350 vom Hochmeister des Deutschen Ordens, Winrich von Kniprode, das Stadtrecht erhielt. In den Jahren 1360-1370 wurde eine gemauerte Burg errichtet. Im 15. Jh. umgab man die Stadt mit Wehrmauern. Während der Kriege zwischen Polen und dem Orden im 15. und 16. Jh. wurde die Stadt mehrmals von polnischen Truppen eingenommen. 1656 besetzten Hohenstein zuerst die Schweden, danach die Tataren. In der Stadt entstanden Schäden durch große Brände und Pestepidemien. 1807 wurde sie von Franzosen besetzt.

1939

2001

Im 19. Jh. hatte Hohenstein dank der Eisenbahnlinie und Straßen gute Entwicklungsmöglichkeiten. Diese wurden begünstigt durch die Lage an der Handelsstraße von Elbing zum polnischen Masowien.

Durch den Ausbruch des 1. Weltkriegs wurde die günstige Entwicklung gestoppt. Die Stadt lag auf dem Angriffsweg der Truppen unter Feldmarschall Hindenburg auf die russische Armee unter General Samsonow. Hohenstein wurde vollständig zerstört. In der Zwischenkriegszeit wiederaufgebaut, verwandelte sich die Stadt im 2. Weltkrieg erneut in ein Trümmerfeld.

Besichtigungen

Zu den Sehenswürdigkeiten zählt der erhalten gebliebene Teil der **Ordensburg** aus dem 14. Jh. Er wurde mehrmals zerstört und wiederaufgebaut, und in der Hälfte des 19. Jh. zu einer Schule umgebaut. Allein die Keller mit gotischen Gewölben und Teile der Mauern stammen noch aus dem 14. Jh. Besichtigt werden sollte auch die **evangelische Kirche** im gotischen Stil, erbaut im 14. Jh., 1691 umgebaut, 1945 abgebrannt. Nach dem Krieg wurde sie wiederhergestellt. Heute befindet sich hier ein Museum und ein Ausstellungssaal.

Rathaus in Hohenstein/Olsztynek

Im Freilichtmuseum in Hohenstein/Olsztynek

Wenn man in Hohenstein ist, sollte man auf jeden Fall das **Freilichtmuseum** besuchen. Auf einer Fläche von 35 ha sind 40 alte Bauwerke der Volksbaukunst aus dem 18., 19. und Beginn des 20. Jh. aufgestellt. Sie stammen aus Masuren, Ermland, Oberland und dem sog. Preußischen Litauen. Es sind dies u.a. alte masurische Hütten, Wassermühle, Holländermühle, masurische Kirche, Wirtshaus, Schmiede, Pferdestall und Scheune. Ein Teil der Hütten ist mit alten Geräten, Möbeln, Geschirr, volkstümlichem Zierat und Werken der Volkskunst ausgestattet. Ihre Besichtigung ermöglicht dem Besucher, seine Kenntnisse über das Landleben im ehemaligen Ostpreußen, über das herrschende Brauchtum und die Volkskunst zu erweitern.

Das Freilichtmuseum entstand in den Jahren 1937-1940, als aus dem Zoologischen Garten in Königsberg die ersten Holzgebäude verlegt wurden. Der ethnographische Park in Hohenstein sollte eine zusätzliche Attraktion sein für die Besucher des hier früher erbauten **Tannenbergnationaldenkmals**. Es wurde zur Erinnerung an die sog. zweite Schlacht bei Tannenberg (26.-30. August 1914) errichtet, in der die deutschen Truppen, befehligt von Generalfeldmarschall

Tannenbergnationaldenkmal

Paul von Hindenburg, die russische Armee unter General Samsonow besiegten, und dadurch die Russen aus Ostpreußen verdrängten.

Dieses Denkmal war ein riesiges Bauwerk auf dem Grundriß eines Achtecks. Es bestand aus acht gewaltigen Basteien von 8 bis 20 Meter Höhe, die durch hohe Mauern miteinander verbunden waren. In den Basteien befanden sich Tafeln mit Namen der in der Schlacht gefallenen deutschen Soldaten und Fahnen der einzelnen Regimenter. Das ganze Bauwerk war mit Flachreliefs und Standbildern ausgeschmuckt. Eine spezielle Reliefkarte gab den Verlauf der Kämpfe in Ostpreußen wieder. Nach Hindenburgs Tod (am 2. August 1934) wurde hier der Sarg mit den sterblichen Überresten begraben. Dieser Ort war das Ziel zahlreicher Ausflügler, die aus ganz Deutschland hierher kamen. Es wurden ebenfalls Kundgebungen veranstaltet. Im Januar 1945 wurden die sterblichen Überreste Hindenburgs nach Marburg gebracht. Kurz danach sprengten deutsche Pioniere zwei Basteien. Nach dem Einmarsch der Roten Armee wurde das Bauwerk vollständig zerstört, heute sind hier nur noch Reste von Fundamenten vorhanden.

Um an den Ort zu gelangen, an dem sich das Tannenbergdenkmal befand, muß man sich von der Wegkreuzung, die nach Elbląg, Olsztyn und Nidzica führt, zuerst in Richtung Neidenburg/Nidzica

Gedenktafel im Tannenbergdenkmal

begeben. Danach in den ersten Weg nach rechts abbiegen, in Richtung „Drwęck“ (auf dem Wegweiser zu ersehen). Nach ungefähr 1 km wieder nach rechts abbiegen und auf einem festen Landweg gelangt man zu einem kleinen Wald, wo man das Auto stehen lassen sollte. Von hier aus sind es noch ca. 300 m nach rechts zur Anhöhe, auf der das Denkmal stand.

Tannenbergdenkmal

ISNOTHEN / IZNOTA

Südlich von Nikolaiken, an der Mündung des Flusses Kruttinna in den Beldahnsee befindet sich das kleine Dorf Isnothen/Iznota, und am Dorfrand ein ungewöhnliches Hotel, bzw. eine ungewöhnliche Pension: **Galindia – Masurisches Eden** (Mazurski Eden). Manchmal erleben die Urlauber, die schon zuvor Plätze in diesem Hotel gebucht haben, außergewöhnliche Abenteuer, bevor sie auch noch ihren Bestimmungsort erreicht hätten. In der Heide fallen manchmal einige Kilometer vor dem Ziel Äste vor den Wagen, die den Weg versperren. Aus dem Walde fallen in Felle gekleidete mit Speer und Beil bewaffnete Krieger auf die Straße. Zur Begleitung einer Trommel schreien die Krieger laut, zerren die desorientierten Reisenden aus dem Fahrzeug, fesseln sie mit dicken Stricken und führen sie ungeniert zu ihrem Versteck.

Diese Krieger imitieren den Stamm der Galinden, der seit dem 5. Jh. v.u.Z. bis zum Ende des 12. Jhs. das Gebiet der Großen Masurischen Seen bewohnte. In Kriegen gegen die Polen wurde der Stamm aufgerieben; sein einziger Nachlass sind die bis heute erhaltenen Überbleibsel von Urzeitburgen und Wachhügeln. Die Galinden zeichneten sich durch ihr kriegerisches Gehabe aus – sie veranstalteten Beutezüge ins polnische Land. Wenn im Rahmen eines Vergeltungszuges die Polen ihr Land betraten, griff die ganze männliche Population zu den Waffen. Das Land der Galinden war zum größten Teil von Gewässern, Wäldern und Mooren überdeckt, und deshalb befassten sie sich vor allem mit der Jagd, der Fischerei und der Imkerei. Ihr Hauptgewerbe war aber die Landwirtschaft, die der Bevölkerung das Getreide lieferte, das die Grundlage ihrer Ernährung bildete.

Die Entwicklung der Landwirtschaft verursachte die Auflösung der Stammesgemeinschaft. Schon im 9. Jh. gestaltete sich unter den Galinden die Einteilung in Reiche und Arme. Im politischen Leben spielte die Aristokratie die Hauptrolle, aber auch das Volk verfügte über ein gewisses Stimmrecht. Vertreter minderbegüterter Klassen nahmen an Kundgebungen teil, in denn über Angelegenheiten entschieden wurde, die die Allgemeinheit betrafen. Die Galinden waren außerstande, einen starken Staat zu gründen. Ihr Land war in selbständige „Burgenterritorien" eingeteilt, wozu gewöhnlich 1000-2000 Personen gehörten.

Die Religion dieses Stammes kannte keine Priester und keine

Im Urlaubszentrum „Galindia - Masurisches Eden"

Gotteshäuser. Die Galinden verehrten Sonne, Sterne, Mond, Vögel sowie Vierbeiner; sie glaubten an ein außerirdisches Leben und an die Möglichkeit, mit den Geistern verstorbener Vorfahren in Kontakt treten zu können. Sie waren überzeugt, dass es verschiedene Gottheiten gibt, die die Familie in Schutz nimmt, andere, die Pferde, Rinder, Gärten, Felder, Straßen und Flüsse beschützen. Heute wissen wir nicht, wie diese Götter hießen. Die Geschichte hat uns nur einen Namen überliefert, und zwar den der Göttin Kurke, die die Landwirte beschützte, um das Getreide und um gute Erträge bemüht war. Religiöse Zeremonien fanden unter freiem Himmel statt, öfter auf einem Feld oder auf einer Waldlichtung.

Das Urlaubszentrum „Galindia" entstand in der Johannisburger Heide, die früher den Namen „Heide der Galinden" trug. Als Muster diente beim Bau eine altprussische Burg. Von einem Pfahlwerk umringt verbirgt das Innere zahlreiche Holzschnitzereien heidnischer Götter, das moderne Restaurant ist in Räumen untergebracht, die an Höhlen erinnern. Die etwa 29 ha große Umgebung der Pension macht einen außergewöhnlichen Eindruck. Vor dem Einfahrtstor stehen in Holz geschnitzte Galindenkrieger, die in drohender Gebärde auf die Gäste schauen. Neben der Straße liegen Findlinge mit darin gemeißelten Gesichtern prussischer Götter; zwischen den Bäumen ist ein ritueller Steinkreis zu sehen, am See strecken Bäume mit darauf geschnitzten Gesichtern ihre gegabelten Äste aus, und am Ufer stehen große Boote der Galinden, bereit einen neuen Beutezug anzutreten, und auf dem Hof sielen sich vier große zottige Hunde.

Der Eigentümer dieser unlängst entstandenen „Vorzeitburg" hat sich selbst zum Galindenhäuptling ernannt und den Namen Izegus II. angenommen. In Wirklichkeit heißt er Cezary Kubacki, von Beruf Arzt, Psychiater. Er knüpft an die Tradition des Galindenstammes, ist bemüht das Brauchtum, die Sitten, die Zeremonien und das tägliche Leben der Galinden zu rekonstruieren. Er möchte dies alles dem heutigen Menschen näher bringen und zur psychiatrischen Behandlung und Prophylaxe nutzen. Einige Charakterzüge der Galinden, so z.B. das tiefe Gefühl der Verbundenheit mit der Natur, das unmittelbare Gehabe anderen gegenüber, die Spontaneität – sind Merkmale, die dem heutigen Menschen fehlen. Doktor Kubacki veranstaltet auf Wunsch seiner Besucher einige Male im Jahr „rituelle Begegnungen von Galinden". Daran nehmen oft die Bosse großer Firmen teil, Bankdirektoren, Hochschulprofessoren. Dabei sind sie keine passiven Zuschauer. Nach der Anreise müssen sie in Galindia vergessen, was sie tatsächlich sind, ihre Titel werfen sie symbolisch in einen Sack; sie bekommen neue Vornamen z.B. Wit, Bart, Nata, Gawron. Alle sind sich gegenüber gleich, aber es besteht die Pflicht, auf den Häuptling, Izegus II., zu hören. Die Gentlemans ziehen Tierhäute an, nehmen Keulen und Lanzen in die Hand, tanzen am Lagerfeuer oder in einer Höhle, finden an der Zauberei und an Wahrsagungen Spaß. Dr. Kubacki nutzt Elemente ehemaliger Schamanenpraktiken. Er ist der Meinung, dass die Schamanen wirksame Seelenärzte waren und will ihre Erfahrungen nutzen. Seiner Meinung nach, könnten sie in der Therapie emotionaler Störungen, Neurosen, Depressionen und Suchten behilflich sein.

Dr. Cezary Kubacki und seine Ehefrau, Maria, sind an Werbung für ihr Zentrum nicht einmal interessiert. Es liegt ihnen nicht viel daran, Massen bewirten zu dürfen. Im Gegenteil, den hier verweilenden Gästen möchten sie Ruhe und Diskretion sichern. Trotzdem, oder vielleicht gerade deswegen, erfreut sich das Zentrum eines zunehmenden Zulaufs. Um hier für einen Kurzaufenthalt einen Platz zu bekommen, oder um nur zu Mittag zu speisen, ist zuvor eine telefonische Absprache erforderlich. Die Pension offeriert komfortable Zimmer aus naturreinem Material (Holz, Weidenzweige, Felle), die originell und differenziert ausgestattet sind (jedes Zimmer anders). Gästen stehen auch Appartements mit Kaminen und Aussichtsterrassen zur Verfügung.

Vor dem Einfahrtstor stehen in Holz geschnitzte Galindenkrieger.

Herrenhaus in Jäglack

JÄGLACK / JEGŁAWKI

Das Dorf liegt nördlich von Rastenburg/Kętrzyn am Wege von Barten/Barciany nach Drengfurt/Srokowo. Es wurde 1422 gegründet. Schon im 15. Jh. war hier eine Mühle in Betrieb, im 19. Jh. wurde eine hölzerne Windmühle aufgestellt. Hier gab es ein Herrenhaus inmitten eines Landschaftsparkes.

In Jäglack wurde 1934 der deutsche Gegenwartsautor Arno Surminski geboren, der u.a. solche Romane und Erzählungen verfaßt hat: *Jokehnen oder wie lange fährt man von Ostpreußen nach Deutschland, Kudenow oder an fremden Wassern weinen, Grunowen oder das vergangene Leben, Fremdes Land oder als die Freiheit noch zu haben war, Aus dem Nest gefallen, Wie Königsberg im Winter.*

JOHANNISBURG / PISZ

Die Stadt liegt am Galinde-Fluß/Pisa, an der Stelle, wo der Fluß aus dem Rosch-See/jez. Roś ausfließt. In den Jahren 1344-1345 legten die Kreuzritter hier eine hölzerne Burg an, um die südöstliche Grenze ihres Staates abzusichern. Die Burg wurde zweimal von Litauern zerstört, schließlich wurde sie 1376 als gemauertes Bauwerk errichtet. 1451 weilte in ihr der Hochmeister des Ordens Ludwig von

Erlichshausen als Gast. Neben der Burg entstand eine Ansiedlung, deren Bewohner sich mit Handel von Fischen, Honig und Wachs befaßten. 1645 erhielt sie das Stadtrecht und wurde durch Palisade und Festungsgraben befestigt. In die Stadt gelangte man durch drei Tore.

1939

2001

Im Jahre 1698 trafen sich in Johannisburg der preußische Kurfürst Friedrich III. und der polnische König August II. Sie veranstalteten damals eine große Jagd, der viel Wild und leider auch die letzten in der Johannisburger Heide lebenden Wisente zum Opfer fielen. In den Jahren 1709-1710 wütete in der Stadt die Pest; von 1200 Einwohnern blieben 14 am Leben. Am Ende des 18. Jh. ging die Burg in Privatbesitz über und nach gewisser Zeit wurde sie abgetragen.

Während der Napoleonkriege befand sich Johannisburg auf der Durchmarschstrecke der Truppen. Zuerst hielten sich hier die nach Moskau marschierenden Franzosen und Bayern auf, später die den Napoleontruppen nachfolgenden Russen. Im Juni 1813 hielt sich in Johannisburg für kurze Zeit der russische Zar Alexander I. auf.

1818 wurde Johannisburg Kreishauptstadt. Zu dieser Zeit ging ihre Entwicklung voran, die Einwohner betrieben Handel und versorgten die ganze Masurische Seenplatte mit Waren. In der Mitte des 19. Jh. war bei Johannisburg der Wagenauer Kanal/Kanał Jegliński in Betrieb. Die Dampfschiffe fuhren nach Nikolaiken und weiter nach Norden. Es entstanden zu dieser Zeit auch Schotterstraßen, die Verbindungen mit den benachbarten Städten herstellten. Um die Wende des 19. zum 20. Jh. führten drei Bahnlinien durch Johannisburg. Im 1. Weltkrieg wurde die Stadt erheblich zerstört. In der Zwischenkriegszeit erholte sie sich. Es entstanden mehrere Industriebetriebe, und die Touristik belebte sich.

Der 2. Weltkrieg verschonte die Stadt nicht, sie wurde zu 85% zerstört. Die sowjetischen Truppen drangen am 22. Januar 1945 in die Stadt ein. Gegenwärtig entwickelt sich hier Holz- und Nahrungs-

Rathaus in Johannisburg/Pisz

Kirche in Johannisburg/Pisz

mittelindustrie, auch Baumaterial wird hergestellt. Im Sommer ist hier ein reger Touristenverkehr.

Einwohnerzahl: *1939*: 6322; *2001*: 20000.

Besichtigungen

Man sollte hier das **Museum des Johannisburger Landes** aufsuchen; es ist im neugotischen Rathaus, in der Mitte der Stadt untergebracht. Am Museum steht eine sog. Steinfrau. Es handelt sich um einen Grabstein der heidnischen Pruzzen bzw. ein pruzzisches Götzenbildnis. Zu den Sehenswürdigkeiten am Ort zählt auch die **Pfarrkirche,** erbaut im Jahre 1843 an Stelle der früheren mittelalterlichen Kirche. Sie hat eine barocke Ausstattung. Altar und Kanzel stammen aus den Jahren 1700-1701.

In der Stadt ist eine Schiffsanlegestelle der „Weißen Flotte" sowie ein Schwimmbad, Strand und Jugendherberge.

Nördlich von Johannisburg befindet sich der **Rosch-See**/jez. Roś (11,4 km lang, 2,1 km breit und 32 m tief). Sein nördliches Ufer liegt ziemlich tief, ist feucht und ist nicht bewachsen, das südliche Ufer liegt höher und ist bewaldet. Über den Wagenauer Kanal/Kanał Jegliński ist der Rosch-See mit dem Spirding-See verbunden.

Südwestlich befindet sich etwa 3 km von der Stadt entfernt der **Pogobier-See** (Fläche 692 ha, Länge 3,9 km, Breite 2,5 km, maximale Tiefe 3 m). In seinem nördlichen Teil liegt die Insel Großer Werder/Ostrów Wielki mit einer Fläche von 21 ha. Dieser See bildet das **ornithologische Naturschutzgebiet** „Jezioro Pogubie Wielkie" (671 ha). Nistplätze und Standorte von Wasser- und Sumpfvögeln sowie Laichplätze zahlreicher Fischarten werden hier geschützt.

KARLSHOF (Carlshof) / KAROLEWO

Die Ortschaft ist 2 km von Rastenburg/Kętrzyn entfernt. Sie entstand in der zweiten Hälfte des 19. Jhs. 1882 wurde hier eine philanthropische Heilanstalt gegründet, in der Geisteskranke, Alkoholiker, Epileptiker und Tuberkulosekranke behandelt wurden. Ab 1935 kam eine Erziehungsanstalt dazu. 1939 wurde ein Teil der Kranken nach Hause geschickt, ein anderer wurde der Euthanasie unterzogen und nach dem Tod auf dem hiesigen alten Friedhof begraben. Während des Krieges wurde in den freigewordenen Gebäuden ein Lazarett eingerichtet. Hier stand auch eine Truppenabteilung der Panzerabwehr. Im Februar 1942 wurde in der Carlshofer Kapelle der Sarg mit dem Leichnam von Dr. Fritz Todt aufgebahrt, der unter geheimnisvollen Umständen in einer Flugzeugkatastrophe gleich nach dem Start vom Flugplatz bei der Wolfsschanze sein Leben verlor. Im Lazarett von Carlshof wurden die Verwundeten des Anschlags in der Wolfsschanze vom 20. Juli 1944 behandelt. Hitler und Göring haben die Verwundeten hier besucht.

1947 wurde in den übrig gebliebenen Gebäuden eine große Landwirtschaftsschule eingerichtet, in der zur Zeit über 900 Schüler unterrichtet werden. Die hiesige **Kirche** ist von 1901, der **Wasserturm** vom Ende des 19. Jhs.

Karlshof/Karolewo

KLEINANGERAPP / RAPA

In diesem Ort befindet sich das einzige Grabmal in Masuren in Form einer **Pyramide**. Das Dorf Kleinangerapp gehörte zur Familie von Farenheid. Zum Privatbesitz dieser Familie zählte auch der neoklassizistische Palast im Dorf Beynuhnen, heute auf der russischen Seite der Grenze. Der Palast war berühmt durch seine Sammlungen von Kunstwerken des Altertums und Neoklassizismus. Hier befanden sich Gemälde großer Meister sowie Bildhauereien und Fundstücke von Ausgrabungen. Im Jahre 1945 wurde der Palast durch die Soldaten der Roten Armee vernichtet, später völlig abgetragen.

Friedrich Heinrich Graf von Farenheid war ein großer Kunstfreund. Von Kultur und Kunst des altertümlichen Ägypten fasziniert, erteilte er den Auftrag, in der Nähe des Dorfes Kleinangerapp eine kleine Pyramide zu errichten, die als Grabmal gedacht war. Im Jahre 1811 ließ er hier den Sarg mit den sterblichen Überresten seines geliebten Töchterchens Ninette beisetzen; sie starb im Alter von 3 Jahren. Später wurden hier auch weitere Verstorbene der Familie Farenheid beigesetzt, und schließlich fand 1849 auch sein Erbauer hier seine letzte Ruhe. Durch die spezifischen Ausstrahlungen in der Pyramide, sind alle Leichname mumifiziert.

Die Pyramide ist fast 10 m hoch, über ihrem Eingang ist ein Metallkreuz angebracht. Es ist heute schon in sehr schlechtem Zustand, aber letztens wurde es ins Register der Altertümer aufgenommen; es fanden sich Leute, die es schützen und bewahren wollen.[26]

Um zur Pyramide zu gelangen, fährt man von Angerburg/ Węgorzewo zum Ort Benkheim/ Banie Mazurskie, von dort 9 km nördlich, in Richtung Żabin. Das Grabmal steht rechts, kurz vor dem Dorf Rapa, 250 m von der Chaussee entfernt.

Pyramide in Kleinangerapp/Rapa

KLEINORT / PIERSŁAWEK

Dieses ist die **Försterei, in der der deutsche Schriftsteller Ernst Wiechert geboren wurde**. Kleinort erreicht man, wenn man von Sensburg/Mrągowo in südlicher Richtung fährt; in Peitschendorf/Piecki auf der Kreuzung muß man links abbiegen. Von der Kreuzung ist es noch 3 km bis zur Försterei. Zum 100. Geburtstag des Schriftstellers wurde hier eine Gedenktafel enthüllt.

Ernst Wiechert (1887-1950) – Kenner des masurischen Volksstammes – besang die Schönheit der masurischen Landschaft. Er war Verfasser solcher Werke wie „Missa sine nomine“, „Die Jeromin-kinder“, „Das einfache Leben“, „Die Majorin“, „Wälder und Menschen“, „Der Totenwald“. Die letzten drei Jahre seines Lebens verbrachte der Schriftsteller in der Schweiz.

KORSCHEN / KORSZE

Nordwestlich von Rastenburg/Kętrzyn gelegen, war dieses Städtchen noch 1785 ein Landgut, in dem damals lediglich 12 Familien wohnten, und 1817 wohnten hier 114 Personen. 1873 wurde Korschen zu einem wichtigen **Bahnknotenpunkt**; hier entstand eine große Siedlung, die von Bahnarbeitern und ihren Familien bewohnt wurde. 1939 wohnten hier schon 3042 Personen. In der Zwischenkriegszeit wurde eine Molkerei, eine Kondensmilchfabrik und eine Mühle gebaut. Während des 2. Weltkriegs befand sich neben dem Bahnhof ein Lager für polnische Zwangsarbeiter. 1945 wurde Korschen zu 40% zerstört. Nach dem Krieg hat sich das Städtchen sehr schnell wieder erholt und bekam 1962 die Stadtrechte.

Korschen war von jeher wegen des Bahnhofsrestaurants berühmt. Mit dieser Tatsache ist eine interessante Anekdote von 1902 verbunden:

Der Schaffner eines durch Korschen durchfahrenden Zuges bemühte sich während eines kurzen Aufenthalts des Zuges ins Bahnhofsrestaurant und bestellte Erbsensuppe. Sie war so schmackhaft, daß er bei ihrem Genuß die ganze Welt vergaß und natürlich auch seinen Arbeitsplatz. Als der Zug die Endstation erreicht hatte, mußte der Zugführer die Vorgesetzten über das Verschwinden seines Schaffners in Kenntnis setzen. Alle freuten sich aber sehr, als dieser mit dem nächsten Zug angekommen war.

Die hiesige neugotische **Pfarrkirche** ist von 1903, die ehemalige **evangelische Kirche**, errichtet 1905, ist heute orthodox. Es stehen hier zwei neugotische Wassertürme aus der Zeit der Jahrhundertwende.

KOWAHLEN / KOWALE OLECKIE

Kowahlen ist ein großes Dorf auf der Strecke Goldap – Olecko (Treuburg). Im Jahre 1595 entstand hier ein Rittergut, 1564 wurde das Dorf angelegt. Bis in die Gegenwart ist hier eine alte, aus dem 19. Jh. stammende Eisengießerei in Betrieb. Kowahlen ist ein ausgezeichneter Ausgangspunkt für diejenigen Touristen, die in den Seesker Höhen/Szeskie Wzgórza ausruhen oder skifahren möchten.

In der Nähe des Dorfes, 4 km westlich, befindet sich das **Waldreservat „Cisowy Jar“**. Es wurde angelegt, um die ältesten, 120 Jahre alten Eiben zu bewahren.

KREUGLIN (Kruglanken) / KRUKLANKI

Das Dorf liegt 13 km nordöstlich von Lötzen/Giżycko an der Stelle, wo der Sapine-Fluß in den Goldapgar-See einmündet. Das Dorf wurde 1545 angelegt. Sehenswert sind hier der **Gutshof** aus dem Ende des 18. Jh. sowie die **Kirche** aus dem Jahre 1757, die im Jahre 1915 renoviert wurde. In ihr befindet sich ein Barockaltar und die Grabplatte der Familie von Gansen. Derzeit ist Kreuglin ein Feriendorf mit zahlreichen Ferienheimen.

KRUTTINNEN / KRUTYŃ

Das Dorf liegt südlich der Strecke Sensburg/Mrągowo – Niedersee/ Ruciane, am Kruttinna-Fluß. Angelegt wurde das Dorf neben einem kleinen, etwa um das Jahr 1500 erbauten Jagdschlößchen, in dem 1527 Herzog Albrecht Zuflucht vor der Pest suchte. Seit 1918 ist Kruttinnen ein allgemein bekanntes und beliebtes Feriendorf. Es liegt an einem der schönsten Abschnitte der Paddelbootfahrt auf der Kruttinna. Im Bootshaus am Ort kann man Paddelboote mieten und selbständig einen Ausflug auf dem Fluß unternehmen. Empfehlenswert ist jedoch eine **Stakenfahrt** auf dem Fluß. Touristen nehmen in einem Boot Platz, das anfänglich gegen den Strom fährt, um das Ufer des Kruttinnen-Sees zu erreichen. Die Rückfahrt erfolgt auf demselben Weg. Der Ausflug dauert etwa eine Stunde.

In der Nähe von Kruttinnen befinden sich drei Naturschutzgebiete. Nördlich des Dorfes liegt das größte von ihnen, das **Landschaftliche Wald-Naturschutzgebiet „Krutynia“** mit einer Fläche von 273 ha. Man kann dieses Naturschutzgebiet auf einem

Pfad (5 km hin und zurück) erreichen, der entlang der Flusses zum Kruttinner-See/Jez. Krutyńskie führt. Dieses Naturschutzgebiet wurde errichtet, um den Oberlauf des Flusses, den See, dem er entspringt und die nahe gelegenen Wälder zu schützen. Zu sehen sind hier seltene Pflanzenspezies. Die Tierwelt wird vom Seeadler, Schwarzspecht, Eichelhäher, Waldkauz, Ziegenmelker, Schwan und Säger vertreten. Wer im Winter dieses Gebiet erreicht, kann auch Fischotter, Wasseramsel und Schwan treffen.

Ungefähr 1,5 km westlich vom Dorf befindet sich das **Reservat „Zakręt“** (106 ha) und in ihm hundertjährige Kiefern, zweihundertjährige Eichen und sog. schwimmende Inseln.Auch hierher führt ein bequemer Pfad (3 km hin und 0,5 km zurück), der sogar für Behinderte mit Rollstuhl zu passieren ist.

Etwas weiter vom Dorf entfernt befindet sich das **Wald-Sumpf-Naturschutzgebiet „Królewska Sosna“** (104 ha), eingerichtet zum Schutz des über 200jährigen Kiefernbestandes, durchwachsen auch mit Eiche, Fichte und Birke.

Nördlich vom Dorf, nicht weit vom Forsthaus Kołowin entfernt, stehen an einer Waldstraße die **„Siamesischen Brüder“** – zwei Blattstieleichen, zusammengewachsen durch einen Ast (Höhe 10 m, Umfang 85 cm und 110 cm).

Auf der Kruttinna

LAMGARBEN / GARBNO

Das Dorf ist 9 km nordwestlich von Rastenburg/Kętrzyn an der Straße nach Bartenstein/Bartoszyce gelegen. Im Mittelalter haben die Prussen sich hier angesiedelt, auf einer Anhöhe, die von Sümpfen umringt war. Sie nannten sie vorerst Laumygarbis, später dann Lamegarben. In prussischer Sprache bedeutet garbis eine Anhöhe, und *lauma* die Hexe und *lamem* die Sümpfe. Das Dorf wurde also Anhöhe der Hexen oder Anhöhe zwischen Sümpfen genannt. 1328 errichteten hier die Ordensritter eine Burg, die jedoch während des dreizehnjährigen Krieges (1454-1466) vernichtet wurde. 1422 wurde der Bau der **Kirche** beendet. Im 15. Jh. existierte hier eine Mühle und vier Wirtshäuser. Im 16. Jh. gehörte das Dorf dem Fürsten Albrecht, der es an Michael von Eglofstein weitergegeben hat. 1939 bewohnten 652 Personen Lamgarben.

LINDENDORF / LIPOWO

Es liegt zwischen Peitschendorf und Nikolaiken am Kleinen und am Großen Maitz-See. Es entstand Anfang des 19. Jhs. auf einer Fläche, die nach einer Waldrodung frei geworden ist. Früher stand dort ein Jagdschloss, das auf einer Karte von 1576 eingezeichnet ist. Lidendorfs Bevölkerung sammelte Waldfrüchte im Unterholz in den umliegenden Wäldern. 1836 wurde in diesem Dorf eine Schule gebaut. 1939 zählte das Dorf 474 Einwohner.

Südlich von Lindendorf befindet sich das **Wald-Naturschutzgebiet „Strzałowo"** (14 ha), eingerichtet, um einen Teil des Mischwaldes zu schützen. Die hier wachsenden Kiefern sind 33 m hoch. Im Unterholz wachsen über 100 Pflanzenspezies, darunter auch unter Naturschutz stehende: Affodill, Seidelbast, Maiglöckchen, Waldanemone und Leberblümchen.

Östlich des Dorfes befindet sich am Lissuhner-See das **floristische Naturschutzgebiet „Jezioro Lisunie"** (16 ha). Es schützt den stark verwachsenen Waldsee, der von seltenen Röhricht- und Wasserpflanzen bewachsen ist. Der Grund des Sees ist von einer 4 m dicken Schlammschicht bedeckt.

LÖTZEN / GIŻYCKO. DIE STADT

Lötzen liegt auf einer Landenge zwischen dem Löwentin-See/jez. Niegocin und Kissain-See/jez. Kisajno. Die heidnischen Pruzzen legten hier eine Siedlung und Befestigung an. 1340 errichteten an dieser Stelle die Kreuzritter eine Burg, die 1365 von Litauern abgebrannt wurde. Schnell ging man an den Wiederaufbau. Die zu einer mächtigen Festung ausgebaute Burg schützte Preußen vor den Litauereinfällen. Mitte des 15. Jh. entstand neben der Burg eine Ansiedlung, die sich mit der Zeit zu einem kleinen Städtchen entwickelte. 1612 wurde sie zur Stadt erhoben.

1939

2001

1657 fiel die Stadt den in Masuren wütenden Tataren zum Opfer, Lötzen wurde von ihnen abgebrannt und über 1000 Menschen ermordet oder gefangengenommen. Ein halbes Jahrhundert später forderte die Pest etwa 800 Opfer. 1786 brach ein großer Brand aus, bei dem über 100 Häuser in Flammen aufgingen. 1818 wurde Lötzen Sitz des Kreises. In der zweiten Hälfte des 19. Jh. trat ein großer wirtschaftlicher Aufschwung ein. Viele Einwohner fanden beim Bau der hier entstehenden, mächtigen Festung und beim Ausbau des Kanalsystems, der die Großen Masurischen Seen verband, Beschäftigung. 1857 wurde hier die Dampfschiffahrt in Betrieb gesetzt, und 11 Jahre später endete der Bau der Eisenbahnlinie nach Königsberg. Zur selben Zeit entstand ein Straßennetz, das Lötzen mit den benachbarten Städten verband.

Im 1. Weltkrieg fanden hier schwere Kämpfe statt. 1914 wurde die Stadt von Russen erobert und niedergebrannt. Die Feste jedoch hielt sich, und in Kürze wurde ein Gegenangriff gestartet. In der Zwischenkriegszeit entwickelte sich Lötzen zu einem allgemein bekannten Zentrum der Touristik und des Segelsports. In jener Zeit entstanden viele Hotels und Fremdenheime. Im Januar 1945, aus Furcht vor einer Einkreisung, verließen die deutschen Soldaten Feste und Stadt.

Touristen finden in Lötzen ausgezeichnete Bedingungen zur Erholung. Zahlreiche Hotels, Fremdenheime und Campingplätze sind vorhanden. In der Stadt gibt es einen Hafen der Passagierschiffahrt. Im Sommer kann man täglich von hier aus Ausflüge über die Seen unternehmen.

Einwohnerzahl: *1939*: 16288; *2001*: 31800.

Besichtigungen

Von der **Ordensburg** aus dem 14. Jh. blieb nur ein Flügel erhalten. Im Ort steht auch eine **evangelische Kirche**, erbaut in den Jahren 1826-1827 sowie ein Pfarrhaus aus der Hälfte des 19. Jh. Im Sommer wird in dieser Kirche an jedem Sonntag um 9.30 Uhr Gottesdienst in deutscher Sprache abgehalten.

Am Stadtrand steht seit 1910 das **Kreuz des hl. Brunos** zum Andenken an jenen Platz, wo der hl. Bruno aus Querfurt im Jahre 1009 von den heidnischen Prussen ermordet worden sei.

In Lötzen sollte man sich vor allem die am westlichen Stadtrand gelegene Feste Boyen ansehen.

Anlegestelle in Lötzen/Giżycko

Evangelische Kirche in Lötzen/Giżycko

LÖTZEN / GIŻYCKO. DIE FESTE BOYEN

Geschichte der Feste Boyen

Ostpreußen hatte bis in die achtziger Jahre des 18. Jhs. kein Befestigungssystem. Die erste Feste, Festung Lyck, wurde 1784-1786 auf der Insel Teufelswerder im Spirdingsee errichtet. Die napoleonischen Kriege entblößten alle Schwachstellen des preußischen Verteidigungssystems und machten verantwortlichen Menschen die Notwendigkeit des Baus einer neuen Festung bewusst. Anfangs sollte sie in der Umgebung von Ortelsburg errichtet werden, aber schließlich wurde für Lötzen entschieden. Hierbei spielte die strategische Lage der Stadt im Zuge der großen Seen die wichtigste Rolle.

Initiator des Baus war General von Grollmann – Autor einer Denkschrift von 1816, in der er die Wahl dieses Standortes für eine Festung begründete. Seine Ideen unterstützte der preußische Kriegsminister, General Hermann von Boyen. Dank langjähriger Bemühungen dieses Ministers hat der preußische König, Friedrich Wilhelm IV. am 9. Dezember 1841 den Plänen zugestimmt, entsprechende Vorbereitungen in dieser Hinsicht zu treffen. An der Spitze des Ausschusses, der nach Lötzen reiste, standen die Infanteriegeneräle von Grollmann und von Krauseneck sowie der Chef der Ingenieurkader General von Aster. Dieses Team bearbeitete die vorbereitenden Skizzen der Befestigungen. Sie wurden schon am 3. März 1842 vom König akzeptiert, der zugleich die Erstellung eines genauen Projekts anordnete. Daran arbeitete zuerst General Brese, später Major Westphal, der zum ersten Direktor des Baues der Festung bestellt wurde.

Im Dezember 1843 wurden Erdarbeiten und die Dränage des Terrains in Angriff genommen. Den Grundstein setzte General von Boyen während einer Feier am 4. September 1844. Zwei Jahre später erhielt die Festung von König Friedrich Wilhelm IV ihren Namen. 1845 wurde der Festungsgraben ausgehoben und der Wall aufgeschüttet, und 1847 begann man mit den Maurerarbeiten. In der früheren Ordensburg, die der Stadt 1852 abgekauft worden war, wurden die Ingenieurkader untergebracht. Dieses Gebäude wurde auch Sitz der aufeinander folgenden Kimmandanten der Festung in Lötzen.

Kapitän Wulff gibt interessante Daten zum Bau der Festung aus den Jahren 1843-1859 an: 900 Arbeiter waren daran ständig beschäftigt, sie beförderten über 30 000 000 m^3 Erdgut, fuhren etwa

Feste Boyen. Lötzener Tor

Kaponniere

900 000 m³ Steine an und verarbeiteten sie, vermauerten etwa 15 639 675 Stück Ziegelsteine und benutzten dazu 32 921 Fässer Branntkalk. Die Kosten beliefen sich auf 1 201 857 Taler.

Die grundsächlichen Bauarbeiten wurden 1855 beendet. Dann wurde die Festung bis ins 20. Jh. ständig ausgebaut. Für die Batteriebesatzungen wurden fünf zusätzliche Bunker errichtet, es entstanden neue Artilleriegefechtsstände, die Decken der Kaponnieren und Buchten wurden mit Betonschutzhauben verstärkt. Das Fort wurde zu jener Zeit ständig modernisiert. Es wurde der Nutzung von Maschinengewehren angepasst, und auf den Bunkern wurden Beobachtungstürmchen in Gestalt von Panzerkuppeln errichtet.

Während des 1. Weltkriegs hat die Festung zwei Attacken russischer Truppen standgehalten. Am 22. August 1914 wurde die Festung belagert. Der Kommandant, Oberst Busse, wurde aufgefordert, die Festung fallen zu lassen. Dieser lehnte jedoch entschlossen ab und leitete sachkundig die Verteidigung der Festung; ab dem 29. August gingen von der Festung sogar offensive Operationen aus. Der russische Befehlshaber, Oberstleutnant Kondratienko gab schließlich auf und befahl den Rückzug. Der zweite Angriff erfolgte im Februar 1915, aber auch dieser verlief erfolglos.

Kurz vor dem Ausbruch des 2. Weltkrieges wurde aus älteren Jahrgängen die Fort-Infanterie-Brigade „Lötzen“ formiert. Sie sollte die Garnison der Festung Boyen verstärken. Unter dem Kommando von Oberst Gall wurde sie dem 19. motorisierten Korps (Panzerkorps) des Generals Heinz Guderian einverleibt und nahm an der Aggression auf Polen an den Kämpfen an der befestigten Linie „Narew“ teil.

Zwischen 1941-1945 beherbergte die Festung Boyen eine Abteilung des Nachrichtendienstes „Fremde Heere Ost“, an deren Spitze General Reinhard Gehlen stand. Dieser Nachrichtendienst war dem Oberkommando des Heeres unterstellt. Aufgabe der Abteilung in Lötzen war die Beobachtung von Truppenverlegungen in Russland sowie Rüstungsindustrie- und Wissenschaftsspionage in der Sowjetunion. Diese Ziele wurden über Funkabhörung, Berichte von Nachrichtendienstmitarbeitern, Analysen von Presseberichten und Verhören von Kriegsgefangenen – vor allem Offizieren – erreicht.

Im Januar 1945, als die Truppen der 3. Weißrussischen Front das Gebiet von Lötzen zu umzingeln begannen, verließen die deutschen Besatzungen das Fort und übergaben es ohne Kampf. Nach dem Kriege stationierte darin eine Einheit der Polnischen Armee. 1957

Rastenburger Tor

Feste Boyen. Backstuben

wurde die Festung der Stadtverwaltung übergeben. Platz darin fanden Getreidesilos, Räume für Käsereifung und eine Geflügelfarm. 1973 wurde dieses Objekt zum Baudenkmal erklärt, und daraufhin entstand 1993 die Gesellschaft der Festung Boyen, die u. a. konservatorische Maßnahmen initiiert.

Festung in Gestalt eines Sterns

Die Festung Boyen ist im westlichen Teil von Lötzen, auf dem Engpass zwischen dem Löwentin- und dem Kissain-See, zwischen dem Lötzener und dem Rafalker Kanal situiert. Hauptaufgabe dieser Festung war der Schutz der Preußischen Ostgrenze. Über dies sollte sie als Rückendeckung für den Fall eines eventuellen weiteren Aufstandes in Polen dienen. Man befürchtete, dieser könnte dann unter der aus Polen stammenden Bevölkerung, die Ermland und Masuren bewohnte, Unterstützung finden.

Die Form des Forts ist einem sechsarmigen Stern ähnlich, deren Mitte ein großer Platz, ein weiträumiger **Innenhof**, ausmacht, der vor allem Exerzierplatz und teilweise verbaut war. Speicher, Werkstätten, das Arsenal, ein Wagenschuppen, der Pferdestall und die Brieftauben-Station sowie das Verwaltungsgebäude standen im Hof. Der Platz war von einem hohen **Erdwall** umringt, worauf von innen eine Straße verlief und von außen Gefechtsstände der Infanterie Platz fanden. Auf dem äußeren Hang schuf man einen Absatz – also einen Vorsprung des tieferen breiteren Teils des Walls, der dem oberen Teil als Basis dient. Noch etwas tiefer verlief der **Weg der Wachen**, der sich entlang der das ganze Fort umringenden **Mauer mit Schießscharten** schlängelte.

An sechs Ecken dieser Mauer befinden sich Bastionen – fünfseitige Wehrbauten mit Gefechtsbunkern, Artilleriebuchten, Besatzungsunterkünften und eigenen Innenhöfen. Drei Bastionen wurden mit den Vornamen des Generals von Boyen benannt: also hießen sie Hermann, Leopold und Ludwig; die anderen drei erhielten die Namen der Devisen seines Wappens: Schwert, Recht und Licht.

Im nördlich Teil des Forts befindet sich die **Mittelschanze** mit dem Komplex der am höchsten gelegenen Bauten, die als letzter Widerstandspunkt gedacht waren. Das ganze Fort war umringt von einem trockenen **Festungsgraben**, wovor sich noch ein niedrigerer **Vorwall** befand, von wo aus ein Beschuss geführt werden konnte. Auf seinem Höhenrücken befand sich von innen ein Gitter, das den Abstieg in den Festungsgraben verwehrte. Hinter dem Gitter verlief

Medaillon mit dem Abbild des Generals Hermann von Boyen

Brot-Backofen

eine für den Angreifer unsichtbare Straße. Von außen war der Wall mit Gefechtsständen für die Infanterie bewehrt. In die Festung konnte man vom Norden her durch das Lötzener Tor, vom Westen durch das Rastenburger, vom Osten durch das Pulvertor und vom Süden durch das Wassertor gelangen.

Das Fort nahm eine Fläche von 1 km² ein. In verschiedenen Zeiträumen stationierten darin zwei- bis dreitausend Soldaten. W. B. Łach gibt an, dass im Frühjahr 1914 die Besatzung der Festung Boyen aus vier Infanterie-Bataillonen der Landeswehr, elf Artilleriebatterien, elf Maschinengewehrzügen, einer Pionierkompanie und einer Kavallerieschwadron bestand; in Lötzen stationierte auch eine Flugzeugstaffel.

Besichtigung der Feste Boyen

Am günstigsten ist es, die Festung seitens der Stadt durch das **Lötzener Außen- und Innentor** zu erreichen. Zwischen den beiden Torteilen existierte mal eine Hängebrücke über den Festungsgraben. Die Durchfahrt schützte eine am Hang befindliche **Kaponniere** – also ein Gefechtsbunker in Gestalt des Buchstabens U, der den Beschuss in zwei gegenüberliegende Richtungen ermöglichte. Aufgabe der Besatzung war es, jene Angreifer außer Gefecht zu setzen, die in den Festungsgraben gelangten.

Unseren Wagen parken wir innerhalb der Festung vor einer Herberge gleich hinter dem Tor. An der Fassade über der schweren Holztür ist ein **Medaillon** mit dem Abbild des Generals Hermann von Boyen zu sehen. Rechterseits können wir uns mit einer **Skizze der Festung** vertraut machen. Hier befindet sich auch der Eingang zum Büro für touristische Information, in dem ein Fremdenführer bereit steht, uns durch das Fort zu führen.

In der ehemaligen Kaserne ist nicht nur die Herberge untergebracht, sondern auch das **Museum der Feste**. Es lohnt sich darin das Modell des ganzen Forts in Augenschein zu nehmen, um dann über eine Treppe auf den Wall zu gelangen. Hier befindet sich die **Stellung einer Beobachtungspanzerkuppel** mit 20 cm Dicke und einem Gewicht von 9200 kg. Zwei Soldaten leiteten von hier aus das Artilleriefeuer.

Dann geht der Besucher rechts, nach unten und besichtigt die einstöckige **Artilleriebucht der Bastion Schwert,** die heutzutage den „Klub pod Rurką“ beherbergt.

Vorsicht! Steile Abstiege, nicht abgesicherte Schlammfänge, dun-

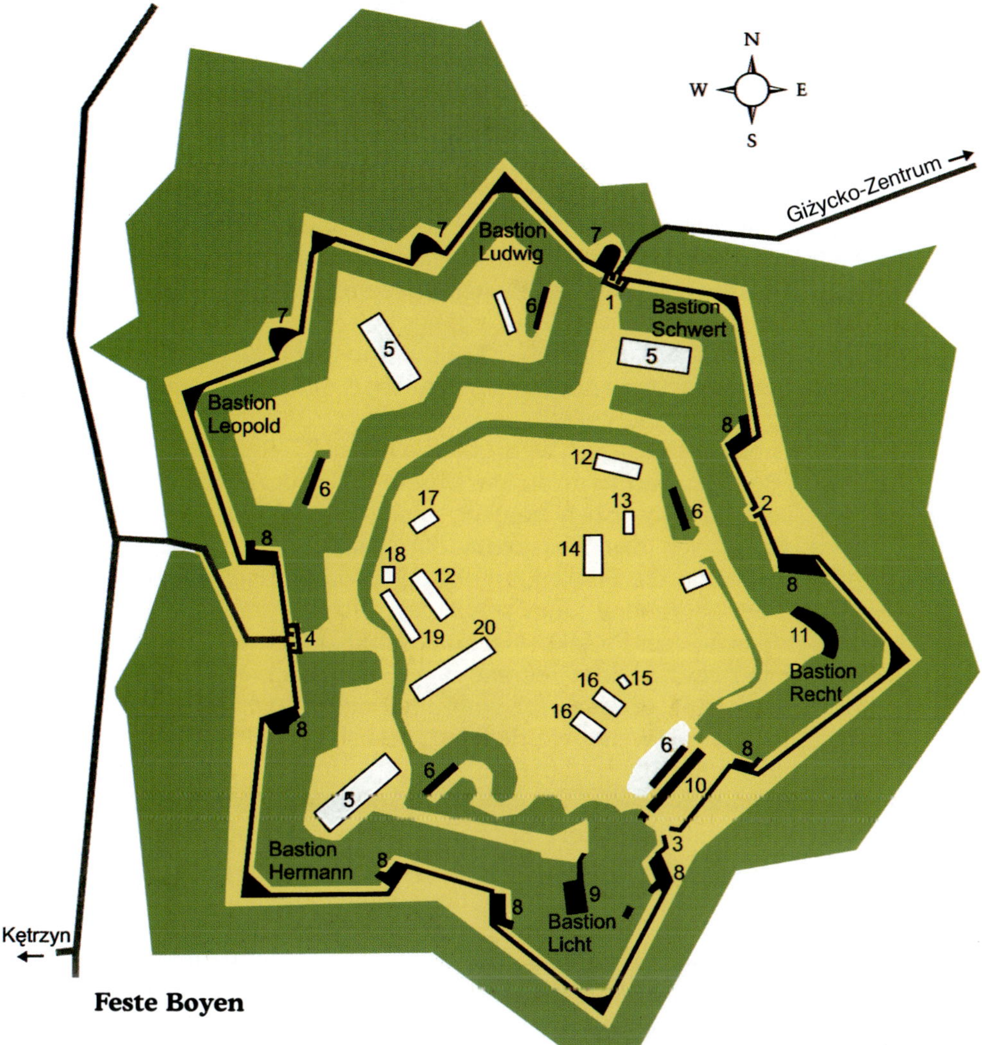

Feste Boyen

1. Lötzener Tor
2. Pulvertor
3. Wassertor
4. Rastenburger Tor
5. Kaponniere
6. Kaserne
7. Infanterieschutzraum
8. Artilleriebucht
9. Hauptpulverlager
10. Backstuben
11. Artillerielaboratorium
12. Exerzierhaus
13. Waffenmeisterwerkstätte
14. Fahrzeugschuppen
15. Bürogebäude
16. Speicher
17. Pferdestall
18. Brieftaubenstation
19. Artilleriewerkstätte
20. Arsenal

kle Bunker und Keller sind gefährlich. Ohne Taschenlampe sollten keine unbeleuchteten Räume betreten werden.

Nicht weit von hier ist das **Pulvertor** zu sehen. Es ermöglichte die Versorgung der auf dem Vorwall und außerhalb des Forts kämpfenden Truppen. Beiderseits des Tores befanden sich nicht zu große Munitionslager. An einer weiteren zweistöckigen Artilleriebucht ist vorbeizugehen, und man gelangt ins **Artillerielaboratorium**, das sich unter dem Erdwall befindet. Es sind sechs Räume, die in einem Bogen gebaut worden sind. Etwas weiter lohnt es sich eine zweistöckige **Artilleriebucht der Bastion Recht** in Augenschein zu nehmen: Im oberen Teil gab es anfangs nur die herkömmlichen Kanonen des Kaliber 90 mm, aber 1893 wurden hier zusätzlich zwei moderne Schnellfeuerkanonen des Kaliber 37 mm und ein Maschinengewehr aufgestellt.

Weiter nehmen wir den Weg unterhalb des Walls, um in eine Reihe von **Backstuben** zu gelangen. Unsere Aufmerksamkeit richten wir vor allem auf zwei noch ziemlich gut erhaltene Brot-Backöfen. Weiter befindet sich das **Wassertor,** durch das Boote eingelassen werden sollten, die die Festung seitens des Löwentinsees versorgen sollten. Als der gegrabene Kanal schon den Festungsgraben erreicht hatte, wurde auf dieses Projekt 1868 im Zusammenhang mit dem Bau der Bahnlinie zwischen dem See und dem Fort verzichtet. Der Kanal wurde zugeschüttet, und das Tor wurde mit einer Zugbrücke versehen und auf diese Weise wurde eine zusätzliche Einfahrt in die Festung gewonnen.

Gegenüber dem Wassertor stehen zwei **Speicher**. Etwas weiter ist eine von den fünf unter dem Erdwall gebauten **bombensicheren Latrinen** zu sehen. Entlang der Mauer kommt man zu dem **Hauptpulverlager**. Der Weg auf dem Wall führt zum **Rastenburger Tor**. Dahinter befindet sich auf dem Hof ein zweistöckiges Gebäude der **Brieftaubenstation**. Sie diente zu Verbindungszwecken in außergewöhnlichen Momenten. Als z-B. im August des Jahres 1914 die die Festung belagernden Russen die normale Nachrichtenübermittlung zum Oberkommando der Armee unterbrochen hatten, wurde der Kontakt zum Stab mit Hilfe der Brieftauben aufrecht erhalten.

Die Treppe hinunter führt uns zum Lötzener Tor, wo die Besichtigung begann und unser Wagen wartet.[27]

Fuchs

Dachs

LYCK / EŁK

Die Stadt liegt im östlichen Teil Masurens. Auf der Insel im Lyck-See/Jez. Ełckie gab es eine altpreußische Ansiedlung. An ihrer Stelle erbauten die Kreuzritter im Auftrag des Komturs von Balga Ulrich von Jungingen eine Burg, die mit der Stadt durch eine Zugbrücke verbunden war. Der Bau war im Jahre 1406 beendet. Gegenüber der Burg ließen sich Ansiedler aus Masowien nieder. Es waren Jäger, Waldbienenzüchter und Handwerker, die mit ihren Erzeugnissen für die Versorgung der Burgbewohner sorgten. Die von ihnen angelegte Siedlung wurde 1435 vom Hochmeister Paul von Rußdorf durch Handfeste zur Stadt erhoben. Ihre günstige Lage an der Handelsstraße von Königsberg nach Wilna und Masowien förderte die Entwicklung. 1525 wurde Lyck Sitz der Starostei. 1546 wurde hier die erste Oberschule gegründet, die durch ihr hohes Niveau bekannt wurde. Die Schule bildete vor allem masurische Jugendliche aus. Seit 1551 war auch eine Druckerei am Ort in Betrieb.

1939 

 2001

Die Entwicklung der Stadt wurde durch Kriegsereignisse unterbrochen. Zuerst wurde Lyck von Schweden beherrscht (1655), später beim Tatareneinfall vollständig zerstört (1656). Kaum hatte die Stadt sich aus den Ruinen erhoben, vernichtete sie 1688 ein großer Brand. Während der Pest (1709) starben über 1000 Einwohner. Viele Opfer forderte auch die mehrmals wiederkehrende Choleraepidemie.

Bessere Zeiten folgten erst im 19. Jh. 1818 wurde Lyck Kreishauptstadt. 1868 wurde die Eisenbahnlinie Königsberg – Lyck in Betrieb genommen, später verband sie Lyck mit anderen Orten, was eine schnellere Entwicklung von Industrie und Handel zur Folge hatte. Der 1. Weltkrieg verschonte die Stadt nicht, sie wurde dreimal von russischen Truppen eingenommen, ihr Zentrum zertrümmert und Einwohner tief nach Rußland verschleppt. Im 2. Weltkrieg wurde Lyck zu 30% kriegsbeschädigt. Derzeit entwickelt sich hier die

Elektro-, Holz-, und Lebensmittelindustrie. Die Stadt ist ein wichtiger Eisenbahnknotenpunkt.

Einwohnerzahl: *1939*: 16243; *2001*: 56500.

Besichtigungen

Die einstige **Burg** aus dem 14. Jh. auf der Insel im Lyck-See, im 19. Jh. umgebaut, blieb erhalten. Neben ihr steht ein Vorwerksgebäude. Auch die neugotische **Kirche** aus dem 19. Jh. sowie zahlreiche **Bürgerhäuser** aus dem Ende des 19. Jh. sind einer Besichtigung wert. Die Stadt ist Zentrum der Touristik und des Wassersports (Paddelbootfahrten, Badeanstalt, Strand, Campingplatz, Ferienheime). Eine Attraktion ist für die Touristen auch eine einstündige Fahrt mit der schmalspurigen Bahn auf der Strecke Ełk – Zawady oder die zweistündige Fahrt von Ełk nach Turów.

Westlich von der Stadt liegt der **Lyck-See**/Jez. Ełk (4 km lang, 3,5 km breit, 56 m tief). Es zeichnet sich durch eine stark entwickelte Uferlinie, einige Halbinseln und Buchten sowie niedrige, bewaldete Ufer aus.

Etwa 3 km östlich von Lyck befindet sich der **Groß-Selment-See**/jez. Selmęt Wielki (11,6 km lang, 3,5 km breit und 22 m tief) mit drei Buchten, drei Inseln und hohen, teilweise bewaldeten Ufern. Am Westufer dieses Sees liegt die Ortschaft **Seliggen**/Szeligi mit Campingplatz, Strand und Strandbad.

MENSGUTH / DŹWIERZUTY

Es ist ein Dorf, gelegen zwischen Ortelsburg/Szczytno und Bischofsburg/Biskupiec. Es wurde im 14. Jh. vom Eigentümer des Landes, Mentzel Windenaw, gegründet, der hier eine kleine Wehrburg errichtete. In den Jahren 1440-1473 hatten die Ordensritter in Mensguth ihr Gut. Während des dreizehnjährigen Krieges (1454-1466) wurde das Dorf eingeäschert, 1710 starben viele Einwohner infolge der Pest. Die vorteilhafte Entwicklung von Mensguth begann Ende des 18. Jhs. In den Jahren 1770-1818 war diese Ortschaft Sitz des Finanzamtes, Anfang des 20. Jhs florierten hier zwei Mühlen und eine Branntweinbrennerei.

Sehenswert ist die hier stehende **evangelische Kirche**, die aus dem 14. Jh. stammt, nach dem Brand von 1693 in den Jahren 1752-1774 wieder aufgebaut worden ist: im Inneren der Hauptaltar aus dem 17. Jh., eine Barockorgel und die Kanzel aus dem 18. Jh. Neben dem Gotteshaus steht das **Haus des Pastors** aus dem 18. Jh. Die zweite, neugotische **katholische Kirche**, ist von 1883.

Südlich von Mensguth liegt der **Schoben-See**/jez. Sasek Wielki (12,4 km lnag, 2,5 km breit, 38 m tief). Am Ufer dieses Sees auf einer Halbinsel befindet sich der Urlaubsort Kobbelhals/Kobylocha.

MERTENHEIM / MARTIANY

Es ist ein kleineres Dorf bei Rastenburg/Kętrzyn an der Straße Rastenburg – Lötzen/Giżycko. Die Besonderheit dieses Dorfes ist ein gut erhaltener **Betonbunker** aus dem 2. Weltkrieg. Er wurde nicht gesprengt, weil ihn bis 1970 eine darüber errichtete Scheune tarnte. Im Innern sind nicht nur die Schützenstände und die Unterkünfte der Besatzung zu sehen, sondern auch die gut erhaltenen Aufschriften in deutscher Sprache, die den Umgang mit den Bunkereinrichtungen beschreiben. Er wurde 1939 gebaut und stellte ein kleines Glied in der Kette des Abwehrsystems um Lötzen. Elektrisches Licht ermöglicht eine genaue Besichtigung dieses Objekts. Frau Danuta Birska, Eigentümerin des Grundstücks und der darauf funktionierenden Agro-Touristik-Wirtschaft macht Besuchern diesen Bunker gern zugänglich, und serviert auf Wunsch Kaffee und Kuchen aus dem eigenen Backofen.

MILKEN / MIŁKI

Das Dorf ist südlich von Lötzen/Giżycko an der Strecke nach Arys/Orzysz gelegen. Seine Geschichte reicht bis 1475, als der Komtur Bernhard von Balzhofen aus Pokarmin einem gewissen Miłek Boden mit der Auflage verkauft hatte, daß sich darauf nur deutsche Siedler ansiedeln dürfen. Da es jedoch zu wenig deutsche Siedler gab, wohnten hier auch viele Polen. 1656 wurde das Dorf von Tataren abgebrannt, und in den Jahren 1709-1710 wurden die Dorfbewohner von der Pest dezimiert. Der Boden lag also brach. Schon 1529 existierte hier eine Schule. Im 1. Weltkrieg wurde Milken wiederholt niedergebrannt, aber es wurde dann auch schnell wieder aufgebaut. In der Zwischenkriegszeit wurde hier eine Molkerei und eine Mühle dem Betrieb übergeben. 1939 wohnten hier 960 Personen.

Die hiesige **gotische Kirche** von 1481 gehört zu den ältesten Gotteshäusern in Masuren. 1656 wurde sie von den Tataren eingeäschert, aber schon 1669 wurde sie wieder aufgebaut. Die Innenausstattung stammt aus dem 17. Jh. In den Dreietagenhauptaltar (1688) wurden Gemälde eingefügt, die das letzte Abendmahl und die Mutter Gottes mit dem Jesuskind darstellen. Sehenswert ist die bemalte Orgelempore (1698), zwei geschnitzte, mit Leder gefütterte Stühle (17. Jh.) und Messingleuchter (18. Jh.). Die Kirchenglocke ist von 1658.

NEIDENBURG / NIDZICA

Die Stadt liegt im südwestlichen Teil Masurens, am Neide-Fluß. Um das Jahr 1370 begannen die Kreuzritter hier mit dem Bau einer mächtigen Burg. Sie entstand auf einem Bergrücken, von drei Seiten durch Sümpfe umgeben. Neben ihr entwickelte sich eine Ansiedlung mit Handwerkern, Kaufleuten und Gewerbetreibenden, die für den Bedarf der Burg arbeiteten. 1381 erhielt diese Ansiedlung durch Hochmeister Winrich von Kniprode das Stadtrecht. Im 15. Jh., während der Kriege zwischen Polen und dem Orden, wurde die

1939

2001

Stadt mehrmals von polnischen Truppen besetzt. Im Dreizehnjährigen Krieg (1454-1466) trat Neidenburg dem Preußischen Bund bei und wurde zum Zentrum der Kriegshandlungen gegen den Orden. Nach dem 2. Thorner Frieden (1466) verblieb Neidenburg im Ordensstaat. Nach der Säkularisierung Preußens gab es eine längere Zeit des Friedens und günstigen wirtschaftlichen und kulturellen Entwicklung der Stadt. 1549 ließen sich hier die „böhmischen Brüder“ nieder. 1656 wehrte Neidenburg einen Tatarenüberfall ab.

Im Jahre 1710 forderte die Pest über 200 Opfer. 1804 wurden bei einem großen Brand viele Häuser vernichtet. In den Jahren 1807 und 1812 war die Unterhaltspflicht der hier stationierten französischen Truppen eine große Belastung für die Stadt. Während des 1. Weltkrieges wurde Neidenburg von russischen Truppen unter General Samsonow eingenommen. 1945 wurde die Stadt zu 70% beschädigt.

Ordensburg in Neidenburg/Nidzica

Ordensburg in Neidenburg/Nidzica

Kirche in Neidenburg/Nidzica

Jetzt werden hier Röntgenapparate, Möbel und Baumaterial hergestellt. Außerdem entwickelt sich die Nahrungsmittelindustrie.

Einwohnerzahl: *1939*: 9201; *2001*: 15700.

Besichtigungen

Es empfiehlt sich, in der Stadt vor allem die gotische ehemalige **Ordensburg** zu besichtigen. In den Jahren 1370-1400 gebaut, 1812 durch französische Truppen zerstört, verfiel das Bauwerk, wurde jedoch in den Jahren 1828-1830 wiederaufgebaut und den Anforderungen des Gerichtswesens angepaßt. 1945 erneut zerstört, wurde es nochmals aufgebaut. Jetzt sind hier Kulturhaus, Bibliothek und Cafe untergebracht.

In die Burg gelangt man durch die Vorburg, bestehend aus Tor, Bastei und Wehrmauern. Der Bau besteht aus vier Flügeln. Der östliche, in dem sich das Einfahrtstor befindet, ist von zwei Seiten von hohen Wehrtürmen umgeben, die die Umgebung überragen. Der stattlichste Flügel ist der östliche, hauptsächlich seine Räume im ersten Stock. Hier ist Kapelle mit interessantem Sterngewölbe, Remter und Kanzlei angeordnet. In der Kapelle sowie im Remter blieben Fragmente gotischer Wandmalereien aus dem Beginn des 15. Jh. mit Szenen aus der Bibel erhalten.

An der Murarska-Straße blieben zwei **Basteien** und ein Teil der **Wehrmauer** aus dem 14. Jh. erhalten. Auch die aus dem 14. Jh. stammende **Pfarrkirche** lohnt eine Besichtigung. Nach Zerstörungen im 19. Jh. und zu Beginn des 20. Jh. wurde die Kirche umgebaut. An Stelle des alten **Rathauses** aus dem 14. Jh. steht ein neues, aus der ersten Hälfte des 19. Jh.

Gleich hinter der Stadt, in der Nähe des Dorfes Tatary, befindet sich ein mächtiger Findlingsblock, genannt **„Tatarenstein“** (6 m lang, 4,5 m breit, 2,1 m hoch).

„Tatarenstein" in der Nähe von Neidenburg

Nach einer sagenhaften Erzählung wurde im Jahre 1656, als die Tataren Neidenburg belagerten, während einer kurzen Kampfpause, auf diesem Stein das Mittag-

essen für den Heerführer der Tataren aufgetragen. Einer der jungen Verteidiger der Stadt mit Namen Nowak schoß ohne Befehl in Richtung der Tataren. Die Kanonenkugel traf den Heerführer der Tataren, die sich danach zurückzogen. Der in Schrecken versetzte Nowak, der eine Strafe für den Verstoß gegen das Schießverbot befürchtete, versteckte sich auf der Vorburg. Als man ihn fand, wurde er nicht nur nicht bestraft, sondern er erhielt für seine Tat 16 Morgen Land und wurde von Steuern befreit.

NIEDERSEE (Rudczanny) / RUCIANE-NIDA

Diese kleine Stadt befindet sich in der Johannisburger Heide, zwischen dem Großen Guschiener-See und Nieder-See. Das Städtchen entstand 1966 durch Verbindung des Ortes Niedersee/ Ruciane mit dem Dorf Nieden/Nida. Bis zum 19. Jh. gab es neben dem Dorf Nieden auch eine Försterei. Später erbaute man ein großes Sägewerk, eine Kienbrennerei, eine Samenmühle sowie eine Siedlung für die Arbeiter. Im 1. Weltkrieg wurde der Ort teilweise zerstört. In der Zwischenkriegszeit wiederaufgebaut, wurde er dank der schönen Lage auf der Strecke der Großen Masurischen Seen zum großen Touristenzentrum.

Im 2. Weltkrieg wurde Niedersee zu 30% zerstört. Erneut instandgesetzt, bietet das Städchen den Touristen ausgezeichnete Möglichkeiten für Erholung und Wassersportbetreibung. Es gibt hier eine Schiffsanlegestelle der „Weißen Flotte".

Besichtigungen

Es lohnt sich, die hier stehenden **Naturdenkmäler (Bäume)** in Augenschein zu nehmen. An der Straße nach Johannisburg stehen die Eichen Dobko (Umfang 550 cm, Höhe 29 m) und Gniewko (Umfang 470 cm, Höhe 26 m); an der Straße nach Wigrinnen wachsen die Königseichen, und an der „Urlaubsallee" die Kiefer Lire. Nach vorheriger Absprache ist auch die örtliche **Schälanstalt für Nadelbaumsamen** zu besichtigen.

Der **Nieder-See**, an dem die Ortschaft Niedersee/Ruciane-Nida gelegen ist, zieht sich in südlicher Richtung fort, um dann einen Bogen in die nordöstliche Richtung bis zum Dorf Reiherswalde/ Jaśkowo zu schlagen. Die Länge dieses Sees beträgt 23 km, seine Breite nur etwa 1 km, allein seine zwei Buchten verbreitern den See

In Niedersee/Ruciane-Nida

hinter dem Dorf Kreuzofen/Krzyże bis auf 4 km. Die Ufer dieser masurischen Gewässerperle sind überwiegend ziemlich hoch und bewaldet; im nördlichen Teil gibt es auch Inseln, davon ist dic Königsinsel/Królewski Ostrów die größte. Fast seine ganze Länge gehört zum **Landschaftsnaturschutzgebiet „Jezioro Nidzkie"** (2935 ha). Am Westufer steht das Forsthaus Seehorst/Pranie, das öfter vom Dichter Konstanty Ildefons Gałczyński bewohnt worden ist.

NIKOLAIKEN / MIKOŁAJKI

Die Stadt liegt im südlichen Teil des Landes der Großen Masurischen Seen. Der Name knüpft an den Schutzheiligen der dortigen Kirche St. Nikolaus an. In Hinblick auf die schöne Lage am Nikolaiken-See wird Nikolaiken auch „masurisches Venedig" genannt und von Touristen sehr gern aufgesucht.

Im Jahre 1444 wurde hier kraft eines Privilegs des Hochmeisters des Ritterordens Konrad von Erlichshausen ein kleines Dorf angelegt.

Seine Einwohner betrieben Fischerei, Flößerei und Holzhandel. 1516 erbaute man eine Brücke über den See, für deren Benutzung Gebühren erhoben wurden. Gebührenpflichtig war auch das Durchfahren unter der Brücke. Nach Nikolaiken kamen mit der Zeit immer neue Ansiedler, u.a. aus dem polnischen Masowien.

1939 

 2001

1726 erhielt Nikolaiken Stadtrechte. Zu Beginn des 19. Jh. verringerte sich die Einwohnerzahl durch die Choleraepidemie. Erst nach 1843, als Dampfer nach Rhein/Ryn und Johannisburg/Pisz verkehrten, lebte die Stadt erneut auf. Am Ausgang des 19. Jh. erhielt sie Straßen- und Eisenbahnverbindung mit den benachbarten Orten. Im 1. Weltkrieg wurde Nikolaiken stark beschädigt. In der Zwischenkriegszeit entdeckte man die Vorzüge der Stadt für den

Nikolaiken/Mikołajki

Evangelische Kirche in Nikolaiken

Fremdenverkehr, die zerstörten Häuser wurden wiederaufgebaut, Hotels und Fremdenheime sowie ein Anlegeplatz für Segelboote eingerichtet. Man begann, Sportwettkämpfe zu veranstalten. Im 2. Weltkrieg war die Stadt zu 20% zerstört. Einheiten der Roten Armee besetzten Nikolaiken am 27. Januar 1945.

Heute entwickelt sich hier die Holzindustrie, und es gibt Fischerei, Molkerei und das Observatorium des Instituts für Meteorologie und Wasserwirtschaft.

Einwohnerzahl: *1939*: 2627: *2001*: 3800.

Besichtigungen

Im Ort gibt es eine **evangelische Kirche** im klassizistischen Stil, erbaut in den Jahren 1840-1842, der Turm stammt aus dem Jahre 1880.

Auf dem Markt steht ein Springbrunnen. In dessen Mitte sieht man auf einem Sockel einen großen Fisch mit einer Krone auf dem Kopf. So ein zweiter Fisch befindet sich auf dem See am Brückenpfeiler. Dieses ist der **„Maränenkönig“**.

„Marenenknig" in Nikolaiken

Nach einer alten Volkserzählung lebte im Nikolaiken-See ein riesiger Fisch, der auf dem Kopf eine mit teuren Steinen besetzte Krone trug. Die Fischer nannten ihn König der Maränen. Er überwachte sein Königreich und rächte sich an Fischern, die auf seinem Territorium fischten, indem er ihre Boote umkippte. Nachdem einige Fischer ertrunken waren, fürchteten sich die übrigen, auf den See zu fahren. Ihre Familien, der Einkommen aus dem Fischfang beraubt, begannen Not und Hunger zu leiden. Die verzweifelten Fischer bespickten den Boden ihrer Boote mit scharfen Nägeln und fuhren erneut auf Fang. Diesmal gelang es ihnen, den Maränenkönig zu verletzen, aber er, der nicht mehr die Boote umkippen konnte, riß die Netze entzwei und befreite die in ihnen gefangenen Fische.

Schließlich entschloß sich eine Fischerfrau, Anna, sich mit einer Bitte um die Hilfe an den Gott der Wildnis und Wälder, Puskaitis zu wenden. Im Wald am Spirding-See, am Stein, neben dem die in der Umgebung wohnende Bevölkerung diesem Gott Opfer brachte, schenkte Anna ihm ein schwarzes Lamm als Opfer. Kurz danach sah sie, daß neben dem Stein ein starkes Netz aus Metallringen lag. Es war dies ein Geschenk von Puskaitis.

Am darauffolgenden Tag befestigte der mutige Fischer Kuryna, Annas Ehemann, das Netz an seinem Boot und fuhr auf den See. Schon nach einer Stunde geriet der Maränenkönig ins Netz und war nicht imstande, sich zu befreien. Kuryna schleppte den Riesenfisch nach Nikolaiken. Die Einwohner fällten das Todesurteil über den Fisch. Er jedoch drohte, daß, wenn sie ihn töten, alle Fische im See sterben würden. Die Fischer in Angst, daß sich diese Vorhersage erfüllen könnte, schenkten dem König der Maränen das Leben. Seither schwimmt er, angebunden an der Brücke auf dem See. An der Stelle, an der die Einwohner das Urteil gefallt hatten, wurde ein Springbrunnen aufgestellt.

In Nikolaiken erinnert man sich an diese schöne Überlieferung bis auf den heutigen Tag. Die Fischer auf den umliegenden Seen erzählen diese Geschichte.

Durch Nikolaiken führt die Wasserstraße der Masurischen Schiffahrt nach Lötzen und Niedersee mit einer Anlegestelle der „Weißen Flotte". Am Stadtrand befindet sich das komfortable, große „Hotel Gołębiewski".

Nikolaiker-See/Jez. Mikołajskie (5,8 km lang, 0,5-1,6 km breit, 26 m tief). Er hat hohe, bewaldete Ufer. Vom Osten her ist er direkt mit dem Spirding-See/jez. Śniardwy verbunden, im Süden geht er in den Beldahn-See/jez. Bełdany über.

Wenn man in Nikolaiken ist, sollte man einen Ausflug zum **Luknainer-See**/jez. Łuknajno unternehmen. Dort lebt die größte in Europa vorhandene Kolonie von Wildschwänen mit annähernd 2500 Tieren. Das Naturschutzgebiet **„Lucknainer-See"** (710 ha) liegt 5 km östlich von Nikolaiken.

Der Luknainer-See ist ein großartigen Ort für Fortpflanzung und Gedeihen vieler Fischarten wie Hechte, Brassen, Barsche und Schleie.

Etwas weiter östlich, auch nicht weit von Nikolaiken entfernt, befindet sich das **Naturschutzgebiet „Czapliniec"** (710 ha). Unter Naturschutz stehen hier über 200 Jahre alte Kiefern. Es gab hier früher auch eine Kolonie des Graureihers.

Südöstlich von Nikolaiken liegt auf der Halbinsel Kusnort ein Findling aus rosarotem Granit mit einem Umfang von 1215 cm und einer Höhe von 2 m.

In Nikolaiken

Brücke in Nikolaiken

Schiffsanlegestelle in Nikolaiken

ORTELSBURG / SZCZYTNO

Die Stadt liegt im südlichen Teil Masurens, an den Ufern des Großen Haussees und des Kleinen Haussees. Einst lag hier die altpreußische Ansiedlung „Sciten". Nach ihrem Abbruch erbauten die Kreuzritter an ihrer Stelle im Jahre 1360 die Holzgrenzfeste „Ortulfsburg". Gründer der Feste war der Ordenskomtur von Elbing Ortulf von Trier, nach dem die Feste benannt wurde. Im Jahre 1370 von Litauern niedergebrannt, wurde sie wiederaufgebaut als eine Burg aus Stein.

1939 

 2001

Nach der Säkularisierung des Ordens verlor die Burg ihre militärische Bedeutung und wurde als Jagdschloß genutzt. Man suchte in ihm auch Schutz vor Seuchen. In den Jahren 1527-1528 suchte Herzog Albrecht hier Schutz mit der Familie.

Neben dem Schloß entstand schon im 14. Jh. eine kleine Ansiedlung mit Handwerkern und Waldbienenzüchtern. Sie wurde Sitz der Gemeindeverwaltung. 1602 zählte die Ansiedlung 250 Einwohner. Im Jahre 1723 erhielt sie das Stadtrecht. Im 17. und 18. Jh. wurde die Stadt von zahlreichen Katastrophen heimgesucht. Mehrmals wüteten ausgedehnte Brände, die Einwohnerzahl wurde durch die Pest stark reduziert. 1758 wurde Ortelsburg von russischen Truppen besetzt. Im 18. Jh. wurde das Schloß nicht renoviert, es verfiel. Schließlich wurden seine Mauern, die einzustürzen drohten, abgerissen; die übriggebliebenen Bauten wurden zu Lagerhäusern umgestaltet und der Festungsgraben zugeschüttet.

1807 wurde die Stadt von französischen und polnischen Truppen eingenommen. 1818 wurde Ortelsburg Kreisstadt. Mitte des 19. Jh. trat eine wirtschaftliche Belebung ein; ein Gerichtsgebäude wurde errichtet sowie eine Schule, ein Schlachthaus und eine Post. Die Stadt erhielt Bahn- und Straßenverbindungen mit den benachbarten Orten. Zu Beginn des 20. Jh. entstanden Krankenhaus, Gaswerk und Kanalisation.

Diese für die Einwohner Ortelsburgs günstige Entwicklung wurde 1914 unterbrochen, als die Russen die Mehrzahl der Häuser abbrannten. In Kürze wurde mit Hilfe Wiens die Stadt wiederaufgebaut. In der Zwischenkriegszeit wurden in Ortelsburg Zeitschriften in polnischer Sprache herausgegeben, u.a. der „Mazur".

Einwohnerzahl: *1939*: 14234; *2001*: 27500.

Besichtigungen

In der Stadt sind Reste von drei **Schloßflügeln** aus dem 14. Jh. und eines Eckturms zu besichtigen. Gleich daneben, im 1938 erbauten Rathaus, ist **das Masurische Museum** zu besichtigen mit interessanten masurischen Ofenkacheln sowie historischen und naturwissenschaftlichen Sammlungen.

Zu anderen interessanten Bauten gehören: **das evangelisch-augsburgische Gotteshaus** von 1718, gebaut auf den Fundamenten einer alten Kirche aus dem 15. Jh., die neugotische **Kirche Maries Himmelfahrt** von 1900, die pseudogotische **Baptistenkapelle** (ul. Sienkiewicza) von 1903 und das Gebäude des ehemaligen **Landratsamts** (ul. Warszawska 5) von 1885, weiter die ehemalige klassizistische **Herberge** (ul. Pasymska 6) aus dem 19. Jh. sowie ein altes **masurisches Haus** (ul. Konopnickiej 16).

Ortelsburg/Szczytno

Wanderfalke

Wanderfalke

OSTERODE / OSTRÓDA

Die Stadt wurde am Ausgang des 13. Jh. gegründet. Anstelle der zerstörten altpreußischen Befestigung erbauten die Kreuzritter zu der Zeit eine am Ufer des Drewenz-Sees gelegene Holzfestung. Der daneben entstandenen Ansiedlung gab 1329 der Christburger Komtur Luther von Braunschweig das Stadtrecht. In den Jahren 1349-1370 wurde hier eine Burg aus Stein errichtet. Diese erhielt im Ordensstaat eine große Bedeutung; sie wurde selbständige Komturei. Zwar wurde die Burg 1381 nach dem Litauereinfall niedergebrannt, aber schon 1410 wurde ihr Wiederaufbau beendet. Die Stadt war von mächtigen Wehrmauern mit 8 Basteien, 3 Toren sowie Festungsgräben umgeben. Nach dem Stadtbrand im Jahre 1788 wurden die Mauern abgetragen und die Ziegel für den Aufbau der verbrannten Häuser verwendet.

1939 

 2001

Während des Dreizehnjährigen Krieges (1454-1466) ging die Stadt von einem Besitz in den anderen über, was ihr sehr geschadet hat. Ab 1525 war Osterode Sitz des Starosten. Die Stadt wurde abwechselnd von Schweden (1628), Polen (1635), Russen (1758) und Franzosen unter Napoleon I., der hier Quartier bezog (1807), besetzt. 1818 wurde Osterode Sitz des Kreises, was ihre Entwicklung beschleunigte. Als noch günstiger erwies sich für die Stadt der im Jahre 1848 begonnene Bau des Oberländischen Kanals sowie die Weg- und Bahnverbindung zu anderen Städten. Derzeit ist Osterode ein großes Industrie- und Touristenzentrum.

Einwohnerzahl: *1939*: 17795; *2001*: 35500.

Besichtigungen

Zu den Sehenswürdigkeiten am Ort zählt das gotische **Ordensburg** aus der zweiten Hälfte des 14. Jh. Im 2. Weltkrieg niedergebrannt, wird es jetzt wiederaufgebaut. Die **gotische Kirche** aus dem 14. Jh. wurde 1898 gründlich umgebaut, im 2. Weltkrieg verbrannt

Ordensburg in Osterode/Ostróda

und in den 80er Jahren des 20. Jh. wiederaufgebaut. Es gibt hier auch eine **neugotische Kirche** aus dem Jahre 1875, mit Turm aus dem Jahre 1913. Im Innern der Kirche findet man eine gotische Pieta aus dem Ende des 14. Jh. Zu historischen Gebäuden zählen ebenfalls Wohnhäuser und Fachwerkspeicher aus der Wende des 19. zum 20. Jh.

In Osterode befinden sich die Anlegestelle der Schifffahrtsgesellschaft Ostróda – Elbląg, woher sich Passagierschiffe auf den Weg über den **Oberlandkanal** machen, ein Strandbad und der Strand am Drewenz-See/Jez. Drwęckie.

Östlich vom Mörlen-See liegt das Dorf Buchwald/Kajkowo. Der polnische Name wurde dem Namen des hervorragenden maurischen Volksdichters – Michał Kajka (1858-1940) entlehnt. Südlich von Buchwald erhebt sich der **Napoleon-Hügel** (153 m), von dem aus sich ein weites Panorama auf Stadt und Umgebung eröffnet. Auf dieser Anhöhe sollte Napoleon während seines Aufenthaltes in Osterode zwischen dem 21. Februar und dem 1. April 1807 ausruhen.

Osterode (1939)

PASSENHEIM / PASYM

Das Städchen liegt zwischen Ortelsburg/Szczytno und Allenstein/ Olsztyn, auf der Landenge zwischen Kalben- und Lehlersee. An dieser Stelle stand im 6. Jh. eine altpreußische Befestigung. 1326 wurde hier das Dorf Heinrichswalde angelegt, das der Herrschaft des ermländischen Bischofs unterstellt war. 1381 ging es in die Hände der Kreuzritter über, die hier eine Burg erbauten (1616 zerstört). Zu Ehren des Komturs zu Elbing, Siegfried von Bassenheim, erhielt die Ansiedlung den Namen Passenheim.

1939

2001

Schon 1386 zur Stadt erhoben, wurde sie ein wichtiges Wirtschaftszentrum mit weithin bekannten Märkten. Passenheim mußte mit dem in der Nähe liegenden Ortelsburg um den Vorrang streiten. Beide Städte kämpften u.a. um das Recht, Branntwein und Bier herstellen und verkaufen zu dürfen. Es kam sogar zu Feindseligkeiten zwischen den Einwohnern beider Städte. Ortelsburg gewann diesen Kampf.

Allmählich verlor Passenheim an Bedeutung. Mehrmals brachen große Brände aus, 1656 wurde der Ort von Tataren zerstört. In den Jahren 1709-1710 starben ca. 200 Personen an der Pest, 1807 wurde die Stadt von französischen Truppen geplündert. Am Ende des 19. Jh., als die Eisenbahnlinie Ortelsburg mit Allenstein verband, hatten die Einwohner Passenheims erneut kein Glück: die Bahnstrecke verlief in zu großer Entfernung (3 km) von der Stadt, und hemmte somit ihre Entwicklung. Mehr Glück hatte sie während des 1. Weltkrieges. Es fanden hier keine Kampfhandlungen statt. Im 2. Weltkrieg jedoch wurde die Stadt zu 30% beschädigt und 1945 verlor sie die Stadtrechte.

Einwohnerzahl: *1939*: 2431: *2001*: 2000.

Blick auf Passenheim/Pasym

Besichtigungen

Zu den Sehenswürdigkeiten zählt die **evangelische Kirche** aus dem 14. Jh., die in den Jahren 1765-1775 nach einem Brand wiederaufgebaut wurde. Im Innern der Kirche steht ein manieristischer Altar aus dem Jahre 1673, drei Grabplatten aus dem 17. Jh., Orgel aus dem 18., Kruzifix aus dem 15. und Barockkanzel aus dem 17. Jh. Auch das **Rathaus** aus den Jahren 1854-1855 und die neugotische **katholische Kirche** aus dem Jahre 1876 sollte man besichtigen.

Der Tourist findet in Passenheim gute Bedingungen für eine Erholung am Kalbensee/jez. Kalwa. Hier gibt es eine Bootsanlegestelle sowie einen Campingplatz. Ein schöner Ausflugsweg führt entlang des Seeufers nach **Waldheim**/Rudziska Pasymskie. Hinter dem Forsthaus gibt es einen wunderschön gelegenen Biwakplatz.

PEITSCHENDORF / PIECKI

Der Ort liegt 14 km südlich von Sensburg/Mrągowo. Er wurde 1401 vom Komtur von Balga Ulrich von Jungingen, dem späteren Hochmeister des Deutschen Ordens, angelegt. Seine ersten Einwohner befaßten sich mit Waldbienenzucht. Im 16. Jh. gab es hier eine Eisenhütte.

Wenn man in Peitschendorf ist, sollte man dort Frau Dermacka

Fenster mit Holzfigürchen (Haus von Frau Dermacka in Peitschendorf)

einen Besuch abstatten (ul. Zwycięstwa 48) und sich ihre **Sammlungen der Volkskunst, Keramik und Holzschnitzerei** anschauen. Auch Touristen, die nicht verabredet waren, sind hier immer herzlich willkommen. In der Nähe des Dorfes, am Gr. Wongel-See, ist ein sehr schön gelegener und behaglicher Campingplatz.

PROSTKEN / PROSTKI

Das Dorf ist 18 km südlich von Lyck/Ełk gelegen. Es wurde 1482 gegründet. 1656 während des Schwedeneinfalls in Polen kam es bei Prostken zur Schlacht, in der die verbündeten schwedisch-brandenburgischen Truppen den polnisch-litauisch-tatarischen, angeführt von Hetman Gosiewski, unterlagen. Die Niederlage der preußischen und schwedischen Truppen machte Tataren den Weg frei, die im Jahre 1657 zweimal in Masuren einfielen und es verwüsteten.

Bis zum Ausbruch des 2. Weltkrieges war Prostken ein Grenzdorf. Südlich des Dorfes befindet sich der **Grenzpfahl** aus dem Jahre 1545, aufgestellt an der Stelle, an der die Grenzen zwischen Preußen, Polen und Litauen zusammentrafen.

PUPPEN / SPYCHOWO

Das Dorf liegt an der Bahnstrecke Ortelsburg-Niedersee, am Puppen-See. Im 15. Jh. gab es hier ein kleines, von Kreuzrittern angelegtes Jagdhaus. In dessen Nähe entwickelte sich ein Dorf, das im 17. Jh. Sitz der Forstverwaltung wurde. Im 18. Jh. wurde hier eine Eisenhütte betrieben, im 19. Jh. förderte man Bernstein. Außerdem gab es eine Kienbrennerei und ein Sägewerk. Die Dorfeinwohner betrieben Holz- und Fischhandel. In den umliegenden Wäldern wurde im Jahre 1804 der letzte in der Johannisburger Heide lebende Bär getötet.

Puppen, an der allgemein bekannten Paddelbootroute auf der Kruttinna gelegen, ist seit 1918 ein gern besuchter Touristenort. Hier gibt es ein **Bootshaus** und mehrere Erholungsheime.

RASTENBURG / KĘTRZYN

Die Stadt liegt am Guber-Fluß. Bis zum 14. Jh. gab es an dieser Stelle die Pruzzensiedlung „Rast“ (auf deutsch: der Pfahl). 1329 errichteten die Kreuzritter hier eine hölzerne Festung, die sie Rastenburg nannten. In der Nähe entstand eine kleine Ansiedlung. Sowohl die Burgbesatzung als auch die Ansiedler hatten kein leichtes Leben. In den Jahren 1345 und 1347 wurde die Stadt von Litauern angegriffen und sowohl die Festung als auch die sich neben ihr befindlichen Häuser niedergebrannt. Um die Ansiedlung vor ähnlichen Angriffen zu schützen, wurde sie kurz darauf mit mächtigen – 10 m hohen und 1,5 m breiten – Mauern umgeben. Der Zugang zur Ansiedlung wurde außerdem durch 13 Basteien und Festungsgräben gesichert. Durch zwei Tore gelangte man ins Innere der Ansiedlung.

1939

2001

1357 erhob der Komtur von Balga, Johann Schindekopf, Rastenburg zur Stadt. Noch im gleichen Jahr wurde mit dem Bau der mächtigen Pfarrkirche St. Georg innerhalb der Wehrmauern be-

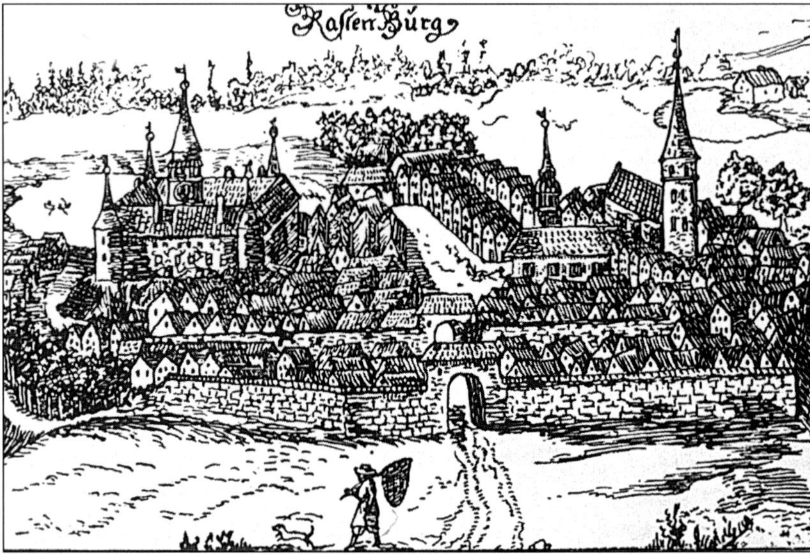

Rastenburg, altes Stadtbild

gonnen. 1370 waren die Bauarbeiten an dem neuen, gemauerten Schloß und Rathaus beendet. Die Stadt weitete sich immer mehr aus. Auch außerhalb der Wehrmauern baute man Häuser. Noch im 14. Jh. errichtete man Mühle und Krankenhaus. Im 16. Jh. wird die Entwicklung Rastenburgs durch Epidemien unterbrochen, die die Stadt neunmal heimsuchten. Die Lebensbedingungen der Einwohner verbesserten sich im 17. Jh. zu der Zeit, als man Kanalisation und Wasserleitung in Betrieb nahm und ein Arzt und eine Apotheke zur Verfügung standen.

Im 19. Jh. gab es erneut einen wirtschaftlichen Aufschwung der Stadt. Eine Mühle und Speicher wurden gebaut. Gerberei, Schlachthaus, Zuckerfabrik, Bierbrauerei und Hefefabrik entstanden. Im 1. Weltkrieg wurde die Stadt von Schäden verschont. In der Zwischenkriegszeit entstanden in Rastenburg neue Wohnviertel, Schulen und einige gute Hotels, wie z.B. der „Rastenburger Hof“, „Königsberg“, „Hotel du Nord“.

Im 2. Weltkrieg wohnten in der Stadt die Arbeiter der „Organisation Todt“, die im naheliegenden Rastenburger Stadtwald das Führerhauptquartier „Wolfsschanze“ bauten. Im Januar 1945 lagen 50% der Gebäude in Trümmern. Am 27. Januar 1945 nahm die Rote Armee die Stadt ein.

Inzwischen ist Kętrzyn/Rastenburg ein großes Industriezentrum. Hier befinden sich die Werke zur Herstellung von Beleuchtungsgeräten, eine Zuckerfabrik, eine Bierbrauerei, eine Hefefabrik sowie die Textilwerke „Warmia". Den jetzigen Namen gab man der Stadt im Jahre 1946 zu Ehren von Wojciech Kętrzyński (1838-1916), dem Historiker, Ethnographen und Verfasser vieler Abhandlungen über die Geschichte Masurens. U.a. schrieb Kętrzyński über das Leben von Polen, die sich in Masuren niedergelassen hatten.

Einwohnerzahl: *1939*: 19644; *2001*: 30600.

Besichtigungen

Aus Heiligelinde kommend fahren wir in Rastenburg die Sikorskiego Straße entlang, am früheren **eklektischen Rathaus** von 1885 vorbei. Über dem Eingang in dieses Gebäude ist das Wappen der Stadt sichtbar, das einen Bären vor dem Hintergrund von drei Tannen zeigt.

Eine Sage erzählt, dass in den Wäldern um Rastenburg ein gefährlicher Bär sein Unwesen trieb, und den dort wohnenden Bauern und vorbeifahrenden Reisenden Angst einjagte. Als die Bestie eines Tages sogar in die Stadt eingedrungen war, beschlossen die Bürger, mit ihr ein Ende zu machen. Eine große Jagd wurde veranstaltet, während der das Tier von einem Pfeil getroffen worden war. Der verletzte Bär floh und versteckte sich auf einem bewaldeten Hügel zwischen drei hohen Tannen. Die Jäger jedoch erwischten und erschlugen ihn dort. Kurz danach legte jemand Feuer unter die Tannen; der Feuerschein war aus einer sehr weiten Entfernung sichtbar.

Gleich hinter dem Rathaus steht die 1895-1896 errichtete neugotische **Katharinen-Kirche**, und etwas weiter die ehemalige **Freimaurerloge** von 1810.

Urlauber, die mit ihrem Pkw unterwegs sind, parken meistens auf dem Parkplatz unterhalb der Mauern der **Altstadt**. Sie hatte eine quadratische Form und ein reguläres Straßensystem. An der Stelle des heutigen Parterre-Handelspavillons stand früher einmal ein gotisches Rathaus aus dem 14. Jh., das 1780 niedergerissen worden war.

Den südwestlichen Teil der Altstadt schmückt die wuchtige **Pfarrkirche St. Georg**. In den Jahren 1359-1407 erbaut, erfüllte sie – außer ihrer normalen Rolle – zusätzlich die Aufgabe einer Festung (Kirchenburg). Bei ihrer Errichtung wurde die südwestliche Ecke der Stadtmauern genutzt. Die Wände der Kirche sind 1,5 m dick und

Pfarrkirche St. Georg in Rastenburg/Kętrzyn

Die ehemalige Freimaurerloge von 1810

Pfarrkirche St. Georg in Rastenburg/Kętrzyn

Anfangs war es ein bescheidener einschiffiger Bau mit Holzdecke. In der zweiten Hälfte des 15. und anfangs des 16. Jhs. wurde das Gotteshaus gründlich umgebaut. Von der Nordseite wurden Mauern zwei weiterer Schiffe hochgezogen. Das erste davon, das höhere, wurde zum Hauptschiff, und das zweite – zum Nebenschiff. So erhielt die Kirche die Gestalt einer dreischiffigen Pseudobasilika. Nach 1500 wurde der Glockenturm mit 32 m Höhe errichtet (um 16 m kleiner als der ältere Hauptturm), und daneben wurde ein weiträumiger Chorraum gebaut. Die Kirche erhielt auch ein neues sicheres Gewölbe; auf die leicht brennenden Holzdecken wurde versichtet.

Wenn man vom Mittelschiff in Richtung Altar blickt, bemerkt man, daß der Chorraum deutlich nach links abbiegt. Das gibt es in Europa ganz selten. Manche Historiker sind der Ansicht, daß der erst nach 1500 gebaute Chorraum sich nicht gerade einfügen ließ, was durch den schon früher hier erbauten Glockenturm bedingt war. Andere wiederum behaupten, daß der Chorraum absichtlich so gebaut wurde. Die Kirche war auf dem Grundriß des lateinischen Kreuzes errichtet. Um die Leiden Christi zu würdigen, wurde der Chorraum so gekrümmt, wie Christus am Kreuze den Kopf auf die rechte Schulter herabhängen ließ.

Das Innere der Kirche wird durch ein sehr schönes Kristallgewölbe (1515) belebt. Die Kanzel (1594) mit Darstellungen der Evangelisten blieb erhalten. Im westlichen Teil des rechten Schiffes sind drei Grabplatten eingemauert; die ansehnlichste stammt aus dem Jahre 1597 und stellt Oberst Schenk dar, den Kommandanten der Stadtwache. Rechts vom Chorraum befindet sich der neugotische Altar (1870), der einst als Hochaltar diente. Sein Hauptbildnis stellt die Kreuzigung dar.

Burg des Ordens in Rastenburg/Kętrzyn

Gegenüber der Pfarrkirche St. Georg steht das Gebäude des ehemaligen **Gymnasiums**, das auch Wojciech Kętrzyński (1838-1918) besuchte. Er war ein hervorragender Historiker, Ethnograph, Direktor der Ossoliński-Bibliothek in Lemberg, Autor zahlreicher wissenschaftlicher Publikationen zum Thema: Ermlands und Masurens Geschichte. 1946 wurde der Stadt der von seinem Namen abstammende Name verliehen.

Neben der Pfarrkirche St. Georg steht die Ende des 15. Jhs. errichtete **„Polnische Kirche“** (zurzeit evangelisch). Früher funktionierte sie auch als Wehrkirche, da sie an der Stadtmauer stand. Entstanden ist sie eigentlich aus einer Friedhofskapelle und wurde einige Male umgebaut.

Im südöstlichen Teil der Altstadt steht die 1360-1370 errichtete gotische **Ordensburg** – ein wertvolles mittelalterliches Wehrbaudenkmal. Diese Burg war ein Glied im Fortifikationssystem des Ordensstaates, der auf diese Weise seine Macht in den unterworfenen Gebieten festigte. Diese Burg schützte zugleich die östliche Grenze des Ordensstaates, und von hier aus übten die Behörden ihre administrativen Funktionen aus. Seinen Sitz hatte hier der „Prokurator“, dessen Aufgabe es war, von der Bevölkerung Abgaben einzutreiben und sie an den Balgaer Komtur weiterzuleiten.

Die Burg wurde auf einer geringen Hochebene am Fluss Guber auf einem Standort errichtet, auf dem Litauer zuvor einen hölzernen Wachtturm abfackelten. Gebaut auf dem Plan eines Rechtecks besteht sie aus drei Flügeln, die von der Westseite von einer Hohlmauer verbunden sind. Auf den kleinen Hof (nur 156 m^2) gelangt man durch

Ordensburg in Rastenburg (1939)

Rastenburg (1939)

ein Tor, über dem auf Konsolen der Erker angebracht ist. Von hier aus wurde ein schweres Gitter herabgelassen, das das Tor abschloss. Während eines Angriffs gossen die dahinter versteckten Verteidiger auf den Feind glühend heißes Pech. Rings um den Hofe gab es früher einmal auf einer Höhe von etwa 3 m hölzerne Kreuzgänge entlang aller Flügel des Baues. Die Burg hatte keine Vorburg, und anfangs auch keinen Turm, der erst 1622 hochgezogen wurde.

Ende des 17. Jhs. wurde die Burg dem Verfall preisgegeben; während der Renovierungsmaßnahmen wurden weitgehende Umbauten vorgenommen. Auch Anfang des 20. Jhs. wurde am Bau viel geändert: er wurde Büro- und Wohnzwecken angepasst, u.a. durch die Einsetzung von großen Fenstern. Nachdem die Rote Armee Rastenburg erobert hatte, wurde die Burg abgefackelt. Dem Feuer fielen alle hölzernen Konstruktionen zum Opfer (Kreuzgänge, Treppen, Decken, Fenster, Türen); dem Feuer erlag auch das Gemäuer, vor allem im oberen Teil des Gebäudes. Ohne größeren Schaden blieben lediglich die Kellergewölbe im nördlichen Flügel erhalten. 1962-1967 wurde die Ordensburg wieder hergestellt, indem man ihr größtenteils das ursprünglich gotische Aussehen zurückgab. Zurzeit beherbergt die Burg ein Museum und die Stadtbibliothek. Der Sage nach soll die Burg durch einen unterirdischen Gang mit der Pfarrkirche St. Georg verbunden sein.

In der Altstadt sind Überreste der **Wehrmauer** aus dem 14. Jh. erhalten geblieben. In der südwestlichen Ecke steht die sogenannte **Bärenbastei**, und am Giebel der St. Georgs-Kirche – die kleinere **Bastei des hl. Josefs**, die mit einem Kegeldach bekrönt ist.

Im Gestüt

In Rastenburg gibt es ein **Gestüt mit Zuchthengsten**; seine Geschichte geht bis auf das Jahr 1877 zurück. Nach Absprache besteht die Möglichkeit, das Gestüt zu besichtigen, man kann auch Reitpferde mieten oder Kutschfahrten bestellen.

Kirche in Rastenburg/Kętrzyn

RHEIN / RYN

Diese kleine Stadt liegt südwestlich von Lötzen/Giżycko, auf einer Landenge zwischen zwei Seen. Die pruzzischen Ureinwohner dieses Gebietes vom Stamm der Galinder waren in der Mitte des 14. Jh. vom Ritterorden besiegt worden. Zum Schutz vor den Litauereinfällen errichteten hier die Kreuzritter eine mächtige Burg, deren Bau im Jahre 1376 begann. Eine Überlieferung besagt, daß diese Burg die Kreuzritter an die rheinländischen Schlösser erinnerte, und der nahe See an den Rhein, daher auch der Name des Ortes Rhein.

1939 

2001

Die Burg war Sitz der Komturen. Sie war nicht nur für die Verteidigung wichtig, sondern hatte auch wirtschaftliche Bedeutung. Hier wurden ungeheure Vorräte an Honig, Fleisch und Fisch gelagert, die später in das Innere des Ordensstaates weitergegeben wurden. Die Ordensritter verwalteten eine Fischerflotille und Eisenhütte. Im 15. Jh. entstand nahe der Burg eine Ansiedlung. Ihre Entwicklung wurde 1657 brutal unterbrochen, als die Tataren alle Bewohner der Vorburg ermordeten oder in Gefangenschaft nahmen. Dies Ereignis verewigte der hiesige Dichter Thomas Molitor in seinem Gedicht „Über den Einfall der Tataren in Preußen". Die Ansiedlung entwickelte sich trotzdem, und im Jahre 1723 erhielt sie das Stadtrecht.

In der Mitte des 19. Jh., als sich auf den masurischen Seen der Wasserverkehr entwickelte, wurde Rhein zum Heimathafen des ersten Dampfers in Masuren „Masowia". 1854 reiste mit diesem Dampfer der preußische König Friedrich Wilhelm IV. Am Anfang des 20. Jh. verband eine Kleinbahn Rhein mit Rastenburg. Die Bahn gibt es heute nicht mehr.

Im 2. Weltkrieg wurde der Ort zu 30% zerstört. Die Russen besetzten Rhein am 25. Januar 1945. Heute ist Rhein ein Zentrum für

Ordensburg in Rhein/Ryn

Segler und Touristen mit einer Anlegestelle für Segelboote und einem Biwakplatz. Die sich entwickelnde Nahrungsmittelindustrie ist ein weiterer Erwerbszweig.

Einwohnerzahl: *1939*: 2429; *2001*: 3200.

Bis heute ist die ehemalige **Ordensburg** erhalten geblieben. Sie wurde mehrmals umgebaut. Im 19. Jh. war in ihr eine Strafanstalt untergebracht. Original sind die aus dem 14. Jh. stammenden Keller, erhalten blieb auch eine alte runde Bastei.

Diese Stadt ist ein Urlauberzentrum mit zahlreichen Erholungsmöglichkeiten, Pensionen, Hotels, Badeanstalten, Bootsanlegestellen, Zeltplätzen und der Anlegestelle der Masurischen Passagierflotte.

Der **Rheinsche See**/Jez. Ryńskie (7,5 km lang, 0,5-1,3 km breit, 51 m tief) verfügt über eine reichlich entwickelte Uferlinie, einige Buchten, hohe, teilweise bewaldete Ufer; in seinem mittleren Teil befindet sich eine Insel. Im Süden formt sich der See zum Talter Gewässer/jez. Tałty um, das sich bis nach Nikolaiken hinzieht.

ROSENGARTEN / RADZIEJE

Das Dorf liegt auf halbem Weg zwischen Rastenburg/Kętrzyn und Angerburg/Węgorzewo. Es wurde im Mittelalter von heidnischen Prussen gegründet, die auf der Insel des in der Nähe liegenden Labab-Sees/jez. Łabap ihre Vorzeitburg hatten. Nach der Bezwingung der Prussen wurde dieses Dorf ausgelöscht. Neue Häuser entstanden

Pfarrkirche in Rosengarten/Radzieje

hier erst im 15. Jh. Die Lokationsurkunde wurde der Ortschaft 1437 verliehen. 1540 wohnten im Dorf 28 Familien.

Während des polnisch-schwedischen Krieges 1655-1657 haben die Bewohner des Dorfes unter den durchmarschierenden Truppen und den Kontributionen sehr gelitten. 1710 sind 187 Personen wegen der Pest gestorben. Während des Durchmarsches napoleonischer Truppen 1807 ist es den hiesigen Bauern gelungen, ihr Inventar zu retten; es wurde auf der nahe gelegenen Insel versteckt. 1858 zählte das Dorf 798 Einwohner, und 1939 waren es 1139.

Schon im 15. Jh. stand hier eine Kirche, nach 1525 – eine evangelische. Über viele Jahre nicht renoviert wurde die Kirche schließlich Ruine. Den Wiederaufbau beschloss man erst 1673 dank finanzieller Unterstützung des Grafen Ahaswer von Lehndorfff. Dieser Bau existierte lediglich bis 1826.

Besichtigungen

Die heutige klassizistische **Pfarrkirche** wurde – auch dank der Zuwendungen der Familie Lehndorfff – 1827 errichtet. Entworfen hat diese Kirche der spätere König Friedrich Wilhelm IV. Es ist ein sehr origineller achtseitiger Bau, auf dem das Dach mit einem Zwiebeltürmchen bekrönt ist. Bis 1945 war dies ein evangelisches Gotteshaus, zurzeit wird es von katholischen Christen genutzt. Neben der Kirche steht ein hölzerner Glockenturm von 1673, und nicht weit davon das Pfarrhaus aus dem 19. Jh.

In den Jahren 1941-1944 befand sich im Wald hinter dem Dorf Rosengarten (1 km von der Chaussee entfernt) das **Feldquartier** von Reichsminister und Chef der Reichskanzlei Dr. Hans Heinrich **Lammers**. Durch die Mitte führte ein Betonweg, und das Anschlußgleis verband das Quartier mit dem Bahnhof in Rosengarten. Hier waren schwere Luftschutzbunker und leichte Backsteingebäude. Dr. Lammers war neben Bormann und Keitel einer der einflußreichsten Mitarbeiter Hitlers. Während der Abwesenheit Hitlers in Berlin leitete er stellvertretend die Sitzungen der Regierung.

ROTWALDE (Rydzewen) / RYDZEWO

Das Dorf liegt 16 km südlich von Lötzen/Giżycko, am Ostufer des Saiten-Sees/Jez. Boczne. Die Geschichte des Dorfes greift auf das Jahr 1552 zurück. 1710 starben 86 Einwohner an der Pest, darunter sieben Kinder des Pastors Sartorius. Er stiftete ein Epitaphium, das in der Kirche am Ort angebracht war (heute im Museum in Mohrungen/Morąg). Die Kirche, 1591 erbaut, ist zweimal umgebaut worden; der Turm stammt aus dem Jahre 1772, der Altar aus dem 17. Jh., die Schnitzerei der hl. Anna – aus dem Beginn des 16. Jhs.

Heute ist Rotwalde ein allgemein bekanntes Feriendorf mit einer Anlegestelle für Segelboote.

SCHWARZSTEIN / CZERNIKI

Es ist ein 4 km nördlich von Rastenburg/Kętrzyn gelegenes Dorf. Gegründet wurde es vor 1394. Ende des 14. Jhs wurde hier eine Kirche gebaut; um die gleiche Zeit entstanden auch die Mühle und das Wirtshaus. 1710 raffte die in der Gegend herrschende Pest 19 Opfer davon.

Mit dem Namen des Dorfes ist eine **Sage** verbunden:

Danach sollte der unweit wohnende Teufel sehr unzufrieden sein, als die Ordensritter hier eine Kirche gebaut hatten. Er beschloß die Kirche zu vernichten. Irgendwo hatte er einen großen schwarzen Stein gefunden, und er rannte mit ihm los, um damit die Kirche zu treffen. Als er nicht mehr weit war, krähte ein Hahn, und des Teufels Kraft hörte auf zu wirken. Der Stein fiel dem Teufel aus den Händen in den nahen Wald, wo er bis heute liegt. Von diesem Felsblock sollte das Dorf seinen Namen bekommen haben.

Umgebung von Schwarzstein/Czerniki

Das schon erwähnte gotische **Gotteshaus** aus dem 14. Jh. ist erhalten geblieben. Es wurde aus Ziegel- und Feldsteinen gebaut. Der Turm stammt aus dem Jahr 1886.

SEEGUTTEN / NOWE GUTY

Das Dorf liegt am östlichen Ufer des Spirding-Sees. Seine Geschichte reicht bis auf das Jahr 1450 zurück. Heute ist Seegutten ein allgemein bekanntes Feriendorf mit einer Anlegestelle für Segelboote. Die Ufer des Sees sind hier steil und bilden ausgezeichnete Aussichtspunkte. In 1,5 km Entfernung vom Dorf, an der Straße nach Gaudynki, liegt ein Findlingsblock von 8 m Umfang.

SEEHESTEN / SZESTNO

Das Dorf liegt zwischen Sensburg/Mrągowo und Rastenburg/Kętrzyn. An die Stelle der zerstörten altpreußischen Befestigung erbauten die Kreuzritter 1348 am Ufer des Juno-Sees eine Holzburg und nannten es „Haus Seehesten". Aber schon zwei Jahre darauf wurde „Haus Seehesten" von Litauern vernichtet. Die 1367 neu errichtete Burg war schon eine gemauerte. 1371 hielt sie dem Einfall der Litauer stand, die nur die Vorburg eroberten und sie zerstörten. 1401 legte Ulrich von Jungingen neben der Burg ein kleines Dorf an. In der Nähe war ebenfalls ein Vorwerk mit 22 Hufen sowie eine Siedlung mit Handwerkern, die für die Burg arbeiteten. Seit 1401 herrschte über Seehesten ein Pfleger, der der Komturei Balga unterstand. Zu Beginn des 19. Jh. verfiel die Burg. Heute sind nur noch Mauerreste und Fragmente der Keller im Ostflügel erhalten.

Einwohnerzahl: *1939*: 432; *2001*: 600.

Besichtigungen

Bei einem Aufenthalt in Seehesten/Szestno sollte auch die **gotische Kirche** besichtigt werden. Mitte des 14. Jh. erbaut, brannte sie 1616 ab, aber kurz danach wurde das Gotteshaus mit barocker Innenausstattung wiederaufgebaut. Interesse erweckt der Altar aus der Hälfte des 17. Jh. mit gotischen Figuren der Apostel Peter und Paul. Die Kanzel stammt aus dem Jahre 1625, die Grabtafeln, Epitaphe und Trauerfahnen aus Metall aus dem 17. und 18. Jh. Die Decke ist mit Polychromie aus dem 17. Jh. verziert. Beachtung verdient der mächtige, gedrungene Kirchturm mit dem Grundriß eines

Dorfkirche in Seehesten/Szestno

Rechtecks mit den Maßen 12 x 11 m, reich mit Blenden gegliedert. Die Turmmauern sind 2,5 m breit. Im Dorf sollte man auch die **Wassermühle** beachten, die aus dem 19. Jh. stammt. Derzeit dient sie als kleines Kraftwerk.

Östlich von Seehesten an der Straße nach Weissenburg/Wyszembork befand sich auf der Halbinsel am Salent-See/jez. Salęt eine mittelalterliche Wehrburg.

SEEHORST / PRANIE

Das Forsthaus Seehorst/Pranie befindet sich 7 km südlich von Niedersee/Ruciane-Nida auf dem westlichen Ufer des Nieder-Sees/Jez. Nidzkie. 1909 gebaut wurde es nach dem Kriege vom Förster Stanisław Popowski bewohnt. In den Jahren 1950-1953 war bei ihm fünfmal der polnische Dichter Konstanty Ildefons Gałczyński zu Gast, der immer einige Monate in der Försterei weilte. Hier entstanden seine zahlreichen Werke, u.a. *Kronika olsztyńska, Begegnung mit der Mutter*, Niobe. Seit 1980 gibt es in Seehorst ein Museum des Dichters, für das sich seine Tochter Kira verantwortlich fühlt. In mehreren Räumen sind die Andenken, die an Meister Ildefons erin-

Forsthaus Seehorst/Pranie

nern, zu sehen. Sie spielten die Rolle von Requisiten in seinen Werken, so z.B. die ausgediente Kaffeemühle, die grüne Gans aus Porzellan, Kerzenständer, weiter Gitarre und Laterne. Hier gibt es auch Handschriften des Dichters, Briefe, andere Dokumente, Fotos und Bücher aus seiner Privatbibliothek.

SENSBURG / MRĄGOWO

Die Stadt liegt inmitten der Sensburger Seenplatte, zwischen Juno-See/jez. Juno und Schoß-See/jez. Czos. Der Ursprung des Namens der Stadt ist bis heute unklar. Mit dem Namen verbinden sich viele sagenhafte Erzählungen. Eine besagt, daß der Name Sensburg von der Bezeichnung Sense abgeleitet ist.

1939

2001

Der Erzählung zufolge kam aus der Johannisburger Heide einmal ein Bär, er näherte sich der Stadt und bedrohte ihre Einwohner. Die mutigsten unter ihnen beschlossen, eine Treibjagd auf den Bären zu veranstalten. Sie nahmen solche Waffen mit, die sie gerade zur Hand hatten. Einer von ihnen erwischte den Bären. Da er aber bloß mit einer Sense bewaffnet war, konnte er ihm nur die Vorderpranke abhauen. Das verletzte Tier entkam. Einige Tage später jedoch wurde es getötet. Die Einwohner veranstalteten nach ihrem Sieg ein großes Gelage, und die Bärenpranke wurde ins Stadtwappen aufgenommen.

Die Anfänge der Stadt gehen auf das Jahr 1348 zurück, als die Kreuzritter an dieser Stelle eine Verteidigungsanlage errichteten. Neben ihr entstand eine Ansiedlung, die zu Beginn des 15. Jh. zur Stadt erhoben wurde. Die Stadt war nicht ummauert, sie war geschützt durch Palisaden und Festungsgräben. In die Stadt gelangte man durch zwei Tore.

Die Einwohner betrieben Fischfang, Ackerbau, Handel und Handwerk. Schon seit dem 15. Jh. ließ sich hier polnische Bevölkerung nieder. Noch zu Beginn des 19. Jh. sprachen 40% der Einwohner polnisch. In manchen nahegelegenen Dörfern, wie z.B. in Mertinsdorf/Marcinkowo oder Kersten/Kiersztanowo wohnten ausschließlich aus Polen zugezogene Ansiedler.

Sensburg/Mrągowo

Die Stadt wurde von Naturkatastrophen nicht verschont, mehrmals drohte ihr vollständige Vernichtung durch Brände, oft brachen Seuchen aus. Im Jahre 1806 litt Sensburg unter dem Durchgang russischer Truppen, ein Jahr darauf unter dem der französischen.

Endlich jedoch stellte sich die Zeit des Aufbaues und wirtschaftlichen Aufschwungs ein. Wichtig war das Jahr 1818, als Sensburg Sitz der Kreisverwaltung wurde. Mitte des 19. Jh. begann der Bau von Chausseen, etwas später erhielt die Stadt durch eine Eisenbahnlinie Verbindung mit den benachbarten Orten. Die Einwohner fanden Beschäftigung beim Bau der seit 1899 hier errichteten großen Kasernen. Kurze Zeit später erhielt Sensburg eine Wasserleitung und ein Gaswerk.

Zum Glück wurde Sensburg im 1. Weltkrieg weitgehend von größeren Schäden verschont. In der Zwischenkriegszeit ging die Entwicklung der Stadt weiter voran. Es entstanden Schulen, ein Sportstadion und ein neues Wohnviertel. Diese für die Stadt günstige Zeit wurde im 2. Weltkrieg jäh unterbrochen. Im Januar 1945, kurz vor der Besetzung durch die Rote Armee, wurden die Einwohner evakuiert. Ca. 20% der Stadt war zerstört. Derzeit entwickeln sich hier Holz-, Bekleidungs-, Lebensmittel- und Maschinenbauindustrie.

Einwohnerzahl: *1939:* 9877; *2001*: 23300.

Besichtigungen

Zu den Baudenkmälern gehört das stillose **Rathaus** von 1825, das nun das Museum des Sensburger Landes beherbergt, das Gebäude der **Bosnierwache** von 1824, **das evangelische Gotteshaus** von 1734 (Kościelna Straße), die neugotische St. Adalberts-Kirche von 1861 sowie das **Gebäude des Landratsamtes** vom Anfang des 20. Jhs.

Sensburg ist ein wichtiges Urlauberzentrum und ein ausgezeichneter Ausgangspunkt für Ausflüge durch Masuren. Östlich der Stadt befindet sich der malerisch gelegene **Schoß-See**/jez. Czos (5 km lang, 0,4-1 km breit, 43 m tief). Er besteht eigentlich aus zwei Teilen, die voneinander durch eine lange Halbinsel getrennt sind. Die Halbinsel besitzt zwei Anhöhen, wovon die höhere **„Höhe der vier Winde“** (Wzgórze Czterech Wiatrów) (184 m) einen ausgezeichneten Ausblick auf Sensburg und Umgebung bietet. Auf dem östlichen Seeufer befindet sich eine Badeanstalt, der Campingplatz „Jaszczurcza Góra“, das Hotel „Mrongovia“ sowie ein Amphitheater, in dem jeden Sommer das berühmte Country Picknick stattfindet.

Nördlich von Sensburg liegt der **Juno-See** (6,7 km lang, 0,3-1,2 km breit, 33 m tief) mit hohen, aber zugänglichen Ufern. Vom Norden her ist er mit dem Kersten-See/Jez. Kiersztanowskie durch einen Bach verbunden.

SOLDAU / DZIAŁDOWO

Die Stadt liegt im südwestlichen Teil Masurens an der Grenze mit Masowien. In der Vorordenszeit befand sich hier eine Fischeransiedlung. In den ersten Jahren des 14. Jh. erbauten die Kreuzritter eine Burg, und um sie herum entstand eine Handwerkeransiedlung, die im Jahre 1344 der Hochmeister Ludolf König zur Stadt erhob. Die im Grenzgebiet liegende Stadt war fortwährend Zerstörungen ausgesetzt. 1375 wurde sie von Litauern abgebrannt, in den Jahren 1410, 1414, 1520 von Polen besetzt. Im Jahre 1620 hielt Soldau einem Kosakenangriff stand, 1656 wurde die Stadt von schwedischen Truppen unter König Karl Gustav, der hier Quartier aufschlug, besetzt. 1657 wurde Soldau von Tataren abgebrannt, 1698 von Litauern geplündert und 1806 von Franzosen eingenommen und verbrannt.

1939

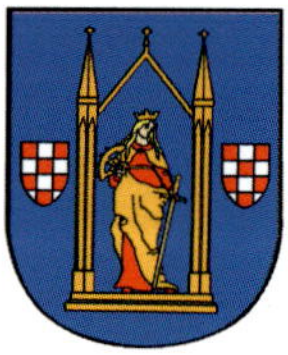

2001

Im 1. Weltkrieg kämpfte bei Soldau die deutsche Armee mit russischen Truppen unter Führung von General Samsonow. Zu dieser Zeit wurde Soldau zuerst von Russen besetzt, oft zerstört, danach von Russen bombardiert. Im Januar 1920 wurde die Stadt aufgrund des Versailler Vertrags Polen angegliedert. Im 2. Weltkrieg richteten die Nazis hier ein Lager für polnische Kriegsgefangene ein, ab 1940 in ein sog. Durchgangslager Soldau verwandelt. In ihm wurden ca. 30.000 Personen gefangengehalten, einige Tausend von ihnen kamen ums Leben. Sie wurden in den umliegenden Wäldern in Massengräbern beigesetzt. Am 19. Januar 1945 wurde Soldau von sowjetischen Truppen eingenommen.

Soldau/Działdowo

Besichtigungen

Sehenswürdig ist die **Burg des Ritterordens** aus dem 14. Jh. Im 17. und 18. Jh. wurde sie umgebaut, und der letzte Umbau erfolgte in den achtziger Jahren des 20. Jh. Sie wurde auf dem Plan eines Quadrates erbaut. In der Mitte war der Burghof. Die Burg war im Mittelalter von allen Seiten von Wasser umgeben und durch eine Zugbrücke mit der Stadt verbunden. Interessant ist auch das aus dem Jahre 1796 stammende **Rathaus.** 1922 wurde es im Renaissance-Stil umgebaut. In der Stadt blieben auch mehrere **Bürgerhäuser** aus dem 17.-19. Jh. erhalten.

SORQUITTEN / SORKWITY

Das Dorf, auf der Strecke Sensburg/Mrągowo – Bischofsburg/Biskupiec, wurde 1379 angelegt. Sorquitten gehörte in Folge mehreren Adelsfamilien. 1788 erbaute man hier ein **Schloß**, im Jahre 1856 wurde es modernisiert. Im 1. Weltkrieg niedergebrannt, wurde es 1920 im neugotischen Stil wiederaufgebaut. Derzeit dient es als Ferienheim. Die **Pfarrkirche** aus dem 15. Jh. wurde 1700 umge-

Schloß in Sorquitten

baut; der Hochaltar (1642) im Stil der späten Renaissance, die Kanzel (1701) im Barockstil. In Sorquitten am Lampatzki-See beginnt die attraktive Paddelbootroute auf der Kruttinna.

SPIRDING (Popiellnen) / POPIELNO

Dieses ist eine Siedlung am südwestlichen Ufer des Spirding-Sees/jez. Śniardwy. Sie entwickelte sich am Ende des 17. Jh. In der Zwischenkriegszeit gab es hier eine Forschungsanstalt der Königsberger Universität. Heute ist hier das Institut für Genetik und Tierzucht der Polnischen Akademie der Wissenschaften tätig.

Das wilde **Tarpanpferd** wird hier gezüchtet und erforscht. Die Pferde leben hier in zwei Gruppen. Die eine lebt in Freiheit im Waldreservat mit einer Fläche von 1600 ha, die andere Gruppe wird im Pferdestall gehalten. Die Tiere der zweiten Gruppe arbeiten in der Landwirtschaft und als Reitpferde. Auch masurische Hirsche und Biber werden hier gezüchtet.

Das Forschungszentrum kann man mit einem lokalen Führer besichtigen. Es ist auch möglich, Spazierfahrten mit einer Britschka zu bestellen. Gruppen bzw. individuelle Touristen sollten ihre Ankunft spätestens einen Tag vorher anmelden.

Etwa 1,5 km in nordwestlicher Richtung vom Spirdingsee befindet sich auf der Halbinsel Popielski Róg das Dorf Beldahnsee/Wierzba, von dem aus eine oft genutzte Fähre den Beldahn-See/jez. Bełdany überquaert.

STAATSHAUSEN / STAŃCZYKI

In der Rominter Heide, etwa 25 km östlich von Goldap, versteckt sich das kleine Dorf Staatshausen. An seinem Rand steht der berühmte **Viadukt** über den Fluss Blinde, Teil der seit langem außer Betrieb stehenden Bahnlinie Goldap – Wehrkirchen. Der eigentlich nicht zu umfangreichste, aber reißend fließende Fluss hat an diesem Ort ein tiefes Tal ausgespült, das über 150 m breit ist. Daher musste dieser Viadukt gebaut werden. 1926 wurde er beendet. Ab Wasserspiegel weist er die staatliche Höhe von 31,5 m auf, also ist er der höchste Viadukt in Masuren. Wegen Stahlmangel wurde der Beton durch darin eingesenkte ganze Holzstämme verstärkt. Es ist nicht sicher, ob beide Linien des Viadukts auch genutzt worden sind.

Viadukte in Staatshausen/Stańczyki

Einige Quelle behaupten sogar, dass dadurch nie ein Zug gefahren ist; andere wiederum meinen, dass nur eine Linie dem Zugbetrieb diente.

In der Nähe von Staatshausen liegt der **geheimnisvolle Tobellus-See**. Am 31. Mai 1926 hatten die Einwohner des Dorfes eine gewaltige Explosion vernommen, und als sie das Ufer erreichten, wurden sie keines Sees mehr gewahr. Am Ort, wo einst das Wasser glitzerte, sahen sie lediglich eine dicke Erd- und Schlammschicht. Erst nach einigen Wochen ist das Erdreich zum Boden gesunken, und darüber kam abermals reines Wasser zum Vorschein. Wie es zu diesem Vorfall gekommen sei, ist ungewiss. Wahrscheinlich explodierte der sich unter dem Seeboden seit vielen zehn Jahren ansammelnde Biogas, entstanden aus verwesenden Pflanzen. Nach Zeugenberichten formte die Explosion eine hohe Wassersäule, die zur Oberfläche große, oft hundert Tonnen schwere Erdblöcke beförderte.[28]

STEINORT / SZTYNORT

Die Ufer des Mauer-Sees/jez. Mamry waren damals verwildert. Ein Teil davon mit 2000 ha gehörte schon seit dem 15. Jh. der Familie Lehndorff. Diese gründete hier 1554 Steinort. Das Dorf liegt auf einer Halbinsel und ist von drei Seiten vom Mauer-See umgeben. Es ist dies einer der bezauberndsten Winkel in Masuren.

1570 wurde hier ein Gutshaus errichtet, das in der Mitte des 17. Jh. von Tataren abgebrannt wurde. 1689 begann der Bau eines **Schlosses im Barockstil** durch die junge, erst fünfundzwanzigjährige Witwe Marie Eleonore Lehndorff, geborene Gräfin Dönhoff. Im 18. und 19. Jh. wurde das Schloß umgebaut. Neben ihm errichtete man ein Hofhaus, ein Landhaus für den Jägermeister sowie Pferdestall, Kuhstall, Speicher und Molkerei. Die Gebäude blieben erhalten.

Das Innere des Schlosses war reich ausgestattet. In den Räumen im Parterre gab es Wandgemälde mit Szenen aus der Bibel. Die Räume hatten verzierte Kamine und stilvolle Möbel. Die Familie Lehndorff war stolz auf ihre wertvollen numismatischen Sammlungen. Am Ende des Krieges wurde das Schloß verwüstet, Möbel und Gemälde verschleppt. Nach dem Krieg war hier für viele Jahre ein Büro der Staatlichen Güter untergebracht.

Der vorletzte Eigentümer von Steinort war Carol Lehndorff, ein

Schloß der Grafen Lehndorff in Steinort

Original, bekannt durch seinen Sinn für Humor. Marion Gräfin Dönhoff beschreibt ihn in ihrem Buch:

„Die letzten Jahrzehnte seines Lebens verbrachte er, nachdem er lange Zeit fern von Europa gelebt hatte, wieder in Steinort, abwechselnd in monatelanger Einsamkeit und dann wieder mit fröhlichem Jagen und nächtlichen Trinkgelagen, über die die Fama Erstaunliches zu berichten wußte. Er starb 1936. Im Jahr zuvor hatten die örtlichen Parteigrößen aus irgendeinem Anlaß ein großes Volksfest in Steinort veranstaltet. Carol Lehndorff, der aufgefordert wurde, eine Rede an „sein Volk" und auf den „Führer" zu halten, trat auf den Balkon heraus, sprach einige Worte und schloß mit dem Ruf: „Heil...? Donnerwetter, wie heißt der Kerl doch gleich?" Nach einigen Sekunden der Ratlosigkeit: „Na, denn Waidmannsheil!"[29]

Nach dem Tode Carol Lehndorffs ging Steinort an seinen Cousin, Heinrich Lehndorff über. Im Krieg war er Ordonnanzoffizier bei General Fedor von Bock, der später die Stellung des Oberbefehlshabers der Heeresgruppe im Osten einnahm. Heinrich Lehndorff nahm am Rußlandfeldzug teil. Im Juni 1941 verlor er seinen jüngeren Bruder, der an der Front ums Leben kam. Schon damals war er sich im klaren über die Sinnlosigkeit des von Hitler entfesselten Krieges. Im Jahre 1942 war er Zeuge des Judenmassakers unweit von Borisowo. Dies Erlebnis erschütterte ihn so stark, daß er beschloß, sich der Nazidiktatur aktiv zu widersetzen. Er trat der Widerstandsbewegung bei.

Am 20. Juli 1944 weilte Heinrich Lehndorff in Steinort auf Urlaub. Zu dieser Zeit war sein Gut Sitz des Außenministers des Deutschen Reichs, Joachim von Ribbentrop. Einige Stunden vor Explosion der Bombe, die Graf von Stauffenberg in der Wolfsschanze gelegt hatte, fuhr er nach Königsberg, wo er eine Aufgabe erfüllen sollte, mit der er von den Verschwörern betraut war. Auf die Nachricht hin, daß das Attentat nicht gelungen war, kehrte er nach Steinort zurück. Aber schon am Tag darauf kam die Gestapo, um ihn zu holen. Heinrich Lehndorff sprang aus dem Fenster und versteckte sich. Aber kurz darauf, in Ängsten um seine Familie, stellte er sich seinen Verfolgern. Man brachte ihn zuerst nach Königsberg, später nach Berlin. Als er für sich keinen Ausweg sah, flüchtete er aus dem Sträflingstransport. Nach einigen Tagen, erschöpft von der Flucht, klopfte er an die Tür des Forsthauses in der Umgebung von Neusterlitz in Mecklenburg. Der Förster rief die Gestapo, der Flüchtling wurde festgenommen und am 4. September 1944 in Plötzensee durch den Strang hingerichtet. Seine ganze Familie wurde verhaftet.[30]

Schlösschen des Jägermeisters in Steinort

Das Schloß Steinort ist von einem großen Park umgeben, in dem jahrhundertealte Eichen, Buchen und Linden wachsen. Die ältesten Bäume sind mehr als 300 Jahre alt. Auch am Weg nach Steinort wachsen herrliche alte Eichen. Im Park befinden sich klassizistische Bauten: Gartenpavillon und neugotische Kapelle. Im Dorf ist das hölzerne **Schlösschen des Jägermeisters** vom Ende des 18. Jhs. erhalten geblieben. Auf dem gegenüberliegenden Ufer des Steinorter Sees/Jez. Sztynorckie steht eine **Friedhofkapelle**, und um sie herum befinden sich die Gräber der verstorbenen Steinorter Bürger.

Im Dorfe gibt es eine bequeme **Segleranlegestelle** mit Bootshaus und einer Unterkunfts- und Gastronomiebasis.

TALTEN / TAŁTY

Das Dorf liegt auf der Schiffahrtsroute der „Weißen Flotte" von Lötzen nach Nikolaiken, am Ostufer der Talter-Gewässer. Hier ist eine Badeanstalt. Vom Ufer aus bietet sich ein wunderschöner Ausblick auf den See. Die von hier zu sehende Turmwindmühle stammt aus dem 19. Jh. Das Dorf wurde im Jahre 1512 vom Komtur Rudolf von Tippelskirch angelegt.

Das vom Dorf westlich gelegene Talter Gewässer/jez. Tałty (12,5 km lang, 0,3-2 km breit, 45 m tief) besitzt überwiegend hohe, im nordöstlichen Teil bewaldete Ufer. Im Norden ist es mit dem Rheinschen See/Jez. Ryńskie verbunden, im Süden mit dem Nikolaiker See/Jez. Mikołajskie; im Osten verbindet es sich über Kanäle mit dem Kröstensee/Jez. Jagodne und dem Löwentin-See/jez. Niegocin.

TANNENBERG / STĘBARK

Das Dorf, das 17 km südwestlich von Hohenstein/Olsztynek liegt, wurde in der Mitte des 14. Jh. gegründet. In seiner Nähe fanden zwei historische Schlachten statt.

Am 15. Juli 1410 besiegte auf den Feldern zwischen Tannenberg und Grünfelde/Grunwald die polnisch-litauische Armee, befehligt vom polnischen König Władysław Jagiełło, den Deutschen Ritterorden. In der Schlacht fiel der Hochmeister des Ordens Ulrich von Jungingen. An dieses Ereignis erinnert der Stein, in den 1901 die Inschrift eingeschnitten wurde: „Im Kampf um die deutsche Existenz und das deutsche Reich starb hier der Hochmeister Ulrich von Jungingen am 15. Juli 1410 als Held“. Nach 1945 wurde diese Inschrift durch eine in polnischer Sprache ersetzt. Die polnischen Historiker sprechen von der Schlacht bei Grunwald, die deutschen Historiker von der bei Tannenberg.

Über 500 Jahre später, in den Tagen vom 26.-30. August 1914 wurde die zweite Schlacht bei Tannenberg ausgetragen. Die russischen Truppen unter Führung von General Samsonow, die Ostpreußen erobern wollten, wurden hier eingekreist und von deutschen Truppen, angeführt von Generalfeldmarschall Paul von Hindenburg, geschlagen. Nach der Niederlage seiner Armee beging General Samsonow Selbstmord.

Tannenbergdenkmal – siehe Hohenstein/Olsztynek.

TREUBURG / OLECKO

Die Stadt liegt am Ufer des Treuburger-Sees/Jez. Oleckie, an der östlichen Grenze Masurens. In der Mitte des 16. Jh. erbaute man hier ein von drei Seiten von Wasser umgebenes Jagdschlößchen, das man Oletzko benannte. 1560 traf sich in ihm Herzog Albrecht mit dem polnischen König Zygmunt August; beide nahmen an einer großen Jagd teil. Zu Ehren dieses Treffens beschlossen sie, hier im Urwald zwei Städte zu beiden Seiten der Grenze anzulegen. Die polnische Stadt erhielt den Namen Augustów, vom Vornamen des Königs, die preußische Stadt dagegen wurde Marggrabowa benannt; das heißt „Markgrafenstadt", bezogen auf den Titel des Herzogs.

1939 

 2001

Marggrabowa, unweit der Grenze mit Polen und Litauen, sollte ein großes Handelszentrum werden, weshalb hier ein großer Marktplatz mit einer Fläche von 6 ha entstand. Die Einwohner der Stadt hatten das Recht, vier Jahrmärkte jährlich abzuhalten. Trotz dieser Pläne wurde die Stadt nie zu einem bedeutenden Handelszentrum.

Verhängnisvoll war für die Stadt das Jahr 1656, als erstmals die Tataren einfielen, viele Einwohner töteten und weitere in Gefangenschaft nahmen. Die Zerstörung vollendeten die schwedischen und brandenburgischen Soldaten. Später brachen große Brände aus, 1710-1711 wurde die Einwohnerzahl durch die Pest stark reduziert.

Bessere Zeiten traten nach 1818 ein, als Marggrabowa Sitz der Kreisbehörden wurde. Die Stadt erhielt Chaussee- und Bahnverbindung mit anderen Städten. Errichtet wurden Krankenhaus, landwirtschaftliche Schule, Wetterstation, Wasserleitung und Gaswerk. Marggrabowa wurde Kurort. 1914 wurde die Stadt von russischen Truppen eingenommen, aber die Kriegsschäden waren relativ gering. Nach dem im Jahre 1920 durchgeführten Plebiszit blieb die Stadt in den Grenzen Deutschlands. Um den deutschen Sieg im Plebiszit zu verankern, wurde der Name Marggrabowa in Treuburg umgeändert.

Im 2. Weltkrieg wurden 80% der Stadt zerstört. Heute entwickelt sich hier die Nahrungsmittelindustrie. Die Stadt wird zunehmend von Touristen aufgesucht.

Einwohnerzahl: *1939*: 7114; *2001*: 17000.

Einige Häuser aus dem 19. Jh. gehören zu den interessanteren

Bauten in Treuburg, weiter das **neugotische Gotteshaus** von 1861 sowie das Gebäude des ehemaligen Landratsamtes von 1924, das heutzutage eine Schule beherbergt.

Am **Großen Oletzkoer See**/Jez. Oleckie Wielkie (4,9 km lang, 0,2-1,1 km breit, 45 m tief) befinden sich Urlauberzentren, Hotel, Campingplatz, Jugendherberge, Bootshaus für die Segler, Badeanstalt und Strand.

WALDSEE / WOLISKO

Diese Waldansiedlung befindet sich im Borker Wald, am kleinen Borker-See. Bis vor kurzem wurden hier Wisente gezüchtet, die in geschlossenen Gehegen lebten; vor kurzem wurden sie freigelassen. Im Borker Wald leben derzeit 70 Wisente.

Wisente im Borker Wald

WALLENRODE / WIELICZKI

Das Dorf ist südöstlich 7 km von Treuburg/Olecko entfernt. Es wurde 1480 gegründet. Die evangelische Gemeinde entstand hier 1552. Ihr erster Pastor war der polnische Edelmann, Stanisław Rybiński. Bis Ende des 19. Jhs. waren die meisten Einwohner Polen; 1600 gab es hier keinen Deutschen. 1873 gab es unter der Gesamtzahl der 4600 Gemeindemitglieder lediglich 635 Deutsche.

Hölzerne Kirche in Wallenrode/Wieliczki

Noch im 20. Jh. lautete die Bedingung einer Amtsübernahme des Pastors in Wallenrode: gute Kenntnisse der polnischen Sprache.

In Wallenrode ist die Besichtigung der schönen **hölzernen (Lärche) Kirche** zu empfehlen. Gebaut 1676 im Barockstil. Die innere Ausstattung stammt aus dem 17.-19. Jh. Der neubarocke Hauptaltar wurde 1876 errichtet; älter ist der hängende Nebenalter, der an das Jahr 1654 erinnert. Die Kanzel mit den Wappen des Stifters wurde 1712 aufgestellt.

Westlich vom Dorf liegt **der Kleine Oletzkoer See**/Jez. Oleckie Małe (4,4 km lang, 300-820 m breit, 38 m tief). Die gut entwickelte Uferlinie, zwei Inseln, die hohen. hügeligen Ufer, umringt von einem Baumstreifen bilden daraus einen schönen Flecken. Über den Lega-Fluß ist er mit dem nördlich gelegenen **Großen Oletzkoer See**/Jez. Oleckie Wielkie verbunden (Kajakwanderroute).

WEISSUHNEN / WEJSUNY

Das Dorf liegt 6 km nordöstlich von Nidersee/Ruciane-Nida, am Ufer des Weißuhner-Sees. Nach Weißuhnen sollte man unbedingt fahren, um sich dort alte masurische Hütten aus dem Ende des 19. Jh. anzusehen. In einer von ihnen ist eine sog. heimatkundliche Stube eingerichtet mit ethnographischen Sammlungen, Werken der Volkskunst, Andenken an verdiente Masuren und masurischem Schrifttum. Interessant ist außerdem die lokale neugotische Kirche.

Nordöstlich von Weißuhnen befindet sich am Ostufer des Warnold-Sees das **Landschafts-Ornitologische-Naturschutzgebiet „Jezioro Warnołty"** (373 ha). Es wurde eingerichtet zum Schutz des seichten, verwachsenden Sees, das eine Abzweigung des Spirding-Sees ist. Dieser Standort ist Nistplatz zahlreicher Wasser- und Sumpf-Vogelspezies; hier gehen auch seltene Raubvögel auf Beute. Im Naturschutzgebiete sind u.a. Schwäne, Graureiher, Wasserhühner, Haubentaucher, Seeadler und Milane zu sehen. Der eutrophische Warnold-See ist mit Pflanzen stark verwachsen, die sehr weit in die Wasserfläche reichen.[31]

WENDEN / WINDA

Das Dorf liegt 11 km nördlich von Rastenburg/Kętrzyn. 1389 hat es der Komtur aus Pokarmin Friedrich von Wenden gegründet. Im 15. Jh. existierte hier ein Wirtshaus. 1820 gab es 36 Häuser und 362 Einwohner. 1939 wohnten in Wenden 812 Personen. Schon im 14. Jh. stand im Dorf eine Holzkirche. An ihrer Stelle wurde in der ersten Hälfte des 15. Jhs das bis heute existierende **gotische Gotteshaus** aus Mauerwerk gebaut. 1818 wurde der hölzerne Turm von einem Orkan umgerissen. 1834 wurde ein neuer Turm gebaut. Die Innenausstattung, also der Rokokoaltar und das Epitaph von Karl Nase aus rotem Marmor, stammen aus dem 18. Jh.

WIDMINNEN / WYDMINY

Das Dorf ist 22 km südlich von Lötzen gelegen. Es wurde 1480 angelegt. 1572 verloren bei einem großen Brand viele Einwohner ihre Häuser, 1710 starben über 200 Personen an der Choleraepidemie. Im 19. Jh. wurde Widminnen zu einem bekannten Marktort. Im 1. Weltkrieg zerstört, wurde es nach 1918 schnell wiederaufgebaut. Schon in den Zwischenkriegsjahren war das Dorf als Ferienort sehr beliebt. Zahlreiche Erholungsheime bieten gute Unterkunftsmöglichkeiten. Die Touristik wird begünstigt durch die herrliche Lage am Widminner-See/Jez. Wydmińskie mit seinen zahlreichen Inseln.

Die **Kirche** am Ort stammt aus dem 16. Jh., 1701 umgebaut und erneuert. Der Altar ist ein Schnitzwerk in Holz aus dem Jahre 1719, die Kanzel ist im Barockstil erbaut.

Nerz

Iltis

Abendstimmung

Herbst in Masuren

WILKENDORF / WILKOWO

Das Dorf ist an der Straße von Sensburg/Mrągowo nach Rastenburg/Kętrzyn gelegen. 1369 gründete es der Hochmeister des Deutschen Ordens Winrich von Kniprode. Im 15. Jh. waren die Bewohner mit den hohen Steuern, die der Orden auferlegt hat, nicht einverstanden. Deshalb haben sie sich 1454, am Anfang des dreizehnjährigen Krieges, auf die Seite der Aufständischen geschlagen und mit ihnen die Burg zu Rastenburg gestürmt. Der Volksmund berichtet, sie hätten ein Loch ins Eis des Mühlenteichs geschlagen und darin den verhaßten Rastenburger Staatsanwalt Wolfgang Sauer ertränkt.

Die schon im Mittelalter gebaute Kirche von Wilkendorf ist nicht erhalten geblieben. Ende des 19. Jhs. wurde eine neue **neugotische Pfarrkirche** errichtet.

WILLENBERG / WIELBARK

Der Ort liegt zwischen Neidenburg/Nidzica und Ortelsburg/Szczytno. An der Stelle, an der der Sawitz-Fluß/Sawica in den Omulef-Fluß/Omulew mündet, erbauten die Kreuzritter 1361 ein Grenz-Wildhaus. Neben diesem entstand eine Ansiedlung, in der Waldbienenzüchter, Jäger, Fischer, Handwerker, Hüttenarbeiter und Schankwirte seßhaft wurden. Die Ansiedlung entwickelte sich gut, da sie an der Handelsstraße Königsberg – Warschau lag. 1723 erhielt Willenberg die Stadtrechte.

Die Stadt wurde bekannt durch ihre Tuchfabriken und ihre Weberei. Ihre Einwohner befaßten sich auch mit der Verarbeitung von Tabak und der Förderung von Bernstein. 1807 wurde Willenberg durch den Durchzug französischer Truppen verwüstet, die Einwohner retteten sich durch Flucht in die Wildnis. Vom 21. Januar bis 2. Februar 1807 bezog Napoleon hier Quartier. 1813 weilte der russische Zar Alexander in der Stadt. Im 19. Jh. brachen mehrmals Brände aus, viele Einwohner starben während der Choleraepidemie. Um die Wende des 19. zum 20. Jh. – dank der Bahnverbindung mit den benachbarten Städten – kam es zu wirtschaftlichem Aufschwung. Im 1. Weltkrieg war Willenberg zweimal von Russen besetzt, aber die Besetzung hinterließ keine größeren Spuren. Während des 2. Weltkrieges wurde die Stadt zu 60% zerstört, und im Jahre 1945 verlor sie die Stadtrechte.

Den Baudenkmälern sind zuzurechnen: die **neuromanische evangelische Kirche** von 1823-1827, gebaut nach dem Projekt von Friedrich Schinkel, die **neugotische katholische Kirche** des hl. Johannes Nepomuk von 1879-1880 sowie das **klassizistische Pastoralhaus** aus dem 19. Jh.

Einwohnerzahl: *1939*: 2600; *2001*: 2300.

WOLFSSCHANZE / WILCZY SZANIEC

Allgemeines

Die Wolfsschanze befindet sich im Ort Görlitz/Gierłoż, 8 km nordöstlich von Rastenburg/Kętrzyn.

Am 18. Dezember 1940 unterzeichnete Hitler die Weisung „Barbarossa“ zum Angriff auf die Sowjetunion. Die Vorbereitungen für den Krieg begannen schon vor Bekanntgabe dieses Befehls. Auf Anweisung Hitlers sollte in der Nähe der Grenze mit Rußland ein neues Führerhauptquartier entstehen, von dem aus man die Ostfront befehligen könnte. Hitler fand, es wäre am besten, das Quartier in Ostpreußen zu errichten. Mit der Suche nach dem geeignetsten Ort befaßte sich eine Gruppe von Stabsoffizieren und Bausachverständigen.

Hitler-Bunker (Nr. 13)

Den Decknamen „Wolfsschanze" gab Hitler selbst dem Quartier. Er nutzte dazu sein Pseudonym **„Herr Wolf"**, das er in den 20er Jahren hauptsächlich in seiner privaten Korrespondenz benutzte.

Die Wolfsschanze entstand im Forst Görlitz. Seit dem 14. Jh. war dies der Rastenburger Stadtwald. **Die Wahl dieses Ortes** war gut durchdacht. Görlitz lag nahe der russischen Grenze. Hitler konnte sich also in der Nähe der Front aufhalten und von hier aus die Kriegsoperationen leiten. Von Osten waren die masurischen Seen eine natürliche Sperre. Überdies war Ostpreußen stark befestigt. In der Nähe waren die Festungen Königsberg, Memel und Pillau, zahlreiche Bunker, Panzergräben und Minenfelder. Die Wolfsschanze war in einem nicht großen aber dichten Mischwald entstanden, der die Tarnung erleichterte. Außerdem gab es hier schon seit langem eine Eisenbahnlinie und ein Netz guter Straßen, was den Verkehr und den Transport des Baumaterials begünstigte.

Mit dem **Bau** der Anlage begann die **„Organisation Todt"** im Herbst 1940 unter dem Decknamen „Chemische Werke Askania". Die Arbeiter waren in Baracken an der Zuckerfabrik in Rastenburg untergebracht. In der ersten Bauphase (1940/1941) entstanden kleine Bunker, Häuser und Holzbaracken. In der zweiten Bauphase (1942/1943) wurden die schon bestehenden Luftschutzbunker durch geräumige und helle Anbauten ergänzt. Sie dienten als Büro- und Wohnräume und garantierten bessere Arbeitsbedingungen. Außerdem wurde eine Reihe leichter Gebäude errichtet. In der dritten Bauphase (1944) wurden die schon bestehenden Bunker mit einem neuen, fensterlosen Mantel aus Stahlbeton umgeben.

Die Wolfsschanze war eine kleine Stadt für sich, ihr Gelände umfaßte 2,5 km^2. Sie war in drei konzentrisch gelegene Sperrkreise eingeteilt.

Sperrkreis I befand sich nördlich der Eisenbahnlinie. Hier waren die Bunker von Hitler, Bormann, Keitel, Göring, Dr. Dietrich und Jodl. Ebenso waren hier auch die Bunker des Heerespersonalamts, der Persönlichen Adjutantur und der Wehrmachtadjutantur, des RSD, des SS-Begleitkommandos. Hier wohnten Ärzte, Stenographen, Sekretärinnen, Chauffeure. Den Bewohnern des Sperrkreises I standen zwei Kasinos, zwei Teehäuser, Kino und Sauna zur Verfügung. Nicht zuletzt waren hier zwei allgemeine Luftschutzbunker, ein Heizhaus sowie Bunker mit Telefonzentrale.

Sperrkreis II umgab den Sperrkreis I. Hier waren einstöckige

Beton- und Backsteinhäuser des Wehrmachtführungsstabes und des Kommandanten des Führerhauptquartiers. Hier befanden sich ebenfalls Fernschreibzentralen, Offizierskasino, ein mächtiger Luftschutzbunker, Verbindungsstellen der Luftwaffe und Marine, der Bunker von Albert Speer sowie Bunker für das Führer-Begleit-Bataillon.

Sperrkreis III umfaßte das Gelände, das von allen Seiten die Sperrkreise I und II umgab, aber innerhalb des äußeren Zaunes. Hier waren Unterkünfte des Führer-Begleit-Bataillons sowie Stellungen von Panzerabwehrkanonen, Flakgeschütze und Maschinengewehre.

Insgesamt gab es in der Wolfsschanze über 80 Objekte, darunter acht der schwersten Luftschutzbunker mit 5-8 m dicken Betonwänden und Decken. Stacheldrahtverhaue, die das Quartier umgaben, waren nur durch drei Wachen passierbar. Die Minenfelder waren 10 km lang, 100-150 m breit. Es gab hier über 54.000 Minen. In der Nähe waren zwei Flugplätze: einer am Rand der Anlage, der zweite in 5 km Entfernung.

Die **äußere Sicherheit** der Wolfsschanze gewährleistete das Führer-Begleit-Bataillon (FBB). Im Falle eines Angriffs auf das Hauptquartier war es jederzeit bereit, schnell zu intervenieren. Das Bataillon war vollständig motorisiert, verfügte über schnelle Kraftfahrzeuge, Motorräder, Panzerfahrzeuge, Panzer- und Fliegerabwehrwaffen. Nicht weit von Goldap, 70 km vom Führerhauptquartier entfernt, war ein Bataillon Luftlandetruppen stationiert. Im Falle eines Überraschungsangriffs auf die Wolfsschanze sollten seine Abteilungen sofort hier landen. Etwas später wurde bei Insterburg ein Bataillon Fallschirmjäger einquartiert, das eine änliche Aufgabe zu erfüllen hatte. Dem Kommandanten des FHQ unterstand die SS-Panzerjäger-Schule in Karlshof, das Polizei-Bataillon Hochwald, die Feldunteroffiziersschule in Arys und andere Militäreinheiten, die sich in der Nähe befanden. Das ganze Gelände im Umkreis von 80 km wurde systematisch bewacht.

Für die **Sicherheit innerhalb der Wolfsschanze** waren Führer-Begleit-Bataillon und Reichssicherheitsdienst (RSD) verantwortlich. Dienst an Drahthindernissen am Rande aller drei Zonen versahen drei Wachkompanien des FBB. Für die persönliche Sicherheit Hitlers

Begrüßung auf dem Vorplatz der Lagebaracke am 15. Juli 1944. Von links: Oberst des Gene-ralstabs Claus Schenk Graf von Stauffenberg, Marine-Adjutant Karl-Jesco von Puttkamer, General der Flieger Karl Bodenschatz (mit dem Rücken zur Kamera), Adolf Hitler, ein RSD-Beamter und Generalfeldmarschall Wilhelm Keitel (mit Mappe). Im Hintergrund der Gäste-bunker (heute Nr. 6)

war Dienststelle I des Reichssicherheitsdienstes-Kriminalbegleitkommando in Zusammenarbeit mit dem SS-Begleitkommando verantwortlich.

Sperrkreis I, in dem sich Hitlers Bunker befand, durften nur Personen betreten, die hier ständig wohnten oder arbeiteten. Personen, die hier nicht für längere Zeit wohnten, bekamen Passierscheine nur vom Kommandanten des Hauptquartiers sofern dies vom Chefadjutanten der Wehrmacht beim Führer, Schmundt und Obergruppenführer Schaub gebilligt wurde. Ab 14. Juli 1944 wurde die Zahl der zu Hitler Zugang habenden Personen durch den sog. **Sondersperrkreis** weiter eingeschränkt.

Auf einer Sitzung in der Wolfsschanze im Oktober 1944 wurde die Möglichkeit erörtert, Röntgenstrahlen anzuwenden, um Sprengstoff, der in Paketen und anderen Sendungen für das Hauptquartier verborgen sein könnte, ausfindig zu machen.

All diese komplizierten Sicherheitsmaßnahmen erwiesen sich jedoch manchmal als unzuverlässig. Einige Personen drangen zufällig in das „bestbewachte Sperrgebiet der Welt“ ein. Im Jahre 1942 fuhr ein Oberst mit dem Zug zum Hauptquartier des OKH „Mauerwald“. In der Annahme, er sei an Ort und Stelle, verließ er auf dem Bahnhof in der Wolfsschanze den Zug. „Er wanderte unbeheilligt in den Sperrkreis I – schreibt Professor Hoffmann – suchte ein Kasino und

Kurhaus in Görlitz. Im Krieg diente es als Offizierskasino

wurde beim Frühstück sitzend von Hitlers Marineadjutant, Konteradmiral von Puttkamer, entdeckt. Er wollte nicht glauben, daß er in der Wolfsschanze sei, und ließ sich erst überzeugen, als Puttkamer ihm aus einiger Entfernung den leibhaftigen Führer zeigen konnte, der sich bemühte, seinen Hund zum Überspringen eines kleinen Hindernisses zu überreden". An einem Augustabend 1943 ging eine Polin längs der Eisenbahnlinie, den kürzesten Weg von Partsch nach Rastenburg. Unbemerkt durchkreuzte sie längs der Gleise das ganze Hauptquartier; erst an der Wache West wurde sie festgenommen.

In der Wolfsschanze hielten sich über **2100 Offiziere**, **Soldaten** und Zivilpersonen auf. Es gab nur 25 Frauen, u.a. Sekretärinnen, Stenotipistinnen und die Köchin Hitlers. Eva Braun war nie in der Anlage. Hitler verbrachte hier über 800 Tage. Zwei Tage nach Beginn des Krieges mit der Sowjetunion, am 24. Juni 1941, traf er ein. Oft fuhr er für kurze Zeit fort; meistens nach Berlin oder auf den Obersalzberg. Er verließ die Wolfsschanze am 20. November 1944 und kam nie mehr hierher zurück.[32]

Am 24. Januar 1945, als die Rote Armee in Angerburg einmarschierte, sprengten deutsche Pioniere alle Objekte in der Wolfsschanze in die Luft. Drei Tage später erreichten Russen das nahegelegene Rastenburg und die Wolfsschanze. Sie nahmen das Gelände ohne Kampf ein. Erst 10 Jahre nach dem Krieg wurden Entminungsarbeiten beendet. Seit 1959 kommen Touristen hierher.

Besichtigungstour

Die Besichtigung der Anlage beginnen wir vom Parkplatz aus. Im Krieg wuchsen hier Bäume, die eine natürliche Tarnung bildeten. Zusätzlich entstand eine künstliche Tarnung. Über Bunker und Wege waren Tarnnetze gespannt. Während der Bauarbeiten für das Hauptquartier wurden viele Bäume gefällt. An ihrer Stelle wurden künstliche Bäume aufgestellt; Baumstämme und Kronen waren aus Stahl, die künstlichen Blätter aus Bakelit.

Die Mehrzahl der Gebäude hatte grünbemalte Wände, manche Objekte hatten anders getarnte Wände. Gegenüber dem großen Lageplan auf dem Parkplatz sehen wir die Ruinen solch eines Bunkers. Er schützte das Schöpfwerk für Trinkwasser. Der Putz ist aus Zementmörtel, vermischt mit Seegras, Holzspänen und grüner Farbe. Die Tarnung der Wolfsschanze wurde von der Stuttgarter Gartengestalterfirma „Seidenspinner" ausgeführt.

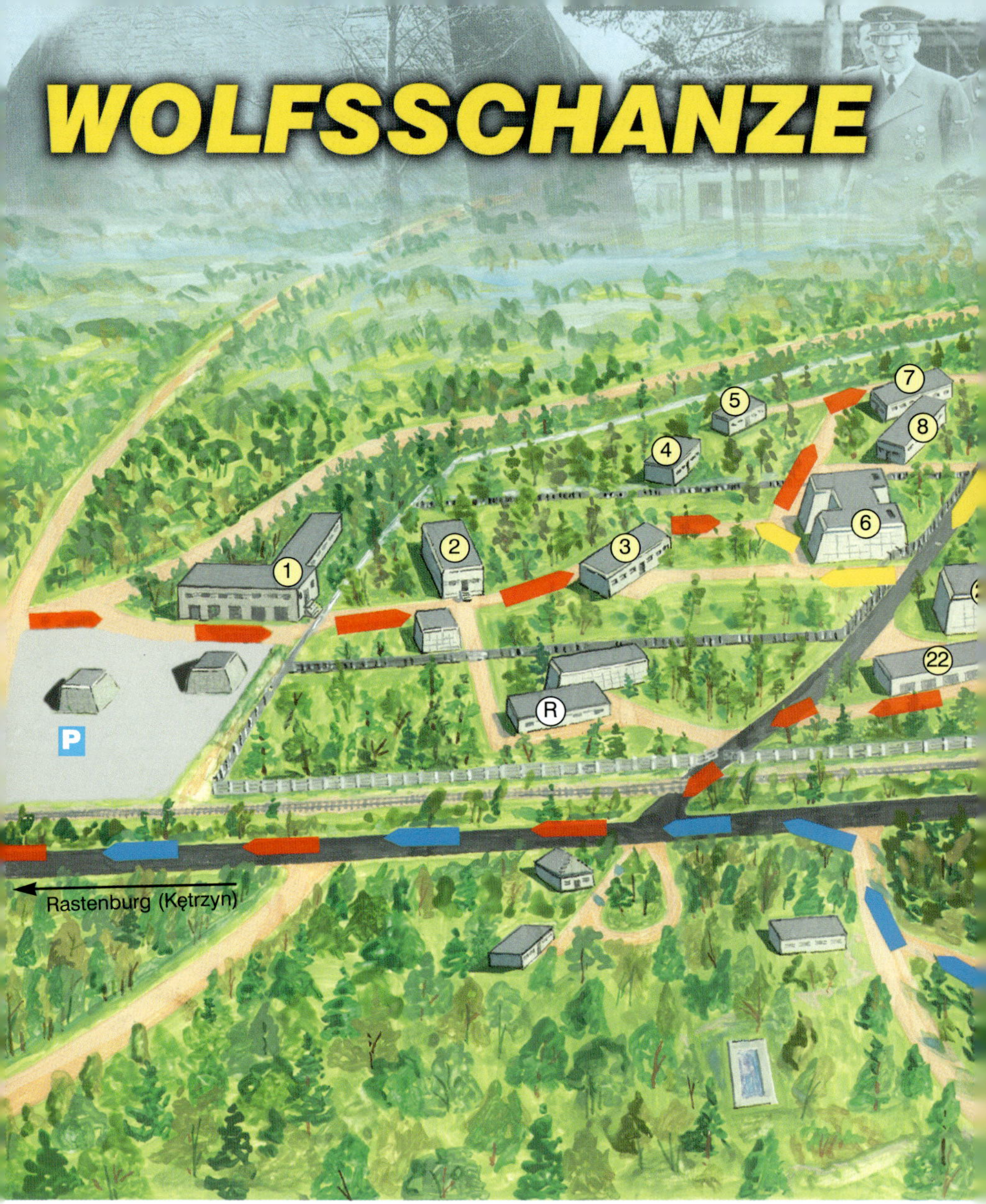

P. Parkplatz
1. SS-Begleitkommando, Reichssicherheitsdienst (RSD), jetzt Restaurant
2. SS-Begleitkommando
3. Lagebaracke
4. Reichssicherheitsdienst
5. SS-Begleitkommando, Persönlicher Dienst
6. Gästebunker
7. Stenographen
8. Hitlers Leibwachenchef
10. Lagerraum für Vorräte
11. Bormanns Bunker
12. Flakbunker
13. Hitler-Bunker
14. Löschwasserbecken
15. Reichsmarschallhaus
16. Görings Bunker
17. Chef des WFSt., A. Jodl
18. Kasino II

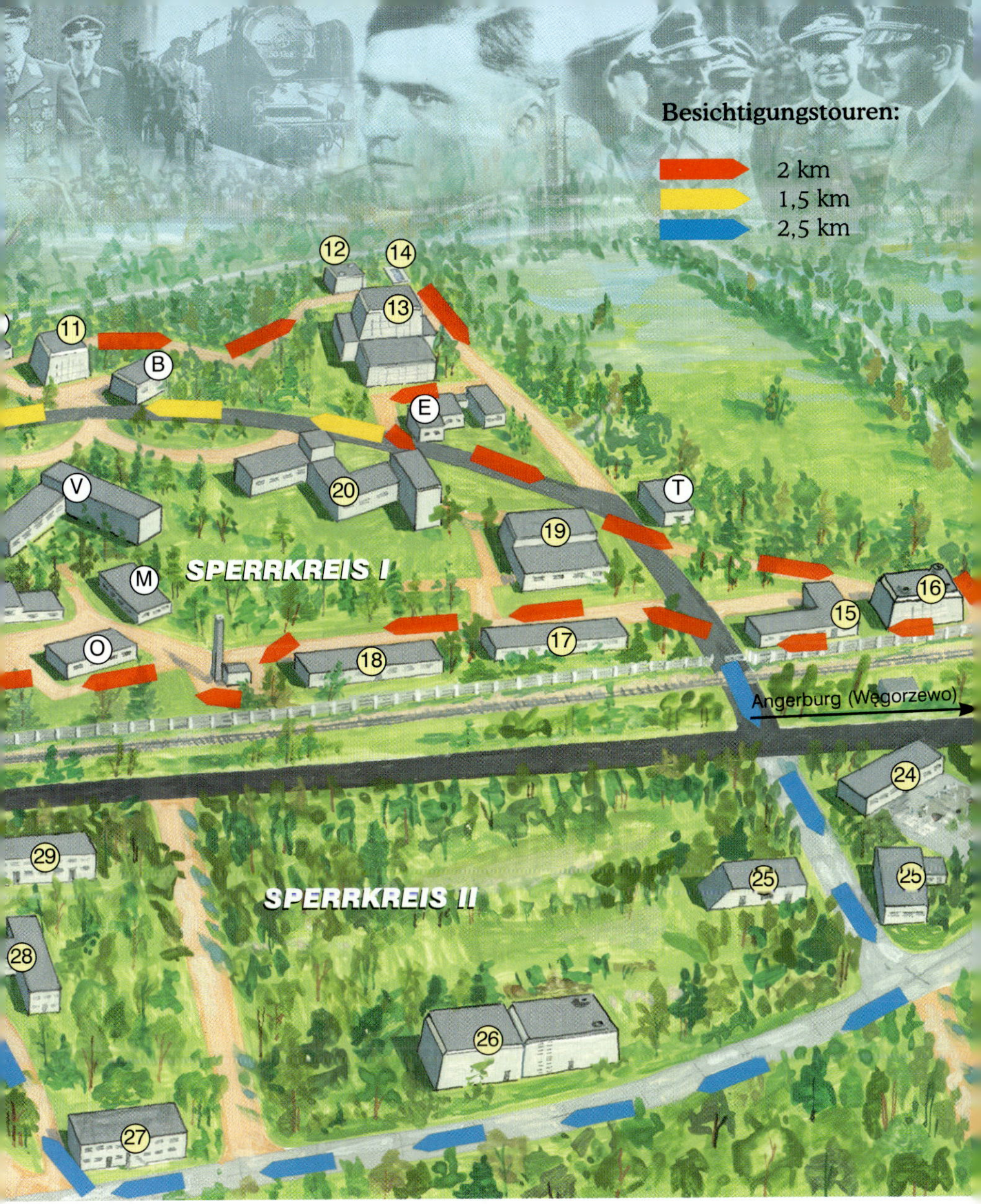

19. Chef des OKW, Feldmarschall Keitel
20. Adjutantur
21. Nachrichtenbunker
22. Garagen
24. Verbindungsstab OKL
25. Verbindungsstab OKM
26. Allgemeiner Luftschutzbunker
27. Führerbegleitbataillon
28. Haus von Albert Speer
29. Verbindungsstab des Reichsaußenministers

Objekte, die in der Wolfsschanze nicht kenntlich gemacht wurden:

B. Haus von M. Bormann
E. Kasino I, neues Teehaus
M. Kino
O. Fahrer
R. Reichspressechef
T. Altes Teehaus
V. Verbindungsoffiziere
Z. Sauna

Ca. 50 m weiter steht ein Gebäude, in dessen erstem Stock die Unterkünfte für die Offiziere des **SS-Begleitkommandos und Reichssicherheitsdienstes (Nr. 1)** lagen. Gegenwärtig ist im ersten Stock ein Hotel eingerichtet und im Parterre ein Restaurant. In einem nahegelegenen Gebäude gab es ebenfalls Unterkünfte für das **SS-Begleitkommando** und den **RSD (Nr. 2)**.

80 m weiter, auf der rechten Seite, befinden sich die Ruinen der **Lagebaracke (Nr. 3)**, in der das Attentat auf Hitler verübt wurde. Auf den Ruinen wurde eine Gedenktafel angebracht, mit Aufschriften in polnischer und deutscher Sprache: „Hier stand die Baracke, in der am 20. Juli 1944 Claus Schenk Graf von Stauffenberg ein Attentat auf Adolf Hitler unternahm. Er und viele andere, die sich gegen die nationalsozialistische Diktatur erhoben hatten, bezahlten mit ihrem Leben." Die Gedenktafel wurde am 20. Juli 1992 enthüllt. Zu den Feierlichkeiten kamen drei Söhne Stauffenbergs zur Wolfsschanze.

Gegenüber der Gedenktafel stehen zwei gut erhaltene Bauten **(Nr. 4 und Nr. 5)**. Hier waren die Personen untergebracht, die für den persönlichen Schutz Hitlers zuständig waren. Wir gehen ca. 50 m weiter und bleiben beim **Gästebunker (Nr. 6)** stehen. Sein Dach hat knapp 6 m Stärke. Unter den Gästen, die Hitler in der Wolfsschanze aufsuchten, waren u.a. Mussolini, König Boris von Bulgarien, der französiche Regierungschef Laval, der Staatsführer Rumäniens Antonescu.

Ungefähr 70 m weiter steht der Bau, in dem der **Stenographische Dienst (Nr. 7)** untergebracht war. Die Fenster des Gebäudes waren durch Stahlläden abgesichert. Die Decke ist aus Stahlsaitenbetonträgern, die in Hamburg hergestellt und per Zug zur Wolfsschanze befördert wurden. Die Räume waren mit Parkettfußböden ausgelegt. Wie in fast allen Objekten gab es auch hier Kanalisation, Toiletten, Badezimmer, Zentralheizung und Strom.

Wir kommen dann zum Eingang des **Lagerraums für Vorräte (Nr. 10)**, der sich unter einer Erdschicht befindet. In der Wolfsschanze gibt es noch weitere ähnliche Räume, die als Lager dienten. In der Anlage gab es weder unterirdische Wohnräume noch unterirdische Verbindungen zwischen den Bunkern. Der Hauptgrund: das Quartier liegt im Sumpfgebiet und der Grundwasserspiegel ist hier hoch.

Dann kommen wir zum Luftschutzbunker von dem Leiter der Parteikanzlei und Sekretär des Führers **Martin Bormann (Nr. 11)**. Jede Wand dieses Bunkers hatte eine dicke Außenschicht aus Beton

Hitler-Bunker

und eine etwas schmalere Betonschicht von innen. Zwischen beiden Schichten war ein 50 cm breiter Füllraum mit Basaltschotter. Ähnlich war die Decke gebaut: ihre obere Schicht war von der unteren durch Schotter abgetrennt, der die Rolle eines Stoßdämpfers erfüllte.

Ungefähr 70 m weiter steht der **Bunker von Hitler (Nr. 13)**. Die Wohnräume lagen hier ausschließlich über der Erde und hatten eine Höhe von nur 2,1 m; die Decke war 8 m dick. Nach der Sprengung des Bunkers blieb nur eine Wand stehen. Zwei sichtbare Eingänge führen zum Korridor, von dem aus man zur Wohnung Hitlers gelangt.

Albert Speer schreibt über Hitlers Bunker folgendes: „Von außen einer altägyptischen Grabstelle ähnlich, war er eigentlich nur ein großer Betonklotz ohne Fenster, ohne direkte Luftzufuhr, im Querschnitt ein Bau, dessen Betonmassen den nutzbaren Raum um ein vielfaches überstiegen. In diesem Grabbau lebte, arbeitete und schlief er."

Wir gehen weiter auf dem markierten Weg. Nach etwa 130 m liegen auf beiden Seiten Wandteile, die mit weißer Glasur ausgekleidet waren. Es sind dies Teile des **Kasinos I**, das sich an 20 m links von dieser Stelle befand. Im Kasino waren zwei Speiseräume. Der erste diente Hitler und seinen engsten Mitarbeitern, der zweite war für andere Personen bestimmt, die im Sperrkreis I wohnten. Kasino I hatte direkte Verbindung mit dem sog. **Teehaus**.

Ca. 20 m weiter sind die Ruinen eines Baues zu sehen, in dem die Persönliche **Adjutantur** des Führers, Adjutantur der Wehrmacht und **Heerespersonalamt (Nr. 20)** untergebracht waren. Etwas weiter steht der völlig zerstörte **Bunker von Wilhelm Keitel (Nr. 19)**. Wir biegen dann links ab, um den großen **Luftschutzbunker Görings (Nr. 16)** zu betrachten. Dieser Bunker bot Göring Schutz im Falle eines Fliegerangriffs. In der Nähe steht das **Reichsmarschallhaus (Nr. 15)**. Ungefähr 50 m weiter liegt der Bau, in dem der **Wehrmachtführungsstab (Nr. 17)** seine Unterkunft hatte. Sein Chef war Generaloberst Alfred Jodl.

Hinter der Chaussee erstreckt sich schon der Sperrkreis II. Der Betonweg hier entstand 1940. Links ist ein Bau zu sehen, in dem sich der **Verbindungsstab der Luftwaffe** beim OKW **(Nr. 24)** befand. Ca. 50 m weiter gelangen wir zu zwei Objekten, in denen der **Verbindungsstab der Kriegsmarine** beim OKW **(Nr. 25)** untergebracht war. Wir gehen nach rechts und stehen dann vor dem gewaltigen **Allgemeinen Luftschutzbunker (Nr. 26)**. Ein Stückchen weiter verlassen wir den Betonweg, um aus der Nähe das Gebäude zu betrachten, in dem das **Führer-Begleit-Bataillon** untergebracht war **(Nr. 27)**. Wir gehen auf dem engen Pfad in derselben Richtung und gelangen zu dem Bau, in dem **Albert Speer** wohnte und arbeitete **(Nr. 28).**

Wir kehren jetzt auf dem für Touristen markierten Weg zum Parkplatz zurück. Unterwegs, ca. 50 m weiter, können wir von weitem auf der rechten Seite das Gebäude sehen, in dem sich der **Verbindungsstab des Reichsaußenministers (Nr. 29)** befand. Vor dem Erreichen des Parkplatzes überqueren wir die Eisenbahnlinie. Beim Überschreiten der Bahngleise sollten Sie noch einen Blick nach links werfen. Auf der linken Seite der Gleise, etwa 200 m von hier, war der Bahnhof. Hier befand sich u.a. ein Anschlußgleis, auf dem der Führersonderzug stand.

Der alliierte Geheimdienst wußte, daß die Wolfsschanze sich bei Rastenburg befindet, denn in der Anlage arbeiteten Tausende von Bauarbeitern und Tausende von Soldaten erfüllten hier ihren Dienst. Es kamen zahlreiche Gäste aus Deutschland und aus dem Ausland. Der alliierte Geheimdienst war sehr sorgfältig aufgebaut, so daß es einfach unmöglich war, diese Anlage geheimzuhalten.

Das Attentat auf Hitler am 20. Juli 1944

Nach der Machtübernahme durch Hitler waren sich viele Deutsche dessen bewußt, daß er, wenn man ihn nicht bekämpfte, Deutschland in eine Katastrophe führen würde. Schon vor dem Krieg unternahmen Gegner Hitlers Attentatsversuche, jedoch scheiterten alle. In den Jahren 1938-1944 bereitete eine Gruppe Offiziere Pläne für die Absetzung Hitlers vor. General Olbricht schlug vor, den talentierten Stabsoffizier, Claus Schenk Graf von Stauffenberg, in die Verschwörung einzubeziehen.

Am 1. Juli 1944 wurde Stauffenberg Chef des Stabes des Ersatzheeres. Es war klar, daß er von nun an an den Besprechungen im Führerhauptquartier teilnehmen würde. In dieser Situation entschloß sich Stauffenberg, selbst das Attentat zu verüben.

Die Gelegenheit bot sich am 15. Juli 1944. Stauffenberg kam an diesem Tag zu einer Besprechung unter Beteiligung Hitlers in die Wolfsschanze. Die Besprechung dauerte nur kurz, so daß nicht genügend Zeit für Einschaltung des Zünders war.

Am 20. Juli 1944 begab sich Stauffenberg mit seinem Adjutanten, Oberleutnant Werner von Haeften, erneut zur Wolfsschanze. Kurz nach 12.30 Uhr war Stauffenberg in der Lagebaracke. Der Lageraum hatte die Ausmaße 5x10 m. In der Mitte stand ein großer, solider Tisch für die Karten.

Die Besprechung hatte schon begonnen. General Heusinger sprach über die Situation an der Ostfront. Keitel unterbrach den Bericht und stellte Hitler Stauffenberg vor. Noch vor Eintreten in die Lagebaracke bat Stauffenberg Keitels Adjutant John von Freyend um einen Platz in der Nähe Hitlers. Freyend bat Konteradmiral Voß, sich auf die andere Seite des Tisches zu begeben. Dessen Platz wies er Stauffenberg an, und er stellte an diese Stelle dessen Aktentasche ab. Auf diese Weise kam Stauffenberg auf die rechte Seite Hitlers, von dem ihn zwei Personen trennten.

Als die Tasche mit der Zeitzünderbombe unter dem Tisch aufgestellt war, mußte Stauffenberg so schnell wie möglich den Konferenzsaal verlassen. Er sagte Keitel, daß er telefonieren müsse, und ging aus dem Lageraum.

Der Oberst begab sich eilig zum Bunker, in dem die Adjutantur war. Dort wartete auf ihn Haeften mit einem Wagen. In diesem Augenblick brach in der Lagebaracke die Explosion aus. Stauffenberg und sein Adjutant bestiegen schnell das Auto und begaben sich in Richtung Flugplatz. Unterwegs sahen sie, daß sich über der

Hitler zeigt Mussolini den zerstörten Konferenzraum (20. Juli 1944)

Lagebaracke eine gewaltige Rauchwolke erhob. Um die Baracke herum herrschte großes Durcheinander. Die ersten Verletzten wurden herausgetragen. Die Sprengkraft war eine gewaltige. Stauffenberg war überzeugt, daß Hitler nicht mit dem Leben davongekommen sei.

Einige Minuten später kamen Stauffenberg und Haeften an die Außenwache Süd. Inzwischen war Alarm gegeben. Der wachhabende Oberfeldwebel Kolbe wollte sie nicht durchlassen. Stauffenberg mußte aus dem Wagen steigen und sich ins Wachlokal begeben, um jemanden anzurufen, der den Befehl zum Durchlassen geben konnte. Er rief Rittmeister Möllendorf an, der befahl, Stauffenberg durchzulassen. Der Weg zum Flugplatz war offen. Um 13.15 Uhr startete das Flugzeug mit Stauffenberg und Haeften in Richtung Berlin.

Als die Bombe in der Lagebaracke explodierte, befanden sich dort 24 Personen. Die Explosionskraft warf alle auf die Erde. Das ganze Innere der Baracke wurde zerstört. Vier Personen wurden tödlich

Gedenktafel für Oberst Claus Schenk Graf von Stauffenberg

Drei Söhne von Claus Stauffenberg: Berthold (in Uniform), links von ihm Heimeran und Franz. Wolfsschanze, 20. Juli 1992

verletzt. Der Stenograph Dr. Berger starb noch am selben Tag; Oberst Brandt und General Korten – zwei Tage später und Generalleutnant Schmundt – am 1. Oktober 1944. Die übrigen Anwesenden erlitten geringere oder größere Verletzungen.

Hitler hatte am rechten Ellenbogen einen Bluterguß und Hautabschürfungen an der linken Hand. Sein Gehör war beschädigt, seine Trommelfelle geplatzt. Seine neuen Hosen waren nur noch Fetzen, die Haare angesengt. Alle Verletzungen erwiesen sich jedoch als leichte, er fühlte sich gut. Der massive, solide Sockel, hinter dem die Bombe war, und die dicke Tischplatte aus Eichenholz hatten Hitler etwas geschützt. Große Bedeutung hatte auch die Tatsache, daß die Besprechung in der leichten Baracke stattfand, wo die Druckwelle durch die Fenster entweichen konnte.

Etwa um 15 Uhr kehrte das Flugzeug mit Stauffenberg und Haeften an Bord nach Berlin zurück. Haeften telefonierte zur Bendlerstraße und übermittelte die Nachricht: „Hitler ist tot". Um 16 Uhr begann der Putsch. Kurz danach erreichte die Verschwörer die Nachricht, daß der Führer nur leicht verletzt sei. Das rief ihre Unentschlossenheit hervor und Angst vor Hitlers Rache. Den Verschwörern gelang es nicht, Berlin zu beherrschen. Um 23 Uhr war der Putsch endgültig gescheitert.

Kurz nach Mitternacht wurden Stauffenberg, Haeften, Olbricht und Metz standrechtlich erschossen.[33]

Um 1 Uhr nachts übertrugen alle deutschen Sender eine Ansprache Hitlers, in der er u.a. sagte: „Eine ganz kleine Clique ehrgeiziger, gewissenloser und zugleich verbrecherischer, dummer Offiziere hat ein Komplott geschmiedet, um mich zu beseitigen und zugleich mit mir den Stab praktisch der deutschen Wehrmachtführung auszurotten. Die Bombe, die von dem Oberst Graf v. Stauffenberg gelegt wurde, krepierte zwei Meter an meiner rechten Seite... Ich selbst bin völlig unverletzt bis auf ganz kleine Hautabschürfungen, Prellungen oder Verbrennungen. Ich fasse es als eine Bestätigung des Auftrages der Vorsehung auf, mein Lebensziel weiter zu verfolgen, so wie ich es bisher getan habe..."

Himmler berief in der Gestapo sofort eine „Sonderkommission 20. Juli" ein. Ihre Aufgabe war es, die Ereignisse zu untersuchen, und weitere Verschwörer aufzuspüren. Diese Kommission arbeitete bis zum Tode Hitlers. Etwa 700 Personen wurden verhaftet. Ab August 1944 war der Volksgerichtshof unter dem Vorsitz von Dr. Roland Freisler tätig. Die Urteile wurden sofort nach ihrer Verkündigung vollstreckt. Die Exekutionen dauerten bis April 1945. Insgesamt wurden an 150 Personen hingerichtet. In Plötzensee wurden die Offiziere mit Klaviersaiten an Fleischerhaken aufgehängt. Auf Hitlers Befehl wurden während der Exekutionen Filme gedreht, die sich der Führer dann in der Wolfsschanze ansah.

*

Führungen in deutscher Sprache: Jan Zduniak, Karolewo 22/15, 11-404 Karolewo. Tel./Fax (089) 752 41 69; aus Deutschland: 0048/89 752 41 69.

WOPLAUKEN / WOPŁAWKI

Das Dorf liegt 3 km nordöstlich von Rastenburg/Kętrzyn. Die heidnischen Prussen nannten diesen Ort Wopelanken, wobei das Wort „Wopel“ den Namen eines Adligen bezeichnete, und „Lanken“ bedeutete „Feld“. Ende des 14 Jhs. erhielt das Dorf das Kulmer Recht. 1480 erhielt Jakusz Milewski (von der Milwe) das Dorf und regierte es nach dem Magdeburger Recht. Seine Nachkommen verwalteten das Dorf bis 1745. Dann übernahmen andere Familien dieses Dorf. Letzter Eigentümer war bis 1945 Friedrich Wilhelm von Schmidtseck.

In Woplauken ist die Besichtigung der Ruine des **Herrenhauses** aus der zweiten Hälfte des 17. Jhs. zu empfehlen, das im 19. Jh. umgebaut wurde. Das Gebäude steht im englischen Park auch aus dem 19. Jh.

Am Rande des Dorfes erhebt sich ein Hügel, der von der hiesigen Bevölkerung **„Blutiger Hügel“** genannt wird. Am 11. April 1311 kam es auf dem Hügel zu einer Schlacht zwischen dem Orden und litauischen Truppen unter dem Fürsten Witenes. Diese kehrten gerade von einem 80 Tage dauernden Raubzug aus Ermland zurück. Sie führten reiche Beute und 1200 Gefangene mit sich. Bei Woplauken stellten sich ihnen die Ordenstruppen unter Heinrich von Plotzke in den Weg. Die Gefangenen wurden befreit, die meisten Litauer kamen im Kampf um. Fürst Witenes konnte jedoch dem Schlachtfeld entfliehen, und seine Knappen sollten in der Nähe von Woplauken die in ermländischen Gotteshäusern geraubten liturgischen Goldgefäße und andere Kostbarkeiten versteckt haben.

Haubentaucher

Mohnblumen

ZONDERN / SĄDRY

Zondern ist ein kleines Dorf an der Straße von Sensburg/Mrągowo nach Rhein/Ryn. Gegründet hat es 1427 der Rastenburger Staatsanwalt Johann von Beenhausen, der einigen Freien 30 Hufen Land westlich vom Rheinschen See vermacht hat.

Seit über zwei Jahrhunderten wohnt hier die deutsche Familie der Dicktis. Die von ihnen gebaute, öfter auch umgebaute Hütte steht bis heute. Der Wirt, Ditmar Dickti, hat neben dem alten ein neues, bequemeres Haus gebaut. Einige Jahre stand die Hütte unbewohnt ... aber nicht leer. In ihr blieben alte Möbel und Hausrat, die im neuen Haus keinen Platz gefunden hatten. So Eltern wie auch Großeltern haben ihrem Herzen nahe, alte Klamotten, mit denen ihr ganzes Leben verbunden war, nicht einfach weggeworfen. Auch Ditmar wollte sie nicht einfach los werden. Bekannte, die ihn besuchten, besuchten auch oft das alte Haus, und dann riet ihm plötzlich jemand, darin ein Heimatmuseum einzurichten. Diese Idee fand der Wirt anfangs als unrealistisch. Er hatte doch genug Arbeit in seiner 30 ha großen Wirtschaft. Woher sollte er auch noch Zeit finden, um das Museum einzurichten und zu führen? Und übrigens, wer

Museum „Masurischer Bauernhof" in Zondern/Sądry

sollte da Lust haben, seine bescheidene Hütte und die darin gesammelten Gegenstände zu besichtigen?

Die Idee des Museums gefiel aber sofort der Wirtsfrau, Christel. Ditmar hat sie in ihrem Heimatdorf Groß Leschienen/Lesiny Wielkie kennengelernt. Ihre Bekanntschaft krönte 1976 ihre Hochzeit. Anfangs wohnten sie noch in der alten Hütte, erst 1981 siedelten sie in das neue Haus um. Seit Herbst 1990 begann Christel Dickti, energisch am Museum zu arbeiten. Sie entstaubte alte Gegenstände in der Hütte, besuchte die Nachbarn, die ihr halfen, die Sammlung zu ergänzen, sie erfuhr sogar, wie ähnliche Museen in Deutschland eingerichtet sind, und im Sommer des nächsten Jahres konnte sie in die alte Hütte ihres Mannes Gäste einladen. Die feierliche Eröffnung des **Museums „Masurischer Bauernhof“** erfolgte am 12. Juni 1991. Das Band hat der namhafte deutsche Schriftsteller Arno Surminski durchgeschnitten, der im nahe gelegenen Jäglack/Jegławki geboren wurde.

Beim Besuch der Hütte bleiben wir zuerst im Flur stehen, in dem eine alte Riemerbank und eine hölzerne Mangel stehen. In der Küche sind zu sehen: eine sehr alte Anrichte, ein Tisch, Hocker, Leinenschürzen und ein Leinenhandtuch. In der Kammer sind ein

Masurische Küche

Kühlschrank aus dem 19. Jh., eine Holzwaschmaschine sowie ein Handbutterfaß beachtenswert. Im Gästezimmer zeigt uns die Gastgeberin eine kleine Bibliothek mit Büchern, die in Königsberg gedruckt worden sind, vergilbte Familienfotos, einen ausziehbaren Tisch und eine Anrichte. Im Schlafzimmer steht ein 100 Jahre altes Bett mit Bettwäsche, daneben eine Wiege, eine Kleiderkiste, ein Toilettentisch mit Kristallspiegel, Wasserkrug und Waschbecken, es hängen masurische Trachten, ein schwarzes Traukleid aus dem 19. Jh. und Unterwäsche.

Die Touristen werden auch in die Scheune gebeten, wo die Dicktis alte, schon lange nicht mehr gebrauchte, landwirtschaftliche Maschinen angesammelt haben. Bunt und interessant kann darüber der jüngere Sohn der Dicktis, Daniel, erzählen. Wie seine Eltern spricht er fließend deutsch.

Ditmar und Christel Dickti nennen ihre alte Hütte „Museum der Kindheit". Auch für viele Gäste ist der Aufenthalt bei den Dicktis eine bewegte Rückkehr in das Alte ihrer Kindheit.

Das Museum ist täglich von 10.00 bis 18.00 Uhr geöffnet. Die „Pension Christel" daneben verfügt über 30 Unterkunftsplätze. Bei Bestellung bereitet die Wirtin eine Mahlzeit für die ganze Gruppe (bis zu 60 Personen) vor. Ihre Spezialität ist das sogenannte „masurische Essen": gekochte Fleischklößchen, gedämpftes Sauerkraut mit gehacktem Fleisch, Salat, Hauspastete, Hefekuchen, Pudding mit Obst und Sahne.

Winter in Masuren

SEHENSWERTE ORTE IN DER UMGEBUNG

ALLENSTEIN / OLSZTYN

Allensteins Geschichte reicht bis in die Hälfte des 14. Jhs. Um etwa 1346 ließen die ermländischen Bischöfe hier eine Kapitelburg bauen. Daneben entstand eine Siedlung, der 1353 die Stadtrechte verliehen worden sind. Kurz danach wurde die Stadt mit Wehrmauern umringt. 1410 hat sich die Stadt den Truppen von Władysław Jagiełło ergeben. Wiederholt wurde Allenstein von polnischen Truppen 1414 während des sogenannten Hungerkrieges besetzt. 1440 trat Allenstein dem Preußischen Bund bei. Zwischen 1455-1461, also während des dreizehnjährigen Krieges, lag eine Garnison des Deutschen Ordens in der Stadt. Kraft des Thorner Friedens wurde Allenstein 1466 Polen zuerkannt. In den Jahren 1519-1521, während des letzten Krieges des Deutschen Ordens gegen Polen, hat Nikolaus Kopernikus die Vorbereitungen zur Abwehr der Truppen von Albrecht Hohenzollern geleitet. Er war damals Administrator des Ermländischen Domkapitels in Allenstein.

1939

2001

Im 16. Jh. entwickelte sich die Stadt vorteilhaft. Schlimmer war es damit im 17. und 18. Jh. 1620 vernichtete eine große Feuersbrunst die Stadt, 1624 litten die Bewohner an einem schrecklichen Hunger, sie wurden dann 1655 von der schwedischen Soldateska ausgeplündert und 1658 von Polens Verbündeten, den Brandenburgern, die

Hohes Tor in Allenstein

übrigens ebenso lästig waren wie die Schweden, wiederholt heimgesucht. Das Übel wollte kein Ende nehmen, und 1709-1711 dezimierte die Pest die Reihen der Bewohner. Es überlebten nicht viele. 1772 wurde Allenstein mit dem ganzen Ermland infolge der ersten Teilung Polens dem Preußischen Staat einverleibt. Die Stadt zählte damals etwa 1800 Einwohner.

Ein wiederholter Aufschwung der Stadt erfolgte in der zweiten Hälfte des 19. Jhs. Allenstein wurde wichtiger Bahn- und Straßenknotenpunkt. 1905 wurde die Stadt Sitz der Bezirksregierung und spielte nun auch eine wichtige administrative Rolle in der Region. Ab dem Ende des 19. Jhs bis 1939 waren in Allenstein polnische gesellschaftliche und kulturelle Organisationen tätig. Es erschien die polnische Zeitung „Gazeta Olsztyńska". 1945 wurde der Befehl zur Evakuierung der Stadt gegeben. Die Rote Armee nahm Allenstein ohne große Kämpfe am 22. Januar ein. Infolge von Brandlegungen seitens der Besatzer wurde etwa 40% der Bausubstanz vernichtet.

Zur Zeit ist Allenstein das wirtschaftliche, kulturelle und administrative Zentrum der Region, Sitz der Wojewodschaftsverwaltung. U.a. werden hier aller Art Reifen, Maschinen für die Nahrungsmittelindustrie, Möbel und Molkereiprodukte hergestellt, Fleischerei- und polygraphische Betriebe sind hier tätig. Die Stadt ist Sitz von Hochschulen: der Landwirtschaftlich-Technischen Akademie, der Pädagogischen Hochschule und des Priesterseminars „Hosianum". Aktiv sind zwei Theater, die Philharmonie, das astronomische Observatorium und das Planetarium.

Einwohnerzahl: *1939*: 50 396; *2001*: 170 000

Besichtigungen

Die Besichtigung der Stadt beginnen wir gewöhnlich beim **Hohen Tor,** einem übrig gebliebenen Teil der Wehrmauern aus dem 14. Jh., die im 19. Jh. niedergerissen wurden. Das Tor blieb stehen, weil sich darin zuerst das Arsenal und später eine Vollzugsanstalt befanden. Zur Zeit beherbergt das Tor ein Touristenhotel. Auf einem Rechteck von 9,5x9,8 m gebaut, hat es eine gotische Durchfahrt, worüber sich eine Führung befindet, die der Senkung und Hebung des eggenartigen gotischen Gitters diente. Leider haben zwei weitere Tore, das Niedertor und das Mühlentor unsere Zeiten nicht mehr erreicht.

Lassen wir das Hohe Tor hinter uns und gelangen auf den **Altmarkt**. In seiner Mitte seht **das alte Rathaus**, ursprünglich im

Altstadt von Allenstein

gotischen Stil wurde es nach der Feuersbrunst von 1620 in den Jahren 1623-1624 umgebaut. Im Januar 1945 ausgebrannt, wurde das Gebäude nach dem Krieg wieder aufgebaut, aber man verzichtete dabei auf die Rekonstruktion des Uhrentürmchens mit Barockhelm. Im alten Rathaus befindet sich heute eine Bibliothek.

Geht man Richtung Burg weiter, steht an der Ecke linkerhand ein Haus, das mit Medaillen geschmückt ist, die Persönlichkeiten darstellen, die mit der Geschichte der Region verbunden sind. Ab Markt ist es Michał Kajka, masurischer Volksdichter, Andrzej Samulowski, ermländischer Dichter und Felix Nowowiejski, Komponist; ab der Zamkowa Straße ist es Bischof Dantyszek, der hervorragende polnische Dichter Bischof Ignacy Krasicki sowie der Astronom Nikolaus Kopernikus. Fast gegenüber diesem Haus steht **das neugotische evangelische Gotteshaus** von 1877. Beim Bau der Kirche wurde unter dem Altar ein erratischer Stein, von dem angenommen wird, er sei ein altprussischer Opferstein, eingemauert. Wahrscheinlich geht auf diesen Stein an der Alle die Namensgebung der Stadt zurück: Allenstein.

Das wichtigste Bau- und Kunstdenkmal von Allenstein ist die **Burg des ermländischen Domkapitels.** Sie wurde auf einem wehrhaften Standort errichtet, in der Flußschleife der Alle, in der Nähe von Seen und Sümpfen. Es war die am südlichsten gelegene Burg des

Burg des ermländischen Domkapitels in Allenstein/Olsztyn

Ermlandes. Den ältesten Teil macht der in der zweiten Hälfte des 14. Jhs gebaute nördliche gotische Flügel aus, mit den darin befindlichen Wohnräumen. Umringt war dieser Flügel von Wehrmauern, zwischen denen auch noch ein geräumiger Hof Platz fand. Kontinuierlich wurde die Burg später ausgebaut. Zuerst wurde das existierende Gebäude um eine Etage erhöht, und im 15. und 16. Jh. entstand der südliche Flügel. Der alte viereckige Turm wurde um einen neuen rundlichen Teil bis zur Höhe von 40 m erhöht. In den Jahren 1756-1758 wurde der schloßartige östliche Teil angebaut, der dann 1909-1911 verlängert wurde.

Die Burg umringte von allen Seiten Wasser. Vom Westen her führte der einzige Eingang über eine Zugbrücke über die Alle in die Burg. 1845 wurde der Burggraben ostwärts teilweise zugeschüttet, es entstand ein Damm, der die Burg mit der Stadt noch heute verbindet.

Die Burg betreten wir durch einen Flur des Schloßgebäudes, das 1758 beendet worden ist. Auf dem Burghof sind der vor nicht so langer Zeit rekonstruierte Brunnen zu besichtigen, eine altprussische Skulptur, die sogenannte „Baba“ sowie eine Sonnenuhr aus dem 17.

Jh., die eigentlich aus dem Schloß von Steinort stammt. Linkerhand befindet sich der Eingang in die Burgkapelle, in der Ecke der Aufstieg zum Turm. Rechts ist der älteste Teil der Burg mit dem gotischen Kreuzgang, der erst 1911 mit Fenstern versehen worden ist.

Nach der Besichtigung des Hofes besuchen wir das Innere mit den Exponaten des Ermländisch-Masurischen Museums. Es zeigt mit der Region verbundene archäologische Funde, geschichtliche und ethnographische Exponate, Naturbesonderheiten sowie Kunstwerke. Im Nordflügel gehören jene Räume, die einst Nikolaus Kopernikus bewohnte (1909-1911 umgebaut), zu den interessantesten. Im angrenzenden Kreuzgang blieb eine astronomische Tafel erhalten, die Kopernikus selbst angefertigt haben soll. Im Südflügel hat die Kapelle der hl. Anna, 1580 eingeweiht, den größten historischen Wert.

In der Nähe der Burg steht ein symbolisches **Denkmal der Alle**, mit der die folgende Sage verbunden ist:

In früheren Zeiten lebte der prussische Häuptling Dobrzyn, der eine junge hübsche Frau Alina besaß. In sie verliebte sich der Sohn der im nahen Wald lebenden Hexe. Er bat seine Mutter, sie möge ihre Kraft benutzen und Alina in ihn verliebt machen. Die Hexe versuchte es auf verschiedene Art und Weise, aber die Resultate blieben aus, ja, die Frau liebte ihren Mann immer heftiger. Die aufgeregte Hexe beschloß, den Häuptling zu töten. Von einem vergifteten Pfeil getroffen starb der Häuptling bald darauf. Die Hexe und ihr Sohn dachten, daß sie nun ihr Ziel erreichen werden, aber die Liebe von Alina war stärker als alles andere, und sie hat nie aufgehört, ihren Mann zu lieben. Da sie sich mit dem Verlust nicht abfinden konnte, weinte sie immerfort. Es weinten auch die ihren Häuptling liebenden Untertanen. Die aus ihren Tränen entstehenden Bächlein vereinigten sich und bildeten schließlich den Fluß, der Alle genannt worden ist.

Nach der Besichtigung der Burg kann man auf demselben Weg auf den Altstadtmarkt zurückkehren, um hier durch die Straße der hl. Barbara zur gotischen **Jakobi-Kirche** zu gelangen. Dieses wertvolle Baudenkmal stammt aus der zweiten Hälfte des 14. Jhs. Es ist ein dreischiffiger Hallenbau mit 58 m Länge und 24,8 m Breite. Das Gotteshaus wurde öfter umgebaut. Anfang des 16. Jhs erhielt die Kirche eine neue Decke: ein Netzgewölbe im Hauptschiff und ein Wabengewölbe in den Nebenschiffen. 1596 wurde der Bau des massiven Turmes mit einer Höhe von 61 m beendet. 1721 wurden an beiden Seiten des Turmes Kapellen angebaut, die nun die Verlängerung der Seitenschiffe darstellen.

Die Innenausstattung ist verhältnismäßig bescheiden. Seine ältesten Gerätschaften wurden 1807 fast gänzlich vernichtet, als die in der Stadt stationierenden Franzosen in der Kirche russische Gefangene eingesperrt hatten. Um sich etwas zu wärmen, haben die Kriegsgefangenen alles verbrannt, was aus Holz angefertigt war. Zu den wertvollsten Kunstdenkmälern, die bis heute erhalten geblieben sind, gehören zwei Triptychen aus dem 16. Jh. Das erste spätgotische stellt im mittleren Teil die Mutter Gottes mit dem Jesuskind auf dem Arm, und auf den Flügeln die 12 Apostel dar. Es befindet sich im linken Kirchenschiff. Das zweite renaissance Triptychon auf Holz gemalt, im neugotischen Rahmen, stellt die Kreuzigungsszene dar. Es befindet sich im rechten Schiff. Es wurde Anfang des 19. Jhs aus der nicht mehr existierenden Kirche des hl. Kreuzes in die Jakobi-Kirche überführt.

Von 1598 stammt der Leuchter auf dem Hirschschädel.

Eine Sage erzählt, daß ein alter Hirsch während einer Jagd von Hunden aufgespürt worden ist. Auf seiner Flucht gelangte er durch das offene Tor in die Stadt und drang bis zur Kirche vor. Hier ereilte ihn das Schicksal: vor Erschöpfung fiel er um. Aus seinem Geweih soll der Leuchter angefertigt worden sein.

1609 wurde ein Leuchter mit der Figur der Mutter Gottes mit dem Jesuskind angefertigt.

Beachtenswert sind von den älteren Gegenständen auch noch die Figuren der hl. hl. Jakob und Andreas aus dem 15. Jh. (an den Pfeilern an der Seite des Hauptaltars), ein übernatürlich großes Kruzifix von 1680, das Izaak Riga zugeschrieben wird (im rechten Seitenschiff), das Taufbecken aus schwarzem Marmor aus dem 18. Jh., zahlreiche Gemälde aus dem 17. und 18. Jh. sowie gotische, renaissance und barocke Grabplatten. Der neugotische Hauptaltar wurde von der Firma Rottermund aus Nürnberg Anfang des 20. Jhs gebaut. Neugotisch sind auch die Seitenaltäre und die Kanzel.

Außerhalb der Altstadt befindet sich in der Grunwaldzka Straße die **Jerusalemkapelle** von der Hälfte des 16. Jhs, die 1609 umgebaut und 1775 gründlich restauriert worden ist. Es ist ein Überbleibsel eines an diesem Platz früher stehenden Heims und Krankenhaus für Aussätzige. Die Verstorbenen wurden auf dem Friedhof rund um das Gebäude begraben. Neben der Kapelle steht ein Kreuz von 1886 mit polnischer Anschrift: *Vor Feuer, Hunger und Krieg beschütze uns o Herr!* Im Stadtzentrum befindet sich **das Neue Rathaus**, das 1912-1915 errichtet worden ist.

In Allenstein lohnt es sich die Überreste der alten **Wehrmauern** zu

Rathaus in Allenstein/Olsztyn

besichtigen, die **neuromanische St. Josefs-Kirche** von 1913 in der Jagiellońska Straße, die **neugotische Garnisonskirche** von 1914 in der Konopnickiej Straße, das **Gebäude des Hauptpostamtes** von 1887, die **Bahnviadukte** über der Alle von 1872, das rekonstruierte Polnische Haus in der Partyzantów Straße, das zwischen den Kriegen Sitz polnischer Organisationen war, und zurzeit das wissenschaftliche W. Kętrzyński-Zentrum beherbergt, das rekonstruierte frühere Redaktionsgebäude des Blattes „Gazeta Olsztyńska" auf dem Fischmarkt, worin sich heute ein Museum und eine Buchhandlung befinden, und auch das **Kopernikus-Denkmal** an der Burg.

Den Urlaubern stehen in Allenstein Wassersport-Zentren, Ausleihstellen von Wassersportgeräten, Schwimmbecken, Badeanstalten an Seen, Strände, Campingplätze, ganzjährige Jugendherberge und anderes mehr zur Verfügung. Außerdem ist die Besichtigung des **Planetariums** kosmischer Flüge (Piłsudskiego Allee 38) und des **Astronomischen Observatoriums** (Żołnierska 13) zu empfehlen.

BISCHOFSTEIN / BISZTYNEK

Dieses Städtchen befindet sich im Ermland, im nödlichen Teil der Masurischen Seenplatte, zwischen Bischofsburg und Bartenstein.

Einst existierte hier das altprussische Dorf Strowangen. An seiner Stelle wurde eine Siedlung gegründet, der der Bischof Heinrich III. Sorbom 1385 Stadtrechte verlieh. Anfang des 16. Jhs wurde die Stadt von Mauern umringt, in denen sich drei Tore befanden: das Heilsberger, Rößeler und Warschauer Tor. Die Bewohner befaßten sich mit Tuchmacherei, veranstalteten Jahrmärkte und handelten mit Hopfen und Honig. Zwischen 1466 und 1772 gehörte die Stadt zu Polen. 1547 erlag sie einer Feuersbrunst, und 1662 wütete darin die Pest. 1735 nahmen Litauer die Stadt ein und erhoben eine hohe Kriegssteuer. Im 1. Weltkrieg erlitt die Stadt keine größeren Schäden, im 2. wurde sie zu 70% zerstört.

Einwohnerzahl: *1939*: 3163; *2001:* 2700

1939

Besichtigungen

Zu den Baudenkmälern zählt die **Pfarrkirche** zu St. Matthias und zum hl. Blut, ein gotisches Gebäude aus dem 14. Jh. mit einem Turm von 1579; es wurde im 18. Jh. im barocken Stil umgebaut. Der Rokoko-Hauptaltar ist ein Werk von Christian Bernhardt Schmidt aus dem Jahr 1772; die Kanzel entstammt dem 18. Jh.; die gotische Madonna mit dem Jesuskind wird auf 1360-1370 datiert; es gibt zahlreiche Gemälde aus dem 18. Jh. Die Renaissance**-Kapelle des hl. Michaels** auf dem Friedhof wurde 1612-1618 errichtet, der Turm wurde 1892 dazugebaut. Der Rokokohauptaltar stammt aus dem 18. Jh., die Seitenaltäre aus dem 19. Jh.; die Gemälde wurden im 18. und 19. Jh. geschaffen. In der Stadt blieb das spätgotische **Heilsberger Tor** aus dem Jahr 1481 erhalten; es wurde im 18. Jh. im Barockstil umgebaut.

In Bisztynek liegt gegenüber der Schule der sogenannte **„Teufelsstein“**, ein riesengroßer erratischer Felsblock mit einer Höhe von mindestens 3 m und einem Umfang von 28 m. Mit ihm ist die folgende Sage verbunden:

In Bischofstein lebte ein armer Flickschuster, der zahlreiche Kinder besaß. Als das Jüngste geboren wurde, konnte er niemanden finden, der Pate sein wollte. Als er sich so durch die Stadt schleppte, war es nicht schwer zu erkennen, daß ihn ein Kummer nagte. Eines Tages begegnete er einem jungen Unbekannten, der ihn nach dem Kummer fragte. Der Flickschuster erzählte ihm von seinen Sorgen. Daraufhin sagte der Jüngling, „da werde ich Pate für dein Kind. Ich werde auch für den Schulaufenthalt deines Jungen aufkommen, damit er eine gute Ausbildung bekommt. Aber wenn der Junge die Schulen beendet, hole ich ihn ab.“

Der Vater ging auf dieses, wie es ihm schien, vorteilhafte Angebot ein. Schon in der nächsten Woche wurde Taufe gefeiert. Der Fremde fuhr vor das Haus des Schusters mit einer von zwei schwarzen Pferden gezogenen Kutsche vor und brachte das Kind in die Kirche. Es wurde dem Wunsch der Eltern entsprechend Michael getauft. Er war begabt und fleißig und beschloß, Geistlicher zu werden. Er wußte nicht, daß er seine Lehren für teuflisches Geld bezog. Er beendete das Seminar, und gerade als er die erste hl. Messe lesen sollte, meldete sich beim ihm der Teufel. Im Einklang zum früher unterzeichneten Vertrag mußte der Teufel eine Bedingung von Michael, sogar die schwerste, erfüllen. Der junge Priester ließ den Teufel mit einem schweren Stein aus Afrika zur Stelle sein, bevor er mit der Messe fertig war. Flugs begab sich der Teufel ins ferne Land und fand dort auch einen schweren Felsen. Der Granitblock war aber so schwer, daß der Teufel ihn trotz seiner ungeheuren Kraft kaum heben konnte. Als er mit dem Stein schon in der Vorstadt von Bischofstein war, ging die Messe gerade zu Ende. Der Teufel stolperte vor Wut, daß er wegen der Verspätung die Seele von Michael verloren hatte, und der Stein fiel ihm aus seinen Händen und landete mit großem Getöse auf diesem Platz, wo er auch heute noch liegt.

FRAUENBURG / FROMBORK

Malerisch am Ufer des Frischen Haffs zwischen Elbing und Braunsberg gelegen. Auf der Stelle einer altprussischen Burg entstand 1278 eine Siedlung, der 1310 Stadtrechte zuerkannt worden sind. Frauenburg war Eigentum des Diözesankapitels, das 1288 aus Braunsberg hierher verlegt worden war. Im 14. Jh. ließen die Bischöfe hier eine Kathedrale bauen. Im 15. Jh. entstand ein

1939

Fischerhafen: Die Bewohner beschäftigten sich mit Fischfang und Handel, und seit 1540 fanden sie auch Beschäftigung in der hier gebauten Glashütte. Zwischen 1466-1772 lag die Stadt in Polens Grenzen. 1520 wurde sie von Ordensrittern gebrandschatzt, die jedoch den bewehrten Domhügel nicht einnehmen konnten. 1626 wurde Frauenburg von den Schweden eingenommen und niedergebrannt. Ihnen fielen die sich in der Kathedrale befindlichen Kostbarkeiten zur Beute. Die Stadt litt auch an einer schrecklichen Feuersbrunst (1703), an der Pest (1709) und am Durchmarsch französischer Truppen (1806-1807). Auch vom 2. Weltkrieg wurde sie nicht verschont und wurde zu 80% zerstört.

Einwohnerzahl: *1939*: 2981; *2001*: 2700

Besichtigungen

Über die Stadt erhebt sich das **Ensemble der Bebauung der Domhöhe**. Sie besteht aus Wehrbauten und dem Dom. Den

Frauenburgs Dom

rechteckigen Hof mit einer Länge von 130 m und einer Breite von 60 m umringen wuchtige Mauern mit Basteien und zwei Türmen. In der süd-westlichen Ecke befindet sich der Glockenturm aus dem 15. Jh., der Radziejowski-Turm genannt wird. Zur Zeit befinden sich darin: Planetarium, das Foucault'sche Pendel und eine Aussichtsplattform. In der nord-westlichen Ecke steht der im 14. Jh. gebaute Kopernikusturm, der dem Astronomen zwischen 1510 und 1543 als Wohnung diente. Hier schuf er sein genialstes Werk *De revolutionibus orbium coelestium*. Im östlichen Teil steht das Bischofsschloß aus dem 16. Jh., worin sich heute das Kopernikusmuseum befindet. An die Wehrmauern lehnen sich die inneren Kanonikate (frühere Wohnungen der Domherren) an. Zum Hof führen zwei Tore: das Haupttor aus dem 16. Jh. und das Seitentor aus dem 14. Jh.

Der Frauenburger Dom aus den Jahren 1329-1388 ist das schönste gotische Gotteshaus in der ganzen Region. Es ist ein dreischiffiges Hallengebäude mit einer Länge von 96 m und einer Höhe von 17 m. Sternengewölbe zieren die Höhe. Die innere Ausstattung ist barocken Stils. Der aus Marmor gefertigte Hauptaltar stammt aus den Jahren 1748-1750. Auch das frühere gotische Hauptgemälde von 1504, das sich zur Zeit im linken Kirchenschiff befindet, hat alle Katastrophen überstanden. Wertvolle Kunstobjekte sind die zwei reichlich geschnitzten gotischen Portale, die mit eingearbeiteten Bischofswappen versehenen Gestühle (1738), die Rokokokanzel (1785), die Orgel (1684), zahlreiche Grabplatten sowie Epitaphe der Bischöfe und Domherren. Unter den Platten ist auch Nikolaus Kopernikus bestattet worden.

Außerhalb der Wehrmauern auf dem Berg befinden sich die äußeren **Kanonikate** (17.-18. Jh.), der **Wasserturm** (16. Jh.), der zur Zeit als Aussichtsturm dient, und die **Kapelle der hl. Anna**.

Am Frischen Haff befindet sich die Anlegestelle der Weißen Flotte; Urlaubern stehen außerdem Pensionen, Hotels, Campingplätze, die Herberge der Touristengesellschaft sowie eine Jugendherberge zur Verfügung.

GUTTSTADT / DOBRE MIASTO

Liegt im mittleren Teil von Ermland an der Alle, nördlich von Allenstein. Einst gab es hier eine altprussische Burg. An ihrer Stelle wurde 1325 eine Siedlung gegründet. Vom Bischof Heinrich Wogenap wurden ihr 1329 die Stadtrechte verliehen. Die Stadt wurde auf einer wehrhaften Insel gebaut, die von zwei Allearmen umringt wird. Überdies wurde sie von Mauern aus dem 14. Jh. mit zahlreichen Basteien und drei Toren geschützt. Seit 1347 war Guttstadt Sitz eines Stiftskirchenkapitels. Zwischen 1466 und 1772 gehörte die Stadt und das ganze Ermland zu Polen. Sie war ein wichtiges Handels- und Gewerbezentrum. Gehandelt wurde mit

1939

Flachs, Getreide und Salz. Tuchmacher und Sattler waren am Werk, überdies wurden Baumaterialien hergestellt und es wurde Bier gebraut. Während des letzten Krieges des Ordens gegen Polen (1519-1521) hielten Truppen des Hochmeisters Albrecht Hohenzollern die Stadt besetzt. Im September 1914 lagen hier russische Truppen. 1945 wurden etwa 65% der Bausubstanz zerstört. Zur Zeit ist Guttstadt ein großes Industriezentrum, in dem u.a. Landwirtschaftsmaschinen und Süßigkeiten hergestellt werden.

Einwohnerzahl: *1939*: 5500; *2001*: 11500

Besichtigungen

Über der Stadt thront die gotische **katholische Stiftskirche** des Erlösers und aller Heiligen, eines der größten Gotteshäuser im Ermland (Länge 60 m, Breite 27 m, Turmhöhe 49 m). Es wurde 1347-1396 errichtet, später wurden auch noch der Turm (15.-17. Jh.) und zwei neugotische Vorhallen (nach 1871) angebaut, und zum Ende des 19. Jhs wurde das Ganze gründlich renoviert. Es ist ein Hallenbau (bei gleicher Höhe aller drei Schiffe) mit Sterngewölbe.

Im Inneren blieben zahlreiche Kunstgegenstände erhalten. Der spätbarocke Hauptaltar von 1748 hatte sein Muster im Altar der Wawelkathedrale von Krakau; ihn schmücken des Tirolers, Christoph Perwanger, Heiligenfiguren. Im rechten Seitenschiff steht ein Altar von 1420 mit der Gestalt der Muttergottes mit dem Jesuskind und den zwölf Aposteln, im linken Seitenschiff befindet sich ein spätgotisches Triptychon mit einer wertvollen Holzschnitzerei der hl. Anna Selbdritt von etwa 1500. Auf dem Altar der hl. Dreifaltigkeit befindet

Stiftskirche in Guttstadt/Dobre Miasto

Storchenbastei in Guttstadt

sich eine wertvolle Schnitzereiarbeit vom Anfang des 16. Jhs, genannt Gnadenthron, die Gottvater darstellt, der den gekreuzigten Christus auf seinen Knien hält. In diesem Gotteshaus blieben auch erhalten: die schönste Barockkanzel des Ermlandes (1693), geschnitzte Barockgestühle (1673) mit noch älteren gotischen Stufen in Löwengestalt (1396), ein großes Kreuz (17. Jh.), das Taufbecken (1680), Leuchter (15. und 18. Jh.), eine Monstranz (1720) und Bischofsepitaphe.

Im 14.-16. Jh. wurden die **Stiftsgebäude** errichtet, die gemeinsam mit der Kirche ein Viereck mit einem Hof in der Mitte bilden. In der Stadt sind auch noch die Reste der **Wehrmauer** mit der gotischen Storchenbastei (14.-15. Jh.), die **Barockkirche des hl. Nikolaus** (1741) sowie das neuromanische, ehemalige **evangelische Gotteshaus** (1833) sehenswert.

HEILSBERG / LIDZBARK WARMIŃSKI

Die Stadt befindet sich im Ermland auf jener Stelle, wo der Nebenfluß Simser in die Alle mündet. Hier existierte die altprussische Wehrburg, Lecbarg. Sie wurde 1241 von den Ordensrittern eingenommen und in eine Holzburg umgewandelt, die ein Jahr später (1242) von den Prussen gestürmt und vernichtet wurde. Doch die

1939

2001

Burg wurde schnellstens wieder aufgebaut und den ermländischen Bischöfen übergeben. Während des II. prussischen Aufstands 1261 wurde die Burg wiederholt von Prussen eingenommen und von ihnen bis 1273 gehalten. Als die Bischöfe ihre Wehrburg zurückgewannen, gründeten sie daneben eine Siedlung, die 1308 Stadtrechte erhielt.

1350 ist der Bischof Johannes von Meißen aus Wormditt in seine neue Residenz nach Heilsberg gezogen. Die Stadt wurde Hauptstadt des ermländischen Dominiums, administratives und kulturelles

Zentrum des Bistums. Sie entwickelte sich auch wirtschaftlich ganz gut, denn sie bildete den Knotenpunkt wichtiger Handelswege. 1348 wurde der Grundstein für eine neue gemauerte Burg gelegt. Um die Stadt wurden Wehrmauern errichtet, die mit Wehrtürmen und Basteien verstärkt wurden. Es gab drei gut bewachte Tore. Das Zentrum bildete der viereckige Markt mit dem Rathaus in der Mitte. Schon im 14. Jh. gab es in Heilsberg drei Anstalten, die Gewebe veredelten, weiter Mühle, Ziegelei, Kupferschmiede, Krankenhaus, Kirche, ja, sogar eine Wasserleitung.

1440 trat Heilsberg dem Preußischen Bund bei. Nach der Beendigung des 13-jährigen Krieges wurde Heilsberg im Thorner Frieden 1466 Polen zugeschlagen. 1503-1510 wohnte im Heilsberger Schloß kein geringerer als Nikolaus Kopernikus. Als Mitglied des Domkapitels war er zugleich Ratgeber des Bischofs Lukas Watzenrode und sein Leibarzt. Der letzte polnische Bischof, der in Heilsberg residierte, war der hervorragende Dichter Ignacy Krasicki. 1772, nach der ersten Teilung Polens, wurde die Stadt mit dem ganzen Ermland Preußen einverleibt. Es zählte damals 3126 Einwohner. 1807 mußten die Bewohner die in der Stadt stationierten französischen Soldaten ernähren und unterbringen, was eine starke Belastung der Bevölkerung bedeutete. Am 10. Juni desselben Jahres schlugen die Franzosen eine Schlacht gegen preußisch-russische Truppen, die sich westlich von der Stadt abspielte. Die 1865 ausgebrochene Feuersbrunst vernichtete einen Teil der Häuser und das Rathaus, das nie wieder aufgebaut worden ist. Erst in den Jahren 1899-1916 erhielt Heilsberg Bahnverbindungen zu den Nachbarstädten. In der Zwischenkriegszeit entwickelte sich die Industrie in der Stadt eher schwach, dagegen wurde Heilsberg schon damals bekanntes Touristenzentrum. Während des letzten Krieges wurde etwa 45% der Bausubstanz vernichtet.

Zur Zeit kann sich Heilsberg großer Erfolge auf dem Kultursektor rühmen. Alljährlich findet in Heilsberg Ende Mai, Anfang Juni, ein Satire- und Humorschmaus statt, und im August die Veranstaltung: „Gesungene Poesie".

Einwohnerzahl: 1937: 10100; *2001*: 18000.

Besichtigungen

Die größte Anziehungskraft übt auf die Touristen das gotische **Schloß** der ermländischen Bischöfe aus, das 1348-1400 errichtet worden ist. Es wurde auf dem Riß eines Quadrats mit einer

Schloß der ermländischen Bischöfe in Heilsberg/Lidzbark Warmiński

Seitenlänge von 48,5 m gebaut. Drei Ecken dieses schönen Baus wurden mit niedrigen viereckigen Türmen verziert, die vierte ist mit einem hohen Bergfried bekrönt, dessen Basis ein Quadrat bildet und dann achteckig in die Höhe ragt. Durch ein Spitzbogentor kommt der Besucher in einen weiträumigen Flur und dann in einen Innenhof, der von einem arkadenartigen Rundgang des Obergeschosses umringt ist. Das Gewölbe stützt sich im Erdgeschoß auf quadratische Granitpfeiler und im Obergeschoß auf achteckige schlanke Säulen.

Das Schloß hat zwei Kelleretagen und vier obere Stockwerke. In den Kellern befanden sich die Lebensmittel-, Bier- und Weinlager. Die Erdgeschoßräume sind ziemlich niedrig und weniger ausgeschmückt; sie haben Rippengewölbe aus Ziegelstein. Darin wurde u.a. Holzkohle gelagert; außerdem befanden sich darin: Brauerei, Bäckerei, Speisekammer, Schatzkammer, Waffenkammer und der Speisesaal für die Bediensteten. Der erste Stock diente Repräsentationszwecken. Ein ausgebautes Sternengewölbe bildet die Decke; die Wände wurden mit farbenreichen Wandmalereien bedeckt, und der Boden wurde mit keramischen Platten ausgeschmückt. Auf dieser Ebene befand sich die Schloßkapelle, das große Refektorium (zugleich Gerichtssaal), die Hauskapelle der Bischöfe im Turm, der Audienzsaal, die Wohnung des Bischofs, der sogenannte Kredens, das kleine Refektorium und das Kapitular (Beratungssaal). Der zweite und der dritte Stock dienten vor allem Verteidigungszwecken. Hier befanden sich Gehstege für die Wachen sowie Speicher. Der wuchtige Bergfried zählt zwölf Stockwerke; die tiefsten dienten früher als Gefangenenverliese. Das Schloß dient heute Museums- und Ausstellungszwecken.

Der östliche Flügel der **Vorburg**, der im 15.-17. Jh. errichtet worden war, wurde 1741-1766 auf Geheiß des Bischofs Adam Grabowski in ein Barockschloß umgebaut. Der westliche Flügel aus dem 15. Jh. wurde im 18. und 19. Jh. umgebaut, und im 20. Jh. für wirtschaftliche Zwecke bestimmt. Auf dem geräumigen Hof steht auf einem Sockel eine steinerne Rokokofigur der hl. Katharina von 1756. Die das Burgensemble umringende Mauer aus dem 15. Jh. wurde im 16.-18. Jh. umgebaut.

Bis auf unsere Tage überdauerten Teile der **Wehrmauer** aus dem 14. Jh. Am besten sind sie im Nordteil der Stadt erhalten. Ein Überrest der städtischen Befestigungen ist auch das gotische **Hohe Tor** aus dem 14. Jh., das 1532 umgebaut worden war. Die spitzbogenförmige Durchfahrt befindet sich im mittleren Teil des Tores, der mit wuchtigen halbkreisförmigen Basteien verbunden ist. In der Nähe des Hohen Tores erhebt sich ein hölzernes **orthodoxes Kirchlein** (bis 1945 evangelisch), in Gestalt einer Basilika, das 1821-1823, wahrscheinlich nach einem Grundriß von Karl Friedrich Schinkel, gebaut worden ist. Nicht weit vom Schloß entfernt steht die **Pfarrkirche der hl. Peter und Paul** aus der zweiten Hälfte des 14. Jhs, die im 17. und 19. Jh. umgebaut worden ist. Es ist eine dreischiffige Hallenkirche mit Sternengewölbe. Den 70 m hohen Turm zieren Galerie und Barockhelm. Der neugotische Hauptaltar stammt aus den Jahren 1912-1915, die Seitenaltäre sind dem Stil nach spätrenaissance und barocke. Erhalten geblieben sind Gemälde aus dem 17. und 18. Jh., das Taufbecken aus dem 16. Jh., eine Monstranz von 1722 sowie zahlreiche Grabplatten und Epitaphe. Vor der Kirche steht ein barocker Kirchturm von 1760. Das Pfarrhaus aus dem 18. Jh. wurde Anfang des 20. Jh. umgebaut.

Den Urlaubern stehen Hotels, Privatunterkünfte, Erholungsheim und Jugendherberge sowie das Wintersportzentrum und ein Skilift zur Verfügung.

3 km von Heilsberg entfernt befindet sich am See Wielochowskie ein **Freibad**, und südwestlich von der Stadt steht der Kreuzberg (133 m), mit einem schönen Ausblick.

LIESKEN / LISKI

Das Dorf liegt 9 km nordöstlich von Bartenstein/Bartoszyce. Es wurde im 14. Jh. gegründet. 1414 wurde es von polnisch-litauischen Truppen vernichtet. Ab 1425 gehörte es der preußischen Familie von Lesgewang, ab 1725 der Familie von Kunheim. 1740 kaufte der Staat diesen Ort und richtete hier ein **Pferdegestüt** für die Armee ein. 1889 betrug die Fläche dieses Gutes 1208 ha. Nach dem Krieg erfuhr die Pferdezucht 1947 eine Neuauflage. Hier wurde mit Abkömmlingen jener Pferde, die bis Kriegsende in Trakehnen bei Gumbinnen gezüchtet worden waren, ein stattliches Gestüt aufgebaut. Die Zucht der Warmblüter wird weiterhin betrieben. Das Gut umfaßt zur Zeit 2300 ha und hält 250 Pferde. Touristen haben die Möglichkeit, das Gestüt mit einer Kutsche oder hoch oben zu Roß zu besichtigen. Es gibt hier auch eine Kantine und 16 Unterkunftsplätze. Zahlreichere Gruppen sollten ihre Ankunft zumindest einen Tag zuvor schriftlich oder telefonisch anmelden.

Eule

Unterwegs in Ermland

MARIENBURG / MALBORK

Zwar liegt diese Stadt sehr weit von Ermland und Masuren entfernt, aber ihre Geschichte ist mit der in diesem Buch beschriebenen Region eng verbunden. Marienburg, Residenz der Hochmeister des Ordens des Hospitals der hl. Jungfrau Maria des deutschen Hauses in Jerusalem, war eine der mächtigsten Festungen im mittelalterlichen Europa.

1939

Mit der Errichtung der **Burg** auf dem rechten Nogatufer begann der Orden schon 1274. Zwei Jahre später bezog im fertigen nördlichen Flügel der Komtur seine Wohnung. Als 1280 das Hochschloß beendet wurde, übersiedelte hierher der bisher zu Zantyr amtierende Konvent. 1291 stürmten die Türken Akka und haben das Schloß der Hochmeister des Deutschen Ordens eingenommen. Eine neue Residenz mußte gefunden werden. Die Wahl fiel auf Marienburg. 1309 wurde Marienburg ständige Residenzstadt der Hochmeister und zugleich Hauptstadt des in Preußen entstandenen Ordensstaates. In Marienburg erschienen zahlreiche Würdenträger, das Hochschloß war nun zu klein, um ihnen Platz zu bieten. 1310 begann deshalb anstelle der bisherigen Vorburg der Bau eines neuen Festungsteils, des sogenannten Mittelschlosses. Nach seiner Beendigung wurden auch die Befestigungen der Vorburg, genannt Niederburg, gebaut. In den letzten Jahren des 14. Jhs – vollkommen beendet und ausgestattet – war die Festung in Marienburg unüberwindlich. Das mußten polnische und litauische Truppen erfahren, als sie 10 Tage nach der gewonnenen Schlacht bei Tannenberg (15. Juli 1410), die Festung erfolglos zu belagern begannen.

Nach der Niederlage bei Tannenberg hat der Orden nie wieder seinen Glanz erreicht. Schon während des dreizehnjährigen Krieges ist die Burg 1457 in polnische Hände gefallen. Und letztendlich blieb Marienburg kraft des Thorner Friedens in Polens Grenzen. Als 1626 die Schweden die Burg angegriffen hatten, zeigte es sich, daß die mittelalterliche Festung kein ausreichendes Bollwerk mehr gegen eine

Burg des Deutschen Ritterordens in Marienburg

Flachrelief im Schloßhof in Marienburg

modern geführte Belagerung und einen ständigen Beschuß mit Feuerwaffen und Kanonen war. Die Burg wurde erobert. Nach drei Jahren wurde ein Waffenstillstand geschlossen, und die Schweden verließen die Stadt. Dreißig Jahre später eroberten sie erneut die Festung und hielten sie in den Jahren 1656-1660 besetzt. Im 18. Jh. wurde die Burg mehrmals von schwedischen, polnischen und russischen Truppen eingenommen.

Nach der ersten Teilung Polens 1772 fiel die Marienburg an Preußen. Ende des 18. Jhs befand sich die Burg in einem sehr schlechten Zustand. Die preußische Verwaltung funktionierte die Burg in eine Kaserne um. Dann wollte man sogar die Festungsgebäude niederreißen. Aber die deutschen Romantiker: Dichter, Kunstmaler, Architekten, fasziniert vom Mittelalter, verteidigten die Burg. Und so begann 1817 die Rekonstruktion der Bausubstanz. Die Arbeiten dauerten das ganze Jahrhundert lang, im 20. Jh. wurden sie fortgesetzt. 1945 tobten schwere Kämpfe um Marienburg, in deren Folge die Burg zur Ruine wurde. 1947 fing man an, die Burg zu rekonstruieren, und man gab ihr den alten Glanz wieder.

Besichtigungen

Die **Vorburg** ist von den Befestigungen mit Toren und Basteien umringt; dort befindet sich das Arsenal, der sogenannte Karwan, weiter die Kirche des hl. Laurentius und der Buttermilchturm. Im Mittelschloß sind das große Refektorium, der Hochmeisterpalast und die Kapelle des hl. Bartholomäus sehenswert.

Das **Hochschloß** hat die Form eines von Mauern umringten, viereckigen Kastells. Der Innenhof ist von allen Seiten mit Kreuzgängen geschlossen. In der Mitte befindet sich ein 14 m tiefer, alter Brunnen, von oben mit einem Falldach abgesichert. Einen großen geschichtlichen und künstlerischen Wert besitzt die Marienkirche mit der Goldenen Pforte. Zu den interessantesten Räumen des Hochschlosses gehören der Remter des Ordenskonvents, der Kapitelsaal, das Dormitorium, das Zimmer des Schatzmeisters und der Dansker, der als Turm nicht nur Verteidigungszwecken diente, sondern auch sanitär genutzt wurde, da sich dort die Toiletten befanden.

Das **Burgmuseum** präsentiert Dauerausstellungen: Marienburger Militärausrüstungen (blanke und Feuerwaffen, Harnische sowie Reitgeschirre) und Sammlungen von Bernsteinmeisterwerken (rohe Steine, Schmuck, Schatullen, Reliquienkästchen usw.). Überdies sind dort Gemälde, Skulpturen und Gewerbeprodukte zu besichtigen.

Zu den Marienburger Architekturdenkmälern außerhalb der Burg gehören u.a. das gotische **Rathaus** aus dem 14. Jh., Teile der gotischen **Stadtmauern** mit Basteien aus dem 14. Jh., die **Lateinschule** aus dem 15. Jh., die spätgotische **Pfarrkirche** des hl. Johannes aus den Jahren 1468-1523, das **Jerusalem-Hospital** aus dem 16. und 17. Jh. sowie die barocke **evangelische Kirche** aus dem 18. Jh.

MOHRUNGEN / MORĄG

Anstelle der hier im Mittelalter existierenden altprussischen Siedlung Morina wurde von den Ordensrittern 1280 eine hölzerne Wachburg errichtet. Neben ihr entstand dann eine Siedlung, die 1327 die Stadtrechte erworben hat. Noch im 14. Jh. wurde die Stadt mit Mauern, Basteien und drei Toren umringt. Zusätzlichen Schutz boten die Gewässer des heute nicht mehr existierenden Sees Mohrungen, eines Baches, des Mühlenteiches und des Festungsgrabens. Die hölzerne Burg wurde 1370 durch eine gemauerte ersetzt. 1410, nach der Tannenbergschlacht, wurde die Stadt von den gegen Marienburg vorrückenden Truppen des polnischen Königs Władysław Jagiełło eingenommen. Während des dreizehnjährigen Krieges (1454-1466) herrschten hier die Aufständischen des

1939

2001

Preußischen Bundes. 1461 hat der Deutsche Orden Mohrungen zurückgewonnen. Nach 1525 wurde in Mohrungen das Amt eines Landrats eingerichtet, das auch von Vertretern der Familie von Dohna ausgeübt wurde. Gelitten hat die Stadt besonders während der polnisch-schwedischen Kriege (1626-1629), und wurde später von russischen (1758) und französischen (1807) Truppen eingenommen. 1813 wurde das Städtchen Sitz der Kreisverwaltung. 1945 gab es hier einen harten Kampf, infolge dessen die halbe Stadt zu Schutt und Asche zusammengeschossen wurde. Zur Zeit entwickelt sich in der Stadt die Metall-, Holz-, Bekleidungs- und Nahrungsgüterindustrie.

In Mohrungen kamen zur Welt: der Mathematiker und Theologe, Professor der Universität zu Wittenberg, Abraham Calovius (1612-1686), der Dichter Gottlieb Willamovius (1736-1777) sowie der berühmte Schriftsteller und Philosoph Johann Gottfried Herder (1744-1803).

Einwohnerzahl: *1939*: 7212; *2001*: 15000

Besichtigungen

In diesem Städtchen sind sehenswert: das gotische **Rathaus** aus dem 15. Jh. und die davor stehenden französischen Kanonen aus dem Jahre 1870, erobert während des deutsch-französischen Krieges, sowie das **Dohna-Schlößchen** aus den Jahren 1562-1571, das nun nach den Kriegsschäden wieder aufgebaut ist. Darin befindet sich zur Zeit eine Abteilung des Museums von Ermland und Masuren. Weiter die **Peter und Paul Kirche** aus dem 14. Jh., Teile der gotischen **Wehrmauern** mit Basteien aus dem 14. und 15. Jh., ein Flügel der **Ordensburg** aus dem 14. Jh.

„Dohna-Schlößchen" in Mohrungen/Morąg

RÖSSEL / RESZEL

Die Stadt befindet sich im süd-östlichen Teil des Ermlandes an der Eiser. Schon im 5. Jh. befand sich hier eine altprussische Siedlung, die über Wehrbefestigungen verfügte. An deren Stelle bauten die Ordensbrüder 1241 ein nicht großes „festes Haus“, das von einem Erdwall und Palisaden umringt war. Es sollte ihre Herrschaft über die unterjochten Prussen fördern und vor Litauern schützen, die gern in diese Gegend Feldzüge unternahmen. Nicht mal ein Jahr stand dieses Haus, da wurde es während eines Prussenaufstands vernichtet.

1939

Nach der Erstickung des Aufstands bauten die Ordensritter 1249 ihre Burg wieder auf. Während eines zweiten Aufstands der Prussen mußte die Ordensbesatzung die Burg verlassen und in den Ordensburgen an der Weichsel Schutz suchen. Damit die Burg nicht in die Hände der Gegner gelangte, wurde sie abgebrannt. Als der Aufstand erlosch, wurde 1273 diese Burg wieder aufgebaut. 1254 wurde Rößel dem ermländischen Bischof zuerkannt, und trotzdem bestand die Besatzung noch lange aus Ordensrittern. Erst 1300 hat der Bischof Heinrich Fleming seine eigene Besatzung in die Burg geschickt. In der zweiten Hälfte des 14. Jhs wurde hier eine wuchtige Burg aus Mauerwerk errichtet.

Neben der Burg siedelten sich bald Bewohner an; sie erhielten 1337 für ihre Siedlung das Stadtrecht. Gründer der Stadt war Meister Elerus aus Braunsberg, von da kamen auch die ersten Bürger. Rößel entwickelte sich sehr schnell. Die existierende Altstadt mußte 1370 um eine Neustadt erweitert werden. Die Häuser wurden von einer Mauer mit gewaltigen Basteien und von einem Stadtgraben umringt. In die Stadt führten drei Tore: das Fischertor, das Königsberger Tor und das Hohe Tor. Schon im 14. Jh. besaß Rößel Wasserleitung und Kanalisation. Im 15. Jh. war Rößel die zweitgrößte Stadt in Ermland.

1440 trat die Stadt dem Preußischen Bund bei. Während des dreizehnjährigen Krieges wurde die Stadt von Ordensrittern geplündert und ausgeraubt. Nach dem Thorner Frieden 1466 wurde sie Polen einverleibt. Rößel hat im sogenannten Pfaffenkrieg (1472-1479) und während des letzten Krieges des Ordens gegen Polen (1519-1521) große Verluste hinnehmen müssen. 1631 sind die aus Braunsberg von den Schweden entfernten Jesuiten nach Rößel gekommen und nahmen die von Augustinermönchen früher verlassenen Gebäude in Besitz. Zwei Jahre später gründeten die Jesuiten ein Kollegium, das die Schüler zum Universitätsstudium vorbereitete. 1707 wurde die Schule in ein neues Gebäude versetzt. Die in Rößel im 15. Jh. ansässigen Schwestern der Ordensgemeinschaft der hl. Katharina betrieben hier bis Ende des 16. Jhs eine Mädchenschule. 1732 nahm ein theologisches Seminar seine Tätigkeit auf.

Im 15.-18. Jh. war die Stadt wegen seines auf hohem Niveau stehenden Gewerbes bekannt. Hochgeschätzt wurden vor allem die hiesigen Maurer, Schmiede, Tischler, Waffen- und Goldschmiede sowie die Tuchmacher. Ihre Werkstätten hatten hier auch Künstler, vor allem Kunstmaler und Bildhauer.

Nach Polens erster Teilung 1772 kam Rößel mit seinen 3030 Einwohnern in den preußischen Staat. Tragisch für die Bewohner war der Anfang des 19. Jhs., 1806 vernichtete eine verheerende Feuersbrunst den größten Teil ihrer Häuser. 1807 wurden sie anfangs genötigt, die hier stationierten französischen Truppen zu unterhalten, dann starben 504 Personen infolge der Pest, und zuguterletzt brach ein neuer Brand aus, der diesmal einen Teil der Burg beschädigte. Die Stadt wuchs langsam wieder auf. 1898 wurde eine neue Wasserleitung verlegt, 1907 wurde das Gaswerk dem Betrieb übergeben. Recht spät, erst 1908 erhielt Rößel eine Bahnverbindung mit den Nachbarstädten. 1914 nahmen russische Truppen die Stadt ein, und 1917 brannte ein Teil des Marktes ab.

In der Zwischenkriegszeit wurde die Stadt Sitz der Kreisverwaltung. Die Zahl der Einwohner nahm zu. Während des 2. Weltkriegs gab es eher geringe Schäden. Und so ist Rößel zur Zeit ein nicht zu großes Zentrum für Maschinenbau, eine Stadt, die häufig von Touristen besucht wird.

Einwohnerzahl: *1939*: 5045; : *2001*: 5800

Besichtigungen

Die **Burg der ermländischen Bischöfe** wurde 1350-1401 auf dem flachen Gipfel an der Seine errichtet. Sie wurde auf dem Plan

Burg der ermländischen Bischöfe in Rößel/Reszel

eines Quadrats in der Mitte mit einem Hof gebaut. Der Ost- und der Südflügel beherbergten Wohngemächer, und von Westen und Norden gab es eine hohe Mauer mit verschiedenen Anbauten, die als Wirtschaftsräume dienten. Die Burg wird von einem hohen Bergfried verstärkt, der unten viereckig und höher dann rund ist. Es gibt auch einen niedrigeren Turm am Tor. Von zwei Seiten, die leichter zugänglich waren, gab es einen Burggraben, also eine zusätzliche Absicherung. In der Hälfte des 16. Jhs funktionierte die Burg als Sommerresidenz der Bischöfe. 1783-1807 wurde darin ein Gefängnis eingerichtet. In den 20er Jahren des 19. Jhs bekam sie die evangelische Gemeinde, und seit 1929 diente die Burg Museumszwecken. Nach einer Renovierung in den Jahren 1976-1985 gibt es in der Burg nun: Museum, Gemäldegalerie und ein Heim für schaffende Bildhauer und Kunstmaler.

Die gotische Peter-Paul-Kirche wurde 1360-1381 als **Pfarrkirche** gebaut, und dann im 15. Jh. umgebaut. 1806 hat die verheerende Feuersbrunst das Dach und den oberen Turmteil eingeäschert. Der Wiederaufbau wurde 1837 beendet. Die Innenausstattung stammt aus der ersten Hälfte des 19. Jhs., Sterngewölbe schmücken das Gotteshaus; im Hauptaltar befinden sich die Gemälde der hl. Peter

Burg der ermländischen Bischöfe in Rößel

und Paul sowie der hl. Katharina, die von Anton Blank geschaffen worden sind.

Sehenswert sind in Rößel auch die spätbarocke **Kirche des hl. Kreuzes** von 1799-1800 mit Barockaltar, das **Kloster** vom Anfang des 17. Jhs, das frühere **Kollegium** aus dem 18. Jh. (zur Zeit Berufsschule), zwei **gotische Brücken** über die Eiser aus dem 14. Jh., ein **Speicher** aus dem 18. Jh., zwei **Pfarrhäuser** von 1699-1733; Häuser aus dem 18.-19. Jh sowie Teile der **Stadtmauer** mit der Gefängnisbastei.

SCHEWECKEN / ŻYWKOWO

Das Dorf ist von Landsberg/Górowo Iławeckie 14 km nördlich entfernt. Es bestand schon im Mittelalter und wurde von den heidnischen Prussen gegründet. Damals hieß es Seweke. Vor allem dank der Zerstörungen während des 30jährigen Krieges (1454-1466) wurde es gänzlich entvölkert. Wiederholt bewohnt wurde es im 18. Jh.; 1785 gab es hier 6 Bauern. 1821 zählte es 44 und 1928 54 Einwohner. 1983 wohnten in 14 Häusern 118 Personen, und im Jahre 2000 nur noch 40.

Es gibt in dieser Ortschaft bedeutend mehr Störche als Menschen, und deshalb wird sie als **Storchendorf** bezeichnet. 1999 lebten hier 44 Storchenfamilien; die Gesamtzahl dieser sympathischen Vögel betrug 150 Stück. Ihre Entwicklungsbedingungen sind hier ideal. Schewecken, direkt an der polnisch-russischen Grenze gelegen, weit ab von Industriezentren und verkehrsreichen Straßen im Tal eines Baches ist von Ackerböden und Wiesen umringt. Die Höhenunterschiede der Anhöhen des Dorfes betragen oft mehr als 10 m. Die Umgebung ist reich an Teichen, überfluteten Flächen, Sümpfen und feuchten Torfmooren, die von großen Sträucher- und Baumgruppen sowie Gestrüpp umringt sind.

Die Dorfbewohner sind um ihre fliegenden Gäste sehr besorgt: dreizehn Dächer wurden renoviert, indem Sperren, Bretter und Dachziegel ausgetauscht, Rinnen verlegt und bruchfeste Plattformen für die schweren Horte angebracht worden sind. Storchennester werden nun nicht mehr hinunterfallen, was öfter zum Tod der darin befindlichen Küken geführt hat.

Die Bauern aus Schewecken haben auch jene Urlauber nicht vergessen, die die Störche besonders gern beobachten. Ein Aussichtsturm wurde errichtet, von dem aus die Beobachtung des

Lebens der Vogelfamilien auf der Höhe ihrer Nester besonders interessant ist. Im Kulturraum der hiesigen Grundschule gibt es eine Dauerausstellung zum Thema „Störche", und am Rande des Dorfes wurde ein kleiner bewachter Parkplatz eingerichtet, auf dem Autofahrer für geringes Entgeld ihre Wagen zurücklassen können. In Schewecken hat sich 'was geändert. Der für den Aussichtsturm verantwortliche Bauer hat im Jahre 2000 viertausend Touristen gezählt, die den Aussichtsturm wegen der Störche bestiegen haben.[34]

Kein Bauernhof ohne Storchennest

Auf dem Kirchendach in Löwenstein/Lwowiec

DIE ROUTE VON ALLENSTEIN NACH NIKOLAIKEN

0 km
Olsztyn / Allenstein – siehe Ortsbeschreibung.
6 km
Wójtowo / Fittigsdorf
10 km
Łęgajny / Lengainen (links der Straße). 1364 gegründet, zurzeit wegen Gemüse- und Obstanbau bekannt, das nach Allenstein geliefert wird.
16 km
Barczewo / Wartenburg (rechts der Straße). Ermländisches Städtchen, 7600 Einwohner. Die Stadtrechte wurden dem Städtchen 1364 verliehen. Empfehlenswerte Sehenswürdigkeiten: gotische Pfarrkirche aus dem 14. Jh. mit Sternengewölbe, gotische St. Andreas-Kirche aus dem 14. Jh. mit barocker Fassade und innerer Ausstattung aus dem 17. und 18. Jh., ehemaliges Bernhardiner-Kloster, 1810 in eine Vollzugsanstalt umfunktioniert (1965-1986 büßte darin der ehemalige ostpreußische Gauleiter Erich Koch sein „lebenslänglich" ab).
27 km
Kromerowo / Krämersdorf. Im 16. Jh. vom ermländischen Bischof Martin Kromer (1512-1589) – Humanist, Historiker, Schriftsteller – gegründetes Dorf.
34 km
Rzeck / Ridbach am Nautsch-See. Gegründet 1382, die Lokationsurkunde wurde 1426 erneuert.
37 km
Biskupiec / Bischofsburg, ermländische Stadt mit 12.000 Einwohnern. 1395 erlangte es die Stadturkunde. Empfehlenswerte Sehenswürdigkeiten: Pfarrkirche des hl. Johannes des Täufers aus dem 16. Jh., ausgebaut im 18. und 19. Jh.; frühere evangelische Kirche vom Ende des 19. Jhs., Häuser aus dem 19. Jh.

Kirche in Bischofsburg/Biskupiec

Bischofsburg/Biskupiec

46 km
Borki Wielkie / Groß Borken, Dorf, gegründet 1548.
51 km
Sorkwity / Sorquitten – siehe Ortsbeschreibung.
62 km
Marcinkowo / Mertinsdorf. Anfang des 15. Jhs. gegründetes Dorf, etwa 1460 in Kriegswirren vernichtet, im 16. Jh. erneut aufgebaut.
63 km
Mrągowo / Sensburg – siehe Ortsbeschreibung.
66 km
Hinter dem Viadukt ist eine Straßenkreuzung: geradeaus führt die Strecke nach Ortelsburg, links nach Nikolaiken.
70 km
Nowy Probark / Neu Proberg. Das Dorf entstand 1825, indem es sich von einem anderen Teil von Proberg absonderte, dem später benannten Alt Proberg.
72 km
Kosewo / Rechenberg. Das Dorf wird von drei Seen umringt. Dies sind die Seen: Proberk, Ixt und Kutz. Es wurde 1546 von Gregor Kos auf Anweisung des Landrates Georg von Rechenberg aus Seehesten gegründet. 1939 wohnten hier 608 Einwohner. Zur Zeit befinden sich hier Oberförsterei, Ferienzentren und ein Campingplatz.

77 km
Baranowo / Hoverbeck. Das Dorf entstand im Jahre 1555. In ihm blieb der Gutshof aus der Mitte des 19. Jh., umgeben von einem alten Park, erhalten. Derzeit befindet sich in. ihm eine Versuchsanstalt der Polnischen Akademie der Wissenschaften.
79 km
Inulec / Neu Fasten. Dorf gelegen am Schnittker-See (Fläche 178 ha, 2,4 km lang, 0,9 km breit). Es wurde 1540 gegründet. Seine ältesten Einwohner befassten sich mit der Imkerei.
84 km
Zełwągi / Selbongen, zwischen drei Seen situiert: dem Schnittker-, Schlingrosen- und dem Sternwalder-See. Schon 1540 wurde seine Existenz schriftlich belegt. Zurzeit ist es eine Urlauberortschaft. Besichtigen sollte man hier die hölzernen masurischen Häuser aus der zweiten Hälfte des 19. Jhs. sowie die moderne Bildhauergalerie von Zdzisław Grunwald im Hause Nr. 32 Tel. 087 421 68 32.
87 km
Prawdowo / Wahrendorf. Die Existenz des Dorfes ist 1563 schriftlich belegt worden; gewiss gab es sie aber schon früher. 1834 wurde hier eine Schule gebaut. 1838 zählte das Dorf 199 Einwohner, 1939 wohnten in Wahrendorf 400 Personen. In der Zeitspanne zwischen den Kriegen gab es hier ein Sägewerk.
88 km
Mikołajki / Nikolaiken (siehe Ortsbeschreibung).

DIE SÜDLICHE ROUTE

(Nikolaiken – Arys – Johannisburg – Niedersee – Alt Ukta – Eckertsdorf – Kruttinnen – Peitschendorf – Sensburg – Nikolaiken)

0 km
Mikołajki / Nikolaiken – siehe Ortsbeschreibung.
6 km
Linkerseits eine Lokalstraßenabbiegung nach **Rhein/Ryn.**
7 km
Woźnice/ Julienhöfen (siehe Autotour – die nördliche Route).
13 km
Olszewo / Kronfelde. 1540 gegründetes Dorf. Im Winter 1914/1915 während deutsch-russischer Kämpfe vernichtet, aber bis 1918 schnell

wieder aufgebaut. In Kronfelde blieben einige alte masurische Häuser und die Windmühle aus dem 19. Jh. erhalten.

16 km

Dąbrówka / Eichendorf. Gegründet wurde dieses Dorf in der ersten Hälfe des 15. Jhs. 1488 wurden die Lokations-Privilegien erneuert. Aus dem 19. Jh. sind einige alte masurische Häuser erhalten geblieben.

28 km

Okartowo / Eckersberg. Das Dorf liegt auf der Landenge zwischen Spirding- und Tirklo-See, 6 km westlich von Arys/Orzysz. Hier steht eine Kirche aus dem 18. Jh. Im Pfarrgarten gibt es Erdwälle, bei denen es sich um Überreste einer aus dem 14. Jh. stammenden Burg handelt. 2 km nördlich des Dorfes stand im frühen Mittelalter eine altpreußische Festung.

32 km

Orzysz / Arys – siehe Ortsbeschreibung.

44 km

Kociołek Szlachecki – Adlig Kessel. Das Dorf ist am westlichen Kessel-See-Ufer (29 ha, 26 m tief) gelegen. Gegründet 1555. Das neugotische Gotteshaus wurde im Ort Anfang des 20. Jhs. errichtet. Die Ausstattung ist modern. Das hier früher stehende Herrenhaus ist leider nicht erhalten geblieben; zu sehen sind nur noch der ehemalige Park und die Wirtschaftsgebäude.

50 km

Szczechy Wielkie / Groß Zechen. Gegründet 1538. Den Namen haben ihr fünf Brüder Szczech gegeben, die hier ihre Bauernhöfe hatten. In dieser Ortschaft sind zwei masurische Häuser aus dem 19. Jh. erhalten geblieben.

52 km

Jeglin / Wagenau. Das Dorf nahm 1539 seinen Anfang. Es ist am Wagenauer Kanal gelegen, der den Sexter-See mit dem Rosch-See verbindet.

57 km

Pisz / Johannisburg – siehe Ortsbeschreibung.

60 km

Snopki / Wartendorf. 1515 von Janik Snopek gegründet, der hier Wirtshaus und Mühle betrieb. Während des letzten Krieges gab es hier ein Arbeitslager für einige Tausend polnische Zwangsarbeiter.

72 km

Ruciane-Nida / Niedersee – siehe Ortsbeschreibung.

79 km
Ukta / Alt Ukta – siehe Ortsbeschreibung.
82 km
Wojnowo / Eckersdorf – siehe Ortsbeschreibung.
84 km
Straßenkreuzung: links geht es nach Niedersee, wir fahren rechts, Richtung Ortelsburg/Szczytno.
86 km
Straßenkreuzung: geradeaus nach Ortelsburg, rechts nach Kruttinnen/Krutyń.
87 km
Rosocha / Jägerswalde. Die Geschichte dieses Dorfes reicht ins 18. Jh. zurück, als an diesem Ort eine kleine Siedlung für Waldarbeiter entstanden ist. Es existierten hier ein kleines Herrenhaus und eine Ziegelei, und ab 1824 auch eine Schule. 1993 wohnten in diesem Dorf 227 Einwohner. Die Straße durch das Dorf führt über eine Brücke zum Fluss Kruttinna.
88 km
Zielony Lasek / Grünheide. Es ist eine kleine Siedlung am Fluss Kruttinna. Einst stand hier eine Papierfabrik, an ihrer Stelle entstand später die Wassermühle aus roten Ziegelsteinen, die dort auch heute noch steht und als Elektrizitätswerk funktioniert.
89 km
Krutyński Piecek / Kruttinnerofen. Im 18. Jh. entstand hier eine Teerbrennerei; die darin beschäftigten Arbeiter wohnten in einigen Häusern. 1838 wurde dann das Dorf gegründet, das damals 154 Einwohner zählte. 1939 bewohnten 226 Personen dieses Dorf. Zurzeit werden im Dorf Zimmer an Urlauber vermietet.
91 km
Krutyń / Kruttinnen – siehe Ortsbeschreibung.
94 km
Straßenkreuzung: Die Chaussee nach rechts führt nach Niedersee, links – nach Peitschendorf.
103 km
Piecki / Peitschendorf – siehe Ortsbeschreibung.
105 km
Straßenkreuzung: Geradeaus geht es nach Sensburg, wir biegen rechts ab. Von hier aus sind es nur noch 3 km zum Forsthaus Piersławek/Kleinort, in dem Ernst Wiechert das Licht der Welt erblickt hat (das Haus steht rechts an der Chaussee).

108 km
Piersławek / Kleinort – siehe Ortsbeschreibung. Nach der Besichtigung von Kleinort kehren wir zur Chaussee nach Sensburg zurück.
120 km
Vor dem Viadukt eine Straßenkreuzung: nach rechts führt der Weg nach Nikolaiken, geradeaus – nach Sensburg.
122 km
Mrągowo / Sensburg – siehe Ortsbeschreibung.
Strecke Sensburg – Nikolaiken: siehe Route Allenstein – Nikolaiken.
143 km
Mikołajki – siehe Ortsbeschreibung. Ende der Route.

DIE NÖRDLICHE ROUTE

(Nikolaiken – Sensburg – Heiligelinde – Rastenburg – Wolfsschanze – Steinort – Großgarten – Angerburg – Lötzen – Nikolaiken)

0 km
Mikołajki / Nikolaiken – siehe Ortsbeschreibung.
1 km
Prawdowo / Wahrendorf. Die Existenz des Dorfes wurde schon 1563 schriftlich belegt, aber gewiss hatte sie schon eine längere Geschichte. 1939 wohnten in Wahrenhof 400 Personen. Im Zeitraum zwischen den Kriegen arbeitete hier ein Sägewerk.
5 km
Zełwągi / Selbongen (siehe Die Rute von Allenstein nach Nikolaiken)
8 km
Inulec / Neu Fasten. Dorf gelegen am Schnittker-See. Es wurde 1540 gegründet. Seine ältesten Einwohner waren mit der Imkerei beschäftigt.
10 km
Baranowo / Hoverbeck. Das Dorf entstand im Jahre 1555. In ihm blieb der Gutshof aus der Mitte des 19. Jh., umgeben von einem alten Park, erhalten. Derzeit befindet sich in. ihm eine Versuchsanstalt der Polnischen Akademie der Wissenschaften.
15 km
Kosewo / Rechenberg (siehe: Die route von Allenstein nach Nikolaiken)

16 km

Nowy Probark / Neu Proberg. Das Dorf entstand 1825 indem es sich vom alten Proberg absonderte. Dieser andere Teil wurde dann auch Alt Proberg genannt.

19 km

Lockwinner-See/Jez. Wierzbowskie (Fläche: 104 ha), ist links der Straße gelegen.

21 km

Straßenkreuzung: links geht es nach Ortelsburg, rechts unter dem Viadukt führt die Straße nach Sensburg/Mrągowo.

24 km

Mrągowo / Sensburg – siehe Ortsbeschreibung. Hinter der Stadt links befindet sich der Juno-See, rechts der Sensburger Waldsee und der Katzen-See. Es ist ein beliebter Angelplatz von Sensburgs Bewohnern.

29 km

Straßengabelung: geradeaus nach Rastenburg, links nach Heiligelinde.

32 km

Kersten-See/Jez. Kiersztanowskie (Fläche: 148,6 ha, 4,3 km lang, 32,5 m tief).

36 km

Lembruk / Langebrück

39 km

Pilec / Pülz. 1326 hatte dieses Dorf die Lokationsurkunde erhalten. Es liegt am Deine-Fluss/Dajna, einem linken Nebenfluss der Guber. Im Mittelalter stand hier eine Burg, was Chroniken aus dem 15. Jh. bestätigen. 1939 bewohnten dieses Dorf 771 Personen.

45 km

Święta Lipka / Heiligelinde -siehe Ortsbeschreibung.

48 km

Pieckowo / Pötschendorf. Gelegen am Amtssee, gegründet 1448.

54 km

Biedaszki / Groß Neuhof, liegt am Fluß Guber, gegründet wurde es 1458.

58 km

Kętrzyn / Rastenburg – siehe Ortsbeschreibung.

61 km

Kruszewiec / Krausendorf. Dieses Dorf wurde 1444 gegründet. 1939 zählte es 380 Einwohner. Im letzten Weltkrieg befanden sich hier Magazine, von denen aus die Wachmannschaften der 6 km entfernten Wolfsschanze versorgt wurden.

62 km

Karolewo / Karlshof – siehe Ortsbeschreibung.

64 km

Czerniki / Schwarzstein -siehe Ortsbeschreibung.

67 km

Gierłoż / Görlitz. 1353 wurde hier ein hölzernes Jagdschloss gebaut. Zwischen 1437 und 1940 war der Wald Eigentum der Stadt Rastenburg und beliebtes Naherholungsgebiet der Rastenburger. Im Herbst 1940 begann hier der Bau des Führerhauptquartiers (siehe Ortsbeschreibung).

69 km

Parcz / Partsch, Das Dorf entstand im 14. Jh. Hier befand sich eine gut funktionierende Mühle. 1437 hat der Komtur Jan von Bernhausen diese Güter an Friedrich von Partz – daher der Name – abgetreten. Ab dem 18. Jh. gehörte das Dorf dem Baron Friedrich Schenk zu Tautenberg. Während des 2. Weltkrieges gelangte der Friedhof dieses Dorfes in den Bereich des Führerquartiers.

74 km

Straßenkreuzung: rechts führt die Chaussee nach Rosengarten/Radzieje.

79 km

Radzieje / Rosengarten – siehe Ortsbeschreibung.

83,5 km

Kamionek Wielki. Straßenkreuzung. geradeaus nach Angerburg, rechts nach Steinort. Vor diesem Dorf stehen an der Straße alte Eichen und Eschen.

88 km

Sztynort / Steinort – siehe Ortsbeschreibung.

90 km

Die Brücke wurde über dem Wasser da gebaut, wo der Dargainen-See in den Kirsaiten-See übergeht. Von hier aus gibt es einen wunderschönen Ausblick auf beide Seen.

96 km

Harsz / Haarschen. Das Dorf entstand 1550. Sein Name wurde dem nahegelegenen Haarsch-See entlehnt. 1710 hat die Pest fast das ganze Dorf dahingerafft. 1737 errichtete man hier eine Schule. 1939 bewohnten 811 Bewohner diese Ortschaft.

98 km

Okowizna / Numeiten. Das Dorf befindet sich zwischen dem Kleinen Haarsch-See (linkerseits) und dem Lemming-See/jez. Lemięt (rechterseits).

101 km

Ogonki / Schwenten. Das Dorf wurde 1529 auf der Grundlage eines von Fürst Albrecht unterzeichneten Dokuments gegründet. Schon 1542 existierte hier ein Wirtshaus. 1710 hat die Pest die Hälfte der Einwohner (106 Personen) dahingerafft. 1741 wurde hier eine Schule eröffnet. Zwischen den Kriegen funktionierte in diesem Dorf ein großes Sägewerk. 1939 bewohnten 828 Personen dieses Dorf.

102 km

Brücke über den kurzen Abschnitt des Flusses Sapine, der den Schwenzait- mit dem Groß Strengelner-See verbindet.

104,5 km

Heldenfriedhof aus dem 1. Weltkrieg mit Gräbern deutscher und russischer Soldaten. 1 km links von der Chaussee gelegen, Zufahrt auf einem Waldweg.

104,6

Friedhof sowjetischer Soldaten, gefallen im 2. Weltkrieg – rechts auf der Anhöhe.

107 km

Węgorzewo / Angerburg – siehe Ortsbeschreibung. Nach der Stadtbesichtigung kehren wir auf demselben Wege Richtung Lötzen zurück.

118 km

Pozezdrze / Großgarten – siehe Ortsbeschreibung. Direkt vor dem Dorf befindet sich – 600 m von der Chaussee entfernt – die Ruine des ehemaligen Feldquartier von Heinrich Himmler. Um sie zu besichtigen, ist der Wagen auf dem kleinen Parkplatz links von der Chaussee – gleich am Ortsschild – abzustellen und der Weg (600 m) Richtung Wald ist zu Fuß zu gehen.

122 km

Heldenfriedhof aus dem 1. Weltkrieg mit Gräbern deutscher Soldaten. Dieser nicht zu große, aber gut erhaltene Friedhof befindet sich linker Hand direkt an der Chaussee gegenüber der an der rechten Straßenseite befindlichen Bushaltestelle.

Gedenktafel auf dem Heldenfriedhof bei Angerburg/Węgorzewo

Heldenfriedhof bei Spirgsten/Spytkowo

124 km
Spytkowo / Spirgsten. 1480 wurde das Dorf gegründet. 1709-1710 hat in diesem Dorf die Pest gewütet und 194 Einwohner sterben lassen. 1743 existiert hier schon eine Schule. Zwischen den Kriegen funktionierte hier eine mechanisch betriebene Mühle. Laut Volkszählung von 1939 zählte das Dorf damals 562 Einwohner.

132 km
Giżycko / Lötzen – siehe Ortsbeschreibung.

136 km
Wilkasy / Wolfsee. Das Dorf wurde im 15. Jh. von Melchior Köchler von Schwansdorf, dem Komtur aus Pokarmin, auf 30 Hufen Land gegründet. Erster Dorfschulze wurde Jan Górski. Während der Pest 1709-1710 starben 69 Dorfbewohner. 1719 wirtschafteten hier zwei Schulzen, ein Förster und zehn leibeigene Bauern. Ab dem 19. Jh. gab es in diesem Dorf eine Schule, 1939 unterrichteten hier drei Lehrer. Im Mai 1939 bewohnten 1167 Personen das Dorf. Zur Zeit ist es ein großes Feriendorf mit Badeanstalt, Bootsanlegestelle und Erholungszentren.

138 km
Strzelce / Zweischützen, gegründet im 16. Jh. von Jan Strzelec. Typisches Urlauberdorf am Westufer des Löwentin-Sees mit Bootshaus und Zeltplatz.

142 km
Bogaczewo / Reichensee. Früher existierte hier eine altprussische Vorzeitburg, aber schon im 14. Jh. war diese Gegend menschenleer. Das heutige Dorf am westlichen Ufer des Saiten-Sees wurde 1522 von Stanisław Bogacz gegründet. Seit 1736 steht in diesem Dorf eine Schule. Die Firma Schaper betrieb in diesem Dorf eine Mühle und ein Sägewerk. 1939 bewohnten 542 Personen dieses Dorf.

144 km
Kozin / Rodenau. Das am nordwestlichen Ufer des Krösten-Sees/Jez. Jagodne gelegene, 1554 gegründete Dorf, besaß schon 1571 ein Wirtschaus. Der Tatarenüberfall und die Pest im Jahre 1709 entvölkerten das Dorf. Laut Volkszählung vom 17. Mai 1939 lebten hier damals 287 Einwohner.

147 km
Prażmowo / Salpia, Dorf am Krösten-See/Jez. Jagodne, gegründet 1558. 1939 zählte es 347 Einwohner.

151 km
Szymonka / Schmidsdorf, gegründet 1503 von Mikołaj Kowal, gelegen am südwestlichen Ufer des Großen Hensel-Sees/Jez. Szymoneckie, das eigentlich eine Bucht des Krösten-Sees/Jez. Jagodne ist. Die örtliche neugotische Kirche wurde in der zweiten Hälfte des 19. Jhs. errichtet.

156 km
Woźnice / Julienhöfen. Dieses Dorf existierte schon 1540, aber die Lokationsurkunde wurde erst 1548 ausgefertigt. Im 1. Weltkrieg verlief hier die Front, im Winter 1914/1915 wurde Julinehöfen vollständig vernichtet. Es wurde aber sehr schnell – noch vor Ende dieses Krieges – wieder aufgebaut. 1939 gab es hier 769 Einwohner.

163 km
Mikołajki / Nikolaiken – siehe Ortsbeschreibung.

FAHRT MIT DER KLEINBAHN

Zu den Attraktionen in Masuren gehört auch eine Fahrt mit der Schmalspurbahn in Lyck/Ełk. Um sie zu erreichen ist ein ziemlich langer (117 m) Tunnel zu passieren, der 1921 unter der Normalspurbahn errichtet worden ist. Am Stationsgebäude ist von weitem die Aufschrift „Ełk Wąsk“ zu sehen. Die Züge werden auf zwei Linien eingesetzt: Ełk/Lyck – Turowo/Auersberg und Ełk/Lyck – Zawady/Grenzwacht. An Arbeitstagen ist es möglich, eine Planfahrt zu nutzen,

Karte: Leszek Kantor

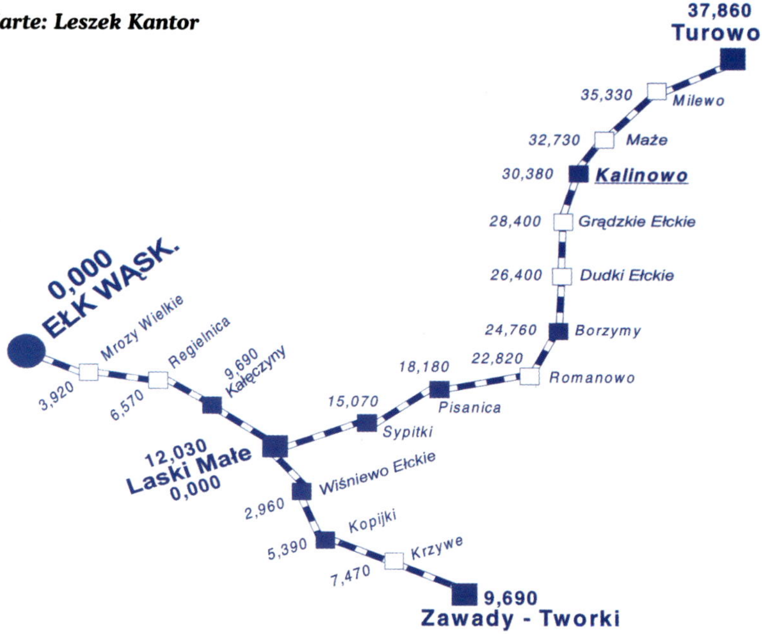

Fahrt mit der Kleinbahn

an anderen Tagen fahren die Züge nur im Chartersystem, soweit alle Auflagen (Strecke, Reisebedingungen) 24 Stunden vor der geplanten Fahrt geklärt worden sind. Auf jeden Fall sollte man sich zuvor mit der Station Ełk in Verbindung setzen: Ełcka Kolejka Wąskotorowa, 19-300 Ełk, ul. Wąski Tor 1, Tel./Fax (087) 6108471.

Die Geschichte der Schmalspurbahn von Lyck reicht zum Beginn des 20. Jhs. Der Bau dieser Strecke wurde von wirtschaftlichen und militärischen Überlegungen gefördert. Sie sollte u. a. Früchte der Landwirtschaft transportieren, die von den Bauernhöfen östlich von Lyck produziert wurden, und eventuell kriegerischen Auseinandersetzungen dienen, da sie doch fast bis zur russischen Grenze reichte.

1905 wurde das erste Projekt erstellt, das auf Bestellung des Lycker Landrats Carl Suermondt entworfen worden war. Ein Jahr später wurde die „Lycker Kleinbahn-Aktiengesellschaft" ins Leben gerufen. Der Aufsichtsrat der Gesellschaft betraute die Berliner Firma „Lenz und Co" mit dem Bau der Bahn. Das Baumaterial wurde u. a. vom Krupp-Konzern geliefert. Die erste Bauetappe umfasste die Jahre 1910-1913. Am 23. Oktober 1913 wurde der Betrieb auf den Abschnitten Lyck – Boschimmen und Lyck – Grenzwacht aufgenommen. Der Rest der Strecke wurde am 1. Dezember 1915 in Betrieb genommen.

Während des 1. Weltkriegs haben die Russen die Gleise vernichtet. Die Lokomotiven und Wagons wurden weggeschafft. Aber schon 1918 funktionierte die Bahn normal. Im Januar 1945 wurde sie während der Offensive sowjetischer Truppen wiederum stark beschädigt, aber die Lokomotiven haben das Desaster heil überstanden. Die deutschen Lokomotiven der Firma „Jung" haben im Bereich Lyck bis 1951 redlich gedient. Damals wurden sie wegen der Änderung der Spurweite gegen polnische ausgewechselt. Bis 1968 arbeiteten auf diesen Linien Dampfloks; sie wurden damals gegen Dieselloks der Firma „Lyd" ausgewechselt. 1993 wurde zur Bedienung der Touristen die Dampflok Px-48 und 1995 die Dampflok Kp 4-3760 eingesetzt, die in Europa die einzige dieser Art ist.

Nach dem Kriege erfreute sich die Kleinbahn anfangs großer Beliebtheit. Noch im Jahre 1990 hat sie über 228.000 Fahrgäste befördert. Dann schmolz die Nachfrage jedoch langsam zusammen, der Personentransport wurde unrentabel – der Kleinbahn drohte die Stillegung. Es fanden sich jedoch Menschen, die dies nicht zugelassen haben. Ihr historischer Wert wurde als Baudenkmal eingeschätzt, sie wurde ins Register für Denkmalschutz eingetragen. Dank dieser Maßnahme durfte sie dotiert werden. 1995 wurde die Gesellschaft der Freunde der Lycker Dampf-Kleinbahn ins Leben gerufen, die sich um den Denkmalschutz für die Technikdenkmäler der Eisenbahn bemühen. Auf dem Bahnhof der Lycker Schmalspurbahn entstand ein kleines Museum der Eisenbahn.[35]

Fahrt von Lyck nach Auersberg (Ełk – Turowo)

0 km

Ełk / Lyck – siehe Ortsbeschreibung.

3,92 km

Mrozy Wielkie / Schönhorst. Ein Dorf am Groß-Selment-See/jez. Selmęt Wielki, 1473 gegründet. Das Haus Nr. 4 – ein masurisches Haus sowie der dortige Park mit 140 Jahre alten Eichen und ebenso alten Ahornen, von denen der höchste 20 m ist, sind erhalten geblieben

6,57 km

Regielnica / Regelnhof. Dieses eher kleine Dorf entstand 1484. 1821 zählte es lediglich 34 Einwohner. in der Zeit zwischen den Kriegen produzierten hier Ziegelei, Molkerei und Brennerei. Diejenigen Urlaubsgäste, die sich hierher verirren, können in der Nähe der Ortschaft an zwei kleinen, aber sauberen See ausruhen.

9,69 km

Kałęczyny / Lenzendorf. Das Dorf zählt 150 Einwohner, die in 35 hier existierenden landwirtschaftlichen Betrieben beschäftigt sind.

12,03 km

Laski Małe / Klein Lasken – Dorf mit 21 landwirtschaftlichen Betrieben. Hier gabelt sich die Bahnstrecke: rechts führt sie nach Zawady/Grenzwacht, links nach Turowo/Auersberg.

15,07 km

Sypitki / Vierbrücken. Dorf am Malkien-Fluss/Małkinia, gegründet 1483. Schon zu Zeiten des Deutschen Ordens war hier eine Mühle tätig. 1740 wurde hier eine Schule gegründet. 1939 zählte die Ortschaft 262 Einwohner. Zurzeit ist es ein Urlauberdorf. Sehenswert ist die Eisenbahnbrücke über den Malkien-Fluss sowie die alte Wassermühle, die heute als lokales Elektrizitätswerk funktioniert.

18,18 km

Pisanica / Ebenfelde. 1513 gegründet. 1600 bewohnten dieses Dorf nur Polen. Während des Tatareneinfalls 1657 wurden 50 Einwohner getötet und 329 sind in Gefangenschaft geraten. Die hier stehende Kirche wurde den Flammen preisgegeben. Die neue hölzerne Kirche wurde dann 1678 gebaut, aber auch diese erlag 1913 den Flammen. 1939 zählte das Dorf 562 Einwohner. Für Touristen ist die alte Ziegelei in Ebenfelde eine Attraktion.

22,82 km
Romanowo / Heldenfelde
24,76 km
Borzymy / Borschimmen. Das Dorf wurde von den Brüdern Borzym gegründet, denen der Großmeister Friedrich, Sächsischer Fürst, 50 Hufen Boden vermacht hatte. 1656 wurde die Ortschaft von den Tataren vernichtet. 1821 wohnten hier 198 Personen, 1939 – 683 Einwohner. Während des 1. Weltkrieges wurde das Dorf vernichtet, einige Jahre später wieder aufgebaut. 1945 wurde ein Großteil der Häuser abgefackelt. Die Schule in Borschimmen existiert seit 1745. Eine Kirchengemeinde entstand hier 1817. Der hiesige Pastor Jan Wilhelm Ebel war Autor von vier Predigtensammlungen für die masurische Bevölkerung, die in polnischer Sprache in Lyck veröffentlicht worden sind.
26,4 km
Dudki Ełckie / Petzkau
28,4 km
Grądzkie Ełckie / Steinkendorf
30,38 km
Kalinowo / Dreimühlen. Das Dorf entstand gegen Ende des 15. Jhs. 1656 wurde es von den Tataren geplündert; die Kirche wurde abgebrannt und die Bewohner wurden mit ihrem Pastor in Gefangenschaft getrieben. 1666 wurde eine neue, hölzerne Kirche gebaut. Während der Pest 1709-1711 starben hier 633 Personen. Im 18. Jh. wurde das Dorf dank der hier viermal im Jahre veranstalteten umfangreichen Jahrmarkte berühmt. Während des 1. Weltkrieges wurde die Ortschaft vernichtet, die Kirche brannte ab. Das bis auf den heutigen Tag stehende Gotteshaus wurde 1924 errichtet. 1939 zählte Dreimühlen 661 Einwohner.
32,73 km
Maże / Maschen. Das Dorf wurde 1494 nach dem Magdeburger Recht gegründet.
35,33 km
Milewo / Millau
37,86 km
Turowo / Auersberg. Diese Siedlung entstand 1473. Hier befindet sich die Endstation der Lycker Kleinbahn. Das Bahnhofgebäude wurde 1913 errichtet; aus demselben Jahr stammen alle Bahnanlagen und Bahneinrichtungen.

FAHRRADROUTEN

ROUTE 1:
NIKOLAIKEN – LUCKNAINER-SEE – NIKOLAIKEN

Diese Route ist 16 km lang. Ihren Anfang nimmt sie in Nikolaiken/Mikołajki auf der Chaussee in südöstlicher Richtung, weiter geht es dann auf unbefestigter Straße. In Richtung des von weitem sichtbaren Sees kommen wir zur Seeenge zwischen dem Lucknainer-See/jez. Łuknajno und dem Spirding-See/jez. Śniardwy und weiter zur Siedlung Łuknajno. Hier biegen wir nach links ab und fahren entlang des Seeufers. Schon seit 1937 steht es unter Naturschutz als Ornithologisches Naturschutzgebiet. Während der Überflüge zählt

die Kolonie des weißen Schwans hier bis zu 2500 Vögel. Wir fahren an der Ornithologischen Anstalt der Universität Warschau, dann an den Ruinen der Siedlung Osa, die von allen Bewohnern verlassen worden ist, vorbei, und nach etwa 2 km nehmen wir die nicht befestigte Straße, die von Julienhöfen/Woźnice kommt, und fahren in südwestlicher Richtung (die Straße ist hier meistens feucht) in Richtung See. Hinter den Gleisen kommen wir auf die Chaussee und kehren nach Nikolaiken zurück.

ROUTE 2: ORTELSBURG – LINDENORT – ORTELSBURG

Diese Route ist 36 km lang. Wir verlassen Ortelsburg/Szczytno und fahren zum Dorf Hamerudau/Rudka. Hinter der Brücke über den Waldpusch-Fluss fahren wir Richtung Preußenwalde/Prusowy Borek. Anfangs auf einer nicht befestigten Waldstraße, um schließlich auf die Chaussee nach Lindenort/Lipowiec zu gelangen. Am Ende dieses Dorfes biegen wir rechts in Richtung Kleinhügelwalde/Zieleniec Mały ab. Am Waldrand angekommen biegen wir wieder rechts ab, um hinter dem letzten Bauernhof nach links abzubiegen. Nun sind die prächtigen Wacholderbäume auf beiden Seiten der Straße zu sehen. Dies sind die höchsten Wachholderbäume in Europa; natürlich stehen sie unter Naturschutz. Einer von ihnen ist 13 m hoch, sein Alter wird auf 220 Jahre geschätzt. Etwas weiter wachsen Linden und Eichen. Aus Lindenort fahren wir in Richtung Hellengrund/Zabiele weiter. Am Ende dieser Ortschaft erreichen wir dic Chaussee, die uns nach Ortelsburg zurück bringt.[36]

ROUTE 3: RUND UM DEN LÖWENTIN-SEE

Die Route ist 31 km lang. Wir verlassen das Zentrum in südwestlicher Richtung, passieren die Schwenkbrücke über den Lötzener Kanal, um etwas weiter durch das Lötzener Tor die Feste Boyen zu erreichen, und verlassen sie dann durch das Rastenburger Tor. Auf der Chaussee biegen wir links ein in Richtung des Dorfes Wolfsee/Wilkasy. Wir fahren am westlichen Ufer des Löwentin-Sees entlang durch die Ortschaften Strzelce und Bogaczewo. Nach etwa einem km ist links abzudrehen und in südöstlicher Richtung durch die Halbinsel Kula, die den Saiten- vom Krösten-See absondert, zu fahren. Weiter geht es am westlichen Ufer des Saiten-Sees/Jez.

Boczne entlang bis zum Urlauberdorf Rotwalde/Rydzewo. Die Besichtigung der von 1591 stammenden Kirche ist hier zu empfehlen, an die der Turm 1772 angebaut worden ist. Eine malerisch hübsche Strecke fahren wir am südlichen Ufer des Löwentin-Sees entlang. Unter der Brücke, die wir passieren, verläuft die Wasserroute, die den Löwentin- und den Hessen See/jez. Wojnowo verbindet. Nachdem wir das Dorf Eisenwerk/Ruda erreicht haben, verläuft unsere Marschroute nach Norden – linkerseits haben wir den kleinen Graiwer-See/jez. Grajewko (40 ha) – auf der wir nach Lötzen zurückkehren.

Seenlandschaft

WANDERWEG KRUTTINNEN – HIRSCHEN (Krutyń – Zgon)

Die Route beginnt in der Ortschaft Kruttinnen/Krutyń (südlich der Strecke Sensburg/Mrągowo – Niedersee/Ruciane). Das im Zentrum des Dorfes stehende Haus – ein Baudenkmal vom Anfang des 20. Jhs. – ist unser Treffpunkt. Es ist der Sitz der Verwaltung des Masurischen Landschaftsparks. Hier ist eine Ausstellung zu besichtigen, die die Geschichte und Natur jener Flächen darstellt, die nun zum Park gehören. Vor der Schule, an der wir vorbeigehen, liegt ein Findling mit einer Tafel, die an den masurischen Volksdichter Karol Małłek erinnert. Unterhalb der Brücke, die wir passieren, beginnen die bekannten Stakenfahrten auf dem Kruttinna-Fluß. Hinter der Brücke rechterseits steht ein Haus, in dem 1963 der amerikanische Schriftsteller und Reporter John Steinbeck Quartier genommen hat.

Die Allee führt uns in den Wald. Linker Hand steht am Schlagbaum die sog. Kruttinner Eiche mit dem staatlichen Umfang von 530 cm und einer Höhe von 25 m. Etwa 300 m weiter biegen wir links ab, um das Naturschutzgebiet „Zakręt" (106 ha) zu erreichen; hier gibt es kleinere Seen mit schwimmenden Inseln. Gegenüber der Straße, die ins Naturschutzgebiet führt, ist das sog. „Liebespaar" zu sehen – eine Eiche umschlingt mit ihren Armen eine Kiefer. Die „verliebte" Blattstieleiche hat einen Umfang von 200 cm und ist 18 m hoch, ihre Partnerin – die Kiefer – ist dicker (275 cm) und höher (27 m).

Am inzwischen erreichten Mucker-See/Jez. Mokre stehen wir auf dem sog. Kruttinner Strand. Wir verlassen den Zeltplatz, der vor allem den vielen Wasserratten dient, die den Fluss mit ihren Booten entlang fahren. An der Landebrücke bleiben wir für einen Moment stehen und schreiten dann am Seeufer Richtung Süden fort. Nach einem 3 km-Marsch ist das Naturschutzgebiet „Królewska Sosna" zu erreichen. Unter Naturschutz steht hier der 200 Jahre alte Kiefern-Baumbestand mit beigemischter Eiche, Fichte und Birke. Ein Auge sollte man unbedingt auf die 300 Jahre alte Königskiefer werfen, die im Umfang 360 cm aufweist, sowie auf eine Eiche mit 540 cm Umfang.

Weiter am Seeufer entlang kommen wir zu seiner letzten Bucht; auf dem Weg nach links geht es zur Hauptstraße. Am Kruczek-See mit Torfufern vorbei kommen wir zur Hauptstraße zurück, um das Naturschutzgebiet zu verlassen. Auf der ersten Kreuzung der Waldwege gehen wir rechts weiter, falls wir das Dorf Zgon/Hirschen erreichen möchten, oder links, falls wir nach KrutyńKruttinnen zurückkehren möchten.

Die Tour ist 8 km lang, der Rückweg macht weitere 4 km aus. Im Naturschutzgebiet ist es erlaubt, nur auf ausgewiesenen Wegen zu wandern.[37] Am besten ist es, einen Fremdenführer anzumieten, der das Naturschutzgebiet bestens kennt.

WANDERWEG KRUTTINNEN – JÄGERSWALDE (Krutyń – Rosocha)

Der Wanderweg beginnt im Dorf Kruttinnen/Krutyń (südlich der Strecke Sensburg/Mrągowo – Niedersee/Ruciane) am Haus, in dem die Verwaltung des Masurischen Landschaftsparks ihren Sitz hat. In diesem hölzernen Haus ist eine archäologisch – naturwissenschaftliche Ausstellung zu besichtigen. Hinter der Brücke über den Kruttinna-Fluss biegen wir links nach Süden ab. Nach etwa 300 m finden wir einen bequemem Zugang zum Fluss, um sein Ufer entlang zu wandern. Etwas weiter windet sich der Fluss nach links, wir aber gehen geradeaus Richtung eines Hauses, das im masurischen Stil errichtet worden ist. 3 km führt nun der Weg durch einen Kiefernwald. Wir kommen auf eine gepflasterte Straße, die abwärts führt. Rechter Hand befindet sich hier das Naturschutzgebiet „Königskiefer".

Wir biegen links ab und kommen an zwei dystrophischen Seen vorbei, deren Wasser sauer und braun ist und allein von Niederschlägen gespeist wird. Etwa 300 m hinter dem zweiten See überqueren wir eine Straße und gehen nach Osten, entlang des sich rechter Hand dahinziehenden Sumpfwaldes. Etwa 250 m von der nicht befestigten Straße entfernt gibt es eine Gabelung; wir nehmen den Weg nach links (nach Osten), um die Siedlung Zakręt zu erreichen. Weiter nehmen wir einen Feldweg Richtung Chaussee, gehen an einem Haufen von Findlingen und an einem Forsthaus vorbei und wandern durch einen Laubwald. Sobald die Chaussee erreicht ist, biegen wir nach links zum Dorf Rosocha ab. Wandern wir diese Route in dieselbe Richtung weiter, kommen wir nach Kruttinnen zurück.[38]

Der Wanderweg ist 6,5 km lang, die ganze Route beträgt 10 km.

Masurische Hütte in Kruttinnen/Krutyń

Anlegestelle

WASSERROUTEN

SCHIFFSFAHRTEN IM GEBIET DER GROSSEN MASURISCHEN SEEN

Ab den letzten Apriltagen sind bis Ende Oktober auf den masurischen Seen Schiffe der Masurischen Flotte unterwegs. Sie bilden die sog. Weiße Flotte, deren Schiffe Häfen aller größeren Ortschaften an den masurischen Seen anlaufen. Urlauber bzw. Touristen haben die Möglichkeit, die ihnen weitgehend entsprechendste Route zu wählen. Von Lötzen nach Nikolaiken – überhaupt kein Problem, von Lötzen zurück nach Lötzen – auch kein Problem. Es gibt ja bekanntlich Urlauber, die ihren Wagen z.B. in Lötzen auf einem bewachten Parkplatz abstellen, um nach der Spazierfahrt mit dem Schiff den Wagen wieder abzuholen und weiterzureisen. Zahlreiche Urlauber wählen aber auch eine Spazierfahrt mit dem Schiff, von dem aus nicht nur die Natur zu bewundern ist, sondern auf dem am Abend auch getanzt wird. Wer großer Gruppen müde ist, kann im Hafen oder an der Anlegestelle ein bequemes Motorboot mieten, das für 5 bis 12 Personen Platz bietet.

Schiffsfahrt von Lötzen nach Angerburg

Die Strecke ist 25 km lang, die Tour dauert 2,5 Stunden. Nach der „Lichtung der Anker“ im Hafen von Lötzen passiert das Schiff den Lötzener Kanal (2,13 km) mit der berühmten Schwenkbrücke inmitten der Stadt, die sich zu dieser Zeit mit Staus auf den Straßen abfinden muss. Nach 2,5 km verlässt das Schiff den Kanal und sticht in „hohe See“. Alle Seen dieses großen Komplexes, der durchzuqueren ist, bilden den Mauer-See. Zuerst kommt aber der Kissain-See/jez. Kisajno mit seinen zahlreichen Inseln: Großer Werder/Duży Ostrów, Fichteninsel/Sosnowy Ostrów, Fischerinsel/Górny Ostrów, Große Kermusa/Wielka Kiermuza und die Fliegerinsel/Dębowa Górka. Rechter Hand im Hintergrund der Bucht ist die Siedlung Perkunen/Pierkunowo zu sehen. Hat das Schiff erst einmal die rechter Hand befindliche Halbinsel hinter sich, befindet es sich auf dem Dargeinen-See/jez. Dargin. Es geht weiterhin Richtung Norden unter einer Brücke hindurch. Die Straße nach links führt nach Steinort, dem früheren Gut der Familie Lehndorff (siehe Ortsbeschreibung). Ist das Schiff mit dem Heck unter der Brücke unter der Brücke durch, befindet es sich auf dem Kirsaiten-See/jez. Kirsajty. Rechterseits stampft es an der ehemaligen Wittwonginsel/ Kurka vorbei.

Vom Lötzener Hafen sind wir nun 16 km entfernt. Hier beginnt der eigentliche Mauer-See. In seiner Mitte ist die große Insel Upalten/Upałty (68 ha) zu sehen. Nachdem das nordöstliche Ufer des Mauer-Sees erreicht ist, sticht das Schiff in die Angerapp/Węgorapa, die hier ihren Anfang nimmt (Nebenfluss des Pregels, 172 km lang). Der Nähekanal/Kanał Węgorzewski führt das Schiff dann zur Anlegestelle der Masurischen Schifffahrtsgesellschaft in Angerburg (siehe Ortsbeschreibung). Hier endet die Passage.

Schiffsfahrt von Lötzen nach Nikolaiken

Die Schiffsreise von Lötzen/Giżycko nach Nikolaiken/Mikołajki dauert 3 Stunden. In dieser Zeit wird die Entfernung von 37 km zurückgelegt. Die Passage beginnt im Hafen der Masurischen Schifffahrtsgesellschaft in Lötzen am Nordufer des Löwentin-Sees. Es ist der drittgrößte See in Masuren und Polen. Er belegt eine Fläche von 2604 ha und ist 10,8 km lang. Das Schiff fährt nach Süden, an den am Ufer liegenden Dörfern Wolfsee/Wilkasy und Zweischützen/ Strzelce vorbei. Dann dreht es leicht nach südwesten und steuert die Bucht des Löwentin-Sees – den Saiten-See an. Rechter Hand befindet sich hier die Ortschaft Reichensee/Bogaczewo, linker Hand die Ortschaft Rotwalde/Rydzewo.

Nach 11 km sticht das Schiff in den Kulla-Kanal (110 m), um dahinter in den Krösten-See/Jez. Jagodne zu gleiten. Linkerseits liegt das Dorf Großkrösten/Jagodne Wielkie, und noch etwas weiter befinden sich die Ortschaften Salpia/Prażmowo (rechterseits) und Kleinkrösten/Jagodne Małe (linkerseits). Dann sticht das Schiff in die Bucht des Krösten-Sees, die den Namen Großer Hensel-See/Jez. Szymoneckie trägt. Etwa in der Mitte dreht das Schiff rechts bei und passiert den Schmidtsdorfer Kanal (2,36 km). Dann kommt der Schmidtsdorfer See/jez. Szymon, auf dem sich gern Wasservögel zahlreich sammeln. Am südlichen Ufer sticht das Schiff in den Immenhagener Kanal/Kanał Mioduński (1,92 km), der es zum

Kleinen See/jez. Kotek Wielki leitet. Seine bewachsenen Ufer dienen zahlreichen Vögeln zum Nisten.

Über den Grünwalder Kanal/Kanał Grunwaldzki (470 m) geht es zum Taltersee/jez. Tałtowisko, am Westufer weiter zum Talter Kanal/Kanał Tałcki (1,6 km) und zum Talter Gewässer/jez. Tałty. An seinem linken Ufer befindet sich das Dorf Talten/Tałty. Weiter südlich liegt der Nikolaiker-See, auf dem wir die Anlegestelle in Nikolaiken erreichen.

Schiffsfahrt von Nikolaiken nach Niedersee

Die Reise dauert 2 Stunden und 10 Minuten. Die Strecke ist 19,5 km lang. Sie beginnt an der Anlegestelle in Nikolaiken und führt Richtung Süden – den Nikolaiker See/Jez. Mikołajskie entlang. 3 km vom Hafen entfernt gibt es eine Gabelung der Strecke: links geht es zum Spirding-See und Johannisburg, rechts – nach Niedersee. Das Schiff sticht in den Beldahn-See/jez. Bełdany, der 12,4 km lang ist. Rechts liegt die Isnother Bucht, in die der Kruttinna-Fluss mündet. Auf der rechten Seite liegt dann auch noch die Ortschaft Keilern/Kamień. Am Ende des Beldahn-Sees wird das Schiff in der Guschiner Schleuse (44 m lang, Torbreite 7,5 m) um 2 m gehoben, um in den Kleinen und Großen Guschiner See zu kommen. Rechter Hand steuert das Schiff – vorbei an einem Sägewerk – zur Anlegestelle der Masurischen Schifffahrtgesellschaft in Niedersee, wo die Route endet.

Fahrplan der „Weissen Flotte“

(Änderungen vorbehalten)

Fahrrouten von Lötzen / Giżycko

Giżycko – Rydzewo – Szymonka – Spirding-See – Mikołajki	9.30 – 13.30
Giżycko – Spirding-See – Mikołajki – Giżycko (Pause in Mikołajki 13.30 – 15.00 Uhr)	9.00 – 18.00
Giżycko – Spirding-See – Mikołajki – Ruciane (Pause in Mikołajki 13.30 – 14.20 Uhr)	9.00 – 16.30
Giżycko – Löwentin-See – Giżycko	9.30 – 10.30
Giżycko – Mauer-See – Węgorzewo	10.20 – 12.50
Giżycko – Węgorzewo – Giżycko (Pause in Węgorzewo 12.50 – 15.00 Uhr)	10.20 – 17.30
Giżycko – Kormoraninsel – Giżycko	10.30 – 14.00
Giżycko – Weg der Schwäne – Giżycko	11.00 – 12.30

Giżycko – Weg der Schwäne – Giżycko	12.40 – 14.10
Giżycko – Löwentin-See – Giżycko	13.10 – 14.10
Giżycko – Kormoraninsel – Giżycko	14.00 – 17.30
Giżycko – Liebesinsel – Giżycko	14.10 – 15.30
Giżycko – Mauer-See – Węgorzewo	14.30 – 17.00
Giżycko – Rydzewo – Szymonka – Mikołajki	15.00 – 18.00
Giżycko – Weg der Schwäne – Giżycko	15.40 – 17.30
Giżycko – Liebesinsel – Giżycko	17.40 – 19.10
Giżycko – Liebesinsel – Giżycko	18.10 – 21.00

Fahrrouten von Angerburg / Węgorzewo

Węgorzewo – Mauer-See – Giżycko	10.30 – 13.00
Węgorzewo – Giżycko – Węgorzewo (Pause in Giżycko 13.00 – 14.30 Uhr)	10.30 – 17.00
Węgorzewo – Giżycko – Mikołajki (Pause in Giżycko 13.00 – 15.00 Uhr)	10.30 – 18.00
Węgorzewo – Insel Upalten – Węgorzewo	13.00 – 14.50
Węgorzewo – Mauer-See – Giżycko	15.00 – 17.30
Węgorzewo – Insel Upalten – Węgorzewo	17.20 – 19.10

Fahrrouten von Nikolaiken / Mikołajki

Mikołajki – Spirding-See – Mikołajki	9.00 – 10.30
Mikołajki – Spirding-See – Wierzba – Kamień – Ruciane	10.00 – 12.30
Mikołajki – Ruciane – Mikołajki (Pause in Ruciane 12.30 – 14.00 Uhr)	10.00 – 16.00
Mikołajki – Szymonka – Rydzewo – Giżycko	10.30 – 13.30
Mikołajki – Giżycko – Węgorzewo (Pause in Giżycko 13.30 – 14.30 Uhr)	10.30 17.00
Mikołajki – Giżycko – Mikołajki (Pause in Giżycko 13.30 – 15.00 Uhr)	10.30 – 18.00
Mikołajki – Talter Gewässer – Rheinischer See – Ryn	11.00 – 12.30
Mikołajki – Ryn – Mikołajki (Pause in Ryn 12.30 – 13.30 Uhr)	11.00 – 15.00
Mikołajki – Spirding-See – Mikołajki	12.10 – 13.30
Mikołajki – Spirding-See – Mikołajki	13.30 – 14.50
Mikołajki – Spirding-See – Mikołajki	14.20 – 16.00
Mikołajki – Wierzba – Kamień – Ruciane	14.20 – 16.30
Mikołajki – Szymonka – Rydzewo – Giżycko	15.00 – 18.00
Mikołajki – Spirding-See – Mikołajki	15.00 – 16.20
Mikołajki – Spirding-See – Mikołajki	16.20 – 17.50
Mikołajki – Talter Gewässer – Rheinischer See – Ryn	16.30 – 18.00
Mikołajki – Spirding-See – Mikołajki	18.00 – 19.30

Fahrrouten von Niedersee / Ruciane

Ruciane – Nieder-See – Ruciane	9.20 – 10.20
Ruciane – Kamień – Ruciane	10.30 – 12.30
Ruciane – Kamień – Wierzba – Spirding-See – Mikołajki	10.30 – 13.30
Ruciane – Spirding-See – Mikołajki – Ruciane (Pause in Mikołajki 13.00 – 14.20 Uhr)	10.30 – 16.30
Ruciane – Spirding-See – Mikołajki – Giżycko (Pause in Mikołajki 13.00 – 15.00 Uhr)	10.30 – 18.00
Ruciane – Nieder-See – Ruciane	12.50 – 13.50
Ruciane – Kamień – Wierzba – Mikołajki	14.00 – 16.00
Ruciane – Mikołajki – Ryn	14.00 – 18.00
Ruciane – Kamień – Ruciane	14.00 – 16.30
Ruciane – Nieder-See – Ruciane	16.50 – 17.50
Ruciane – Nieder-See – Ruciane	18.00 – 20.00

Fahrrouten von Rhein / Ryn

Ryn – Rheinischer See – Talter Gewässer – Mikołajki	9.00 – 10.30
Ryn – Mikołajki – Ryn (Pause in Mikołajki 10.30 – 11.00 Uhr)	9.00 – 12.30
Ryn – Mikołajki – Giżycko – Węgorzewo (Pause in Giżycko 13.30 – 14.30 Uhr)	9.00 – 17.30
Ryn – Rheinischer See – Talter Gewässer – Mikołajki	13.30 – 15.00
Ryn – Spirding-See – Mikołajki	13.30 – 16.20
Ryn – Mikołajki – Giżycko	13.30 – 18.00
Ryn – Mikołajki – Ryn (Pause in Mikołajki 15.00 –16.30 Uhr)	13.30 – 18.00

Achtung! Bei weniger als zehn Personen findet die Fahrt nicht statt.

Weitere Informationen

Hafen Lötzen
(vom 20. April bis 31. Oktober)
Port Żeglugi Mazurskiej, 11-500 Giżycko, ul. Kolejowa 9,
Tel./Fax (087) 4282578
Reisebüro Lötzen
Żegluga Mazurska. Sp. z o.o., 11-500 Giżycko,
ul. Wojska Polskiego 8, Tel. (087) 4285332, Fax (087) 4283050
Anlegestelle Nikolaiken
Żegluga Mazurska. Sp. z o.o., Przystań, 11-730 Mikołajki,
al. Kasztanowa, Tel. (087) 4216102
Anlegestelle Niedersee
Żegluga Mazurska. Sp. z o.o., Przystań, 12-220 Ruciane-Nida,
ul. Dworcowa 4, Tel. (087) 4231043

SCHIFFSFAHRTEN AUF DEM OBERLANDKANAL

Eine Attraktion sondergleichen ist der Oberlandkanal, der nur in einem Drittel seiner Länge durch echte Kanäle führt. Der längere Teil führt durch natürliche Gewässer, wo die Fahrgäste Gelegenheit haben, einen nahen Kontakt zur Natur aufzunehmen, die Schönheit der Seen, Teiche und Flüsse sowie die sich entlang der Wasserroute dahinziehenden Wälder zu bewundern. Das Vordringen des Schiffes durch die von Wasserpflanzen verwachsenen Gewässer, die Fahrt auf einem Damm, das Aufsteigen bzw. Herabsinken in den Schleusen und sogar das Rollen über die „geneigten Ebenen" – ergibt zahlreiche unvergessliche Eindrücke und Erlebnisse. Der Oberlandkanal ist der einzige seiner Art in Europa, ein ähnliches Bauwerk dieser Art befindet sich in den USA.

Aus der Geschichte des Kanals

Die Wälder um Osterode und Dtsch. Eylau lieferten seit langem Holzstämme bester Qualität, nach denen es besonders in Danzig eine große Nachfrage gab. Schon im 16. Jh. wurden schlanke Stämme aus diesen Wäldern über die Drewenz zur Weichsel geflößt, und von dort

Rollen über die geneigte Ebene

Fahrt auf dem Oberlandkanal

weiter zur Ostseeküste. Dieser Transport auf Umwegen erforderte jedoch viel Zeit und war teuer. Daher träumten Kaufleute davon, einen Kanal zu bauen, der direkt nach Norden Richtung Elbing führen würde. Es wäre eine vielfache Abkürzung zur Ostseeküste.

Diesen Träumen gab der in Königsberg geborene Baurat Georg Steenke (seine Vorfahren stammten aus den Niederlanden) reale Formen. Zwischen 1837 und 1844 erstellte er ein genaues Projekt des Kanals. Im Oktober 1844 wurde das Projekt in Angriff genommen: Zuerst mussten diejenigen Seen, die das System der Wasserstraße bilden sollten, miteinander verbunden und ihr Wasserspiegel ausgeglichen werden. Maßgebend war nun hierbei der Wasserspiegel des Geserich-Sees/jez. Jeziorak. Im Bartling-See/jez. Bartążęk und Gr. Eyling-See/Jez. Ilińskim musste der Wasserspiegel um 1,5 m, im Röthloff-See/jez. Ruda Woda um 1,7 m und in den Seen Sambrodt/jez. Sambród und Pinnau/jez. Piniewo sogar um 5,35 m gesenkt werden. Der Wasserüberfluss wurde über die Drewenz in die Weichsel abgeleitet.

Die größten Schwierigkeiten bot jedoch der Abiskar-See/Jez. Karnickie, dessen Wasserspiegel um 2 m tiefer lag als in den anderen. Die einzige Lösung war der Bau eines Dammes durch diesen See, der

Auf der geneigten Ebene

484 m lang, 39 m breit und 20 m hoch ist. Auf diesem Damm wurde dann das Kanalbett geführt.

Nach Ausführung all dieser Maßnahmen lag der Unterschied des Wasserspiegels im Drausen-See/jez. Drużno und den südlich befindlichen Seen immer noch bei 99,5 m. Um dieses Problem zu lösen, wurden zwischen dem Drausen- und dem Pinnau-See fünf Holzschleusen und vier „geneigte Ebenen" gebaut, auf denen die Schiffe über Land gezogen wurden. Nach einigen Einsatzjahren haben sich die Schleusen abgenutzt, und sie wurden 1881 von einer fünften „geneigten Ebene" ersetzt.

Der erste Abschnitt des Kanals Deutsch Eylau – Liebemühl – Elbing wurde 1858 beendet. Im Oktober 1860 bezwang das erste Schiff diese Strecke. Erst 1872 wurde der nächste Abschnitt Liebemühl – Osterode fertiggestellt. Die letzte Bauetappe machte der Kanal Osterode – Altfinken aus, der 1876 seinem Zweck übergeben wurde. Verzichtet wurde dagegen auf die früher geplante Erweiterung des Kanals in östliche Richtung zur Route der Großen Masurischen Seen. Die Arbeitskosten beliefen sich zwischen 1844-1876 auf 5,8 Milliarden Mark.

In der zweiten Hälfte des 19. Jhs. nahm die Bedeutung des Kanals erheblich ab, da die inzwischen gebauten Eisenbahnstrecken dem Transport auf dem Wasser gegenüber Konkurrenzfähig wurden. Während des 2. Weltkriegs wurden zahlreiche Kanalanlagen zerstört, u.a. auch die Schiffe. Glücklicherweise sind die „geneigten Ebenen" erhalten geblieben. Nach zweijährigen Renovierungsmaßnahmen wurde die Schifffahrt auf dem Oberlandkanal von Neuem aufgenommen. Zurzeit dient sie vor allem Urlaubern und Touristen.

Von Osterode nach Elbing auf dem Schiff

Der attraktivste Abschnitt des Kanals führt von Osterode nach Elbing. Der Anker wird um 8.00 Uhr gelichtet. Zur selben Zeit startet auch in Elbing ein Schiff nach Osterode. Die „geneigten Ebenen" führen in diesem Fall aufwärts, die Hügel verdecken den Ausblick auf die Gegend, und deshalb ist diese Tour weniger interessant. Um also nach Osterode zurück zu kommen, können wir auch einen Bus nehmen, der an der Elbinger Anlegestelle die Touristen erwartet. Die Wasserstraße Osterode – Elbing ist 80,4 km lang, die Reise dauert 11 Stunden. Wer dafür nicht so viel Zeit opfern möchte, kann die Schiffsplanken erst in Liebemühl, Maldeuten oder Buchwalde betreten. Man kann aber auch aus Osterode kommend unterwegs aussteigen.

0 km

Das Schiff sticht in den Drewenz-See, der eigentlich aus zwei Armen besteht, die sich fast unter einem geraden Winkel westlich von Osterode vereinen. Seine Fläche beträgt 881 ha; er ist maximal 22 m tief. Rechter Hand beginnt der Kanal, der durch zwei Seen bis nach Altfinken/Stare Jabłonki reicht. Weiter ist dann der nördliche Arm des Drewenz-Sees zu sehen.

1,5 km

Brücke, die das Nord- mit dem Südufer des Sees verbindet.

4,4 km

Das Schiff dreht rechts ab, verlässt den Drewenz-See und nimmt den Weg durch einen Kanal, der durch die Vertiefung des Flussbettes der Liebe entstanden ist. Der Kurs geht Richtung Norden gegen den schwachen, nach Süden fließenden Strom. Die Ufer sind hier ziemlich niedrig, Röhricht und Schilf sowie Wiesen und Weiden und der Forst Liebemühl/ Liwskie Lasy auf beiden Seiten des Kanals begleiten das Schiff.

10,5 km

Die Kammerschleuse Grünwalde/Zielona nimmt das Schiff auf, das um 1,4 m gehoben wird. Linker Hand auf der Anhöhe befindet sich das Dorf Bieberswalde/Liwa.

11,5 km

Die Brücke über dem Schiff ist Teil der Straße Bieberswalde – Liebemühl. Etwas weiter links ist das kleine Dorf Zacisze zu sehen.

14,5 km

In den Oberlandkanal mündet hier von rechts kommend ein Wasserlauf, der in den nordöstlich von Liebemühl befindlichen Teichen seinen Ursprung hat.

15 km

Das Schiff erreicht die Kammerschleuse Liebemühl, wo es um 2,8 km gehoben wird. Gleich nach Verlassen der Schleuse gabelt sich die Wasserroute: links geht es nach Dtsch. Eylau/Iława, rechts – nach Elbing. Rechter Hand liegt Liebemühl/Miłomłyn; das Schiff stampft durch einen breiteren Abschnitt des Kanals – die Liebemühler Teiche.

18 km

Der Gr. Eyling-See/Jez. Ilińskie (5,75 km lang, maximal bis 1 km breit und 27,4 m tief) nimmt das Schiff auf. Es dreht zuerst rechts bei, um eine Halbinsel zu umfahren, auf der sich das Dorf Klein Altenhagen/

Majdany Małe breit gemacht hat, dann schlägt es die Richtung nach links, also gen Norden wieder ein.

23 km

Nachdem das Schiff zwei kleinere Seen hinter sich gelassen hat, wird es vom Röthloff-See/jez. Ruda Woda, der sich vom Süden nach Norden hinzieht – einem typischen Rinnensee (bis 1,7 km breit, 12 km lang, maximal 28 m tief) aufgenommen. Linkerseits befindet sich die Siedlung Nickelshagen/Liksajny. Nach einigen Minuten gleitet das Schiff an den linker Hand befindlichen großen Buchten vorbei, die sich in nordwestlicher Richtung in das Land hineinzwängen. Rechter Hand lässt das Schiff den kurzen (1 km) Bartnicki-Kanal zurück, der den Röthloff- mit dem Bärting-See/jez. Bartężek verbindet. Noch etwas weiter rechterseits ist die Drela-Bucht zu sehen, und linkerseits die Zachodnia-Bucht. Der Wald endet, rechter Hand ist das Dorf Gr. Wilmsdorf/Wilamowo zu sehen.

36 km

Hier endet der Röthloff-See; das Schiff sticht in einen weiteren engen Graben; die Brücke ist Teil der Chaussee Mohrungen – Maldeuten.

37,2 km

Das Schiff erreicht das große Dorf Maldeuten/Małdyty.

37,7 km

Das Schiff sticht in den Samrodt-See/jez. Sambród (3,8 km lang, 500 m breit, 4 m tief) und gleitet an der engsten Stelle unter einer Eisenbahnbrücke hindurch. Am Nordufer des Sees liegt das Dorf Groß Samrodt/Sambród. Das Schiff wird nach Verlassen des Sees von einem engen Kanal empfangen.

44 km

Das Schiff erreicht den Pinnau-See/jez. Piniewo, der aus zwei Teilen besteht (2,3 km und 900 m lang). Der See verwächst sehr schnell. Der Schifffahrt steht nur ein freies Wasserstreifen entlang des rechten Ufers zur Verfügung. Der restliche Teil ändert sich sehr schnell zu einem undurchdringlichen Sumpf. Rechterseits gleiten am Schiff die Dörfer Awecken/Awajki und dann Pinnau/Piniewo vorbei.

45,5 km

Das Schiff bezwingt den letzten Kanalabschnitt, der auf der Höhe von 99,5 m ü.d.M. liegt. Rechter Hand ist das Dorf Draulitten/Drulity zu sehen.

51,6 km

Das Schiff nähert sich der Ortschaft Buchwalde/Buczyniec. Hier wird es um 21,5 m hinabgerollt. Mit einer ziemlich großen Spurweite führen auf der „geneigten Ebene“ vom oberen Wasserspiegel des Kanals Schienen zum unteren Wasserspiegel hinunter. Das Schiff wird inzwischen an einer aus dem Wasser stechenden Metallbarriere befestigt und nach einem Glockenton beginnt sich alles zu regen: zwei große Räder beginnen sich zu drehen, dicke Stahlseile ziehen die Plattform, auf der das Schiff steht, aus dem Wasser und lassen sie dann langsam hinunter gleiten. Nach 550 m ist der untere Wasserspiegel erreicht. Sobald es so tief ist, dass sich das Schiff dank eigener Kraft fortbewegen kann, werden die Taue gelöst und die Reise geht weiter.

53,7 km

In Kanthen/Kąty wird das Schiff – ähnlich wie in Buchwalde – auf der 450 m langen „schiefen Ebene“ um 18 m hinuntergerollt.

56,6 km

In Schönwalde/Oleśnica wird das Schiff auf einer Länge von 350 m um 24,5 m hinuntergerollt.

58,8 km

In Hirschfelde/Jelenie rollt das Schiff 510 m auf Rädern und steht dann um 22,5 m tiefer als zuvor.

60,8 km

Die letzte „schiefe Ebene“ heißt Neu Kussfeld/Całuny Nowe. Hier bestreitet das Schiff 450 m auf Schienen und wird 13 m tiefer geleitet. Auf diese Weise hat das Schiff auf fünf „schiefen Ebenen“ den Höhenunterschied von 99,5 m nivelliert und befindet sich nun etwa 0,5 m ü.d.M. Es schlängelt sich nun durch das vertiefte Bett des Klepiny-Flusses/Klepina.

67 km

Nun ist das Schiff im Drausen-See/jez. Drużno (10 km lang, 2,2 km breit, bis 2,5 m tief). Dieser See ist sehr stark verwachsen. Die Schifffahrt wäre unmöglich, wenn die durch Bojen ausgewiesene Wasserstraße nicht immer wieder vertieft würde. Der Drausen-See ist ein wahres Paradies für die zahlreichen, hier nistenden Wasservögel. Seit 1967 ist ein beträchtlicher Teil des Sees und die umliegenden Wiesen unter Naturschutz gestellt worden. Es ist ein ornithologisches Naturschutzgebiet.

74,6 km

Der im Drausen-See seinen Anfang nehmende Elbing-Fluss ist erreicht.

80,4 km

Das Schiff erreicht die Anlegestelle rechts am Ufer in Elbing. Am nächsten Tag um 8.00 Uhr wird es den Rückweg antreten.

Schiffsfahrt von Osterode nach Deutsch-Eylau

Die Passagen auf diesem Abschnitt werden nur im Chartersystem getätigt, wenn die Gruppe nicht weniger als 30 Personen zählt. Die Route ist 47,2 km lang, die Reise dauert 6 Stunden.

0 km

Die Route beginnt in Osterode und deckt sich anfangs mit jener Route, die nach Elbing führt (Beschreibung wie zuvor).

15 km

In Liebemühl/Miłomłyn trennen sich die Routen: das Schiff nach Dtsch. Eylau dreht links bei und bewegt sich westlich vorwärts.

22 km

Auf einem 484 m langen Damm, der den Abiskar-See/Jez. Karnickie zweiteilt, bestreitet das Schiff diesen See, dessen Wasserfläche um 2 m tiefer liegt als jene auf dem Damm.

25 km

Hier erreicht das Schiff den Dauben-See/jez. Dauba.

26,5 km

Nun ist der längste See des Landes erreicht. Der Geserich-See/jez. Jeziorak ist nämlich 27,4 km lang, bis 2,4 km breit und 12 m tief. Das Schiff setzt die Fahrt nach Süden fort.

47,2 km

Sie endet an der Anlegestelle in Dtsch. Eylau.[39]

Fahrplan am Oberlandkanal

Fahrroute von Osterode nach Elbing

- Ostróda 8.00 Uhr
- Miłomłyn 10.00 Uhr
- Małdyty 12.20 Uhr
- Buczyniec 14.00 Uhr
- Elbląg 19.00 Uhr

Fahrroute von Osterode nach Dt.-Eylay

- Ostróda 9.00 Uhr
- Miłomłyn 11.00 Uhr
- Iława 15.00 Uhr

Spazierfahrten auf dem Drewenz-See

9.00 – 11.00 Uhr, 11.10 – 13.10 Uhr,
13.20 – 15.20 Uhr, 15.30 – 17.30 Uhr

Goldamsel

Birkenwald

Winter in Masuren

Wisente im Borker Wald

PADDELTOUR AUF DER KRUTTINNA

Die Wasserroute entlang des Flusses Kruttinna ist die schönste und attraktivste Kajakroute in Masuren. Der Fluss nimmt seinen Anfang im Großen Weißstein-See/Jez. Warpuńskie nordwestlich von Sensburg. Er durchquert zahlreiche Seen, führt sein Wasser zwischen Moränenanhöhen und durchs Flachland der Johannisburger Heide. Der Lauf des Flusses weist zahlreiche Windungen auf, sein Bett ist öfter mit Röhricht und Schilf bewachsen. Am interessantesten ist der 90 km lange Abschnitt zwischen den Dörfern Sorquitten und Isnothen. An dieser Route gibt es zahlreiche Jagdwild- und Wasservögelhorte sowie Naturschutzgebiete. Die „Wasserratten" finden unterwegs bequeme Lagerbedingungen, Unterkunftsmöglichkeiten und gastronomische Lokale sowie Bootshäuser.

0 km

Die Kajakwanderung beginnt in Sorquitten am Bootshaus des Lampatzki-Sees/Jez. Lampackie. Wir paddeln in südlicher Richtung.

2,1 km

Hier drehen wir links bei und gelangen durch eine mit Schilf verwachsene Seeenge in den Lampasch-See/jez. Lampasz. Am linken Ufer ist das Dorf Heinrichshäfen/Jędrychowo zu sehen.

6,4 km

Wir verlassen den See und gleiten etwa 1,5 km den Fluss entlang.

7,9 km

Hier erreichen wir den Kuno-See, linker Hand liegt das Dorf Grabenhof/Grabowo. Nachdem wir den See verlassen haben, paddeln wir wieder 1,5 km den Fluss entlang, kommen unter einer Brücke der Chaussee Sensburg – Ortelsburg durch und sehen rechterseits das Dorf Prausken/Borowe.

11 km

Wir erreichen den Langendorfer-See/jez. Dłużec. Am linken Ufer liegt das gleichnamige Dorf.

14,8 km

Durch einen kurzen Abfluss (0,5 km) gelangen wir zum Weißsee/Jez. Białe. Darauf befinden sich vier bewaldete Inseln, auf der letzten – der größten – ist ein guter Zeltplatz zu finden. Am rechten Ufer, etwa gegenüber der Mitte des Sees befindet sich die nicht zu große Ortschaft Bönigken/Bieńki; an ihrem Rande steht ein Bootshaus mit Zeltplatz und Campinghäuschen.

19,5 km
Nachdem der Weiß-See hinter uns geblieben ist erreichen wir durch einen 1,5 km langen Zufluss den Ganther-See/jez.Gant.
22,5 km
Hier übernimmt uns der Bach – Babenten Fließ/Babięcka Struga (8,5 km).
27 km
Im Dorf Babenten/Babięta legen wir am Ufer an, an dem ein Bootshaus steht. Hier kann man übernachten. Weiter geht es den Babenten Fließ entlang.
31 km
Hier erreichen wir den Großen Sixdroi-See/jez. Zyzdrój Wielki. An seinen Ufern machen sich die Dörfer Neusixdroj/Nowy Zyzdrój (linkerseits) und Kranzhausen/Zyzdrojowa Wola (rechterseits) breit.
35 km
Durch einen Engpass erreichen wir den Kleinen Sixdroi-See/jez. Zyzdrój Mały.
40 km
Sobald wir den Puppener See/Jez. Spychowskie erreicht haben, ist es ratsam, am Bootshaus von Puppen/Spychowo anzulegen und hier zu übernachten.
46,6 km
Durch den schmalen Puppener Fluss ist der Drusener See/jez. Zdrużno zu erreichen. Wir paddeln an seinem Südufer entlang und nehmen Kurs auf die rechter Hand sich öffnende Bucht. Dort, wo sie enger wird, paddeln wir nach Norden.
47,6 km
Der Uplick-See beherbergt am rechten Ufer das Vogelschutzgebiet „Czaplisko – Ławny Lasek“.
50 km
Wir erreichen den großen Mucker-See/jez. Mokre (Fläche 8,6 km^2) Im Dorf Hirschen/Zgon am rechten Ufer können wir anlegen. Im hiesigen Bootshaus besteht die Möglichkeit zu übernachten. Ist fast der ganze See hinter unserem Rücken, halten wir uns rechts ran.
58,5 km
Kruttinner-See/Jez. Krutyńskie, Teil des Naturschutzgebietes „Krutynia“. Weiter geht es den Kruttinna-Fluss entlang durch die Ortchaften: Kruttinnen/Krutyń, Kruttinnerofen/Krutyński Piecek, Jägerswalde/Rosocha, Eckersdorf/Wojnowo, Alt Ukta/Ukta, Neubrück/Nowy Most.

85,5 km

Hier erreichen wir den nicht sehr großen Garten-See/Jez. Gardyńskie und stellen unseren Kompass in südliche Richtung ein, um sich in der Storchwiesenbucht/jez. Malinówko einzufinden. Weiter führt die Route nach Osten, Richtung Schönfließ/jez. Jerzewko.

89,5 km

Wir paddeln durch das Dorf Isnothen/Iznota.

91 km

Der Kruttinna-Fluss mündet im Beldahn-See/jez. Bełdany; hier endet die Paddelboot-Route.[40]

Wiedehopf

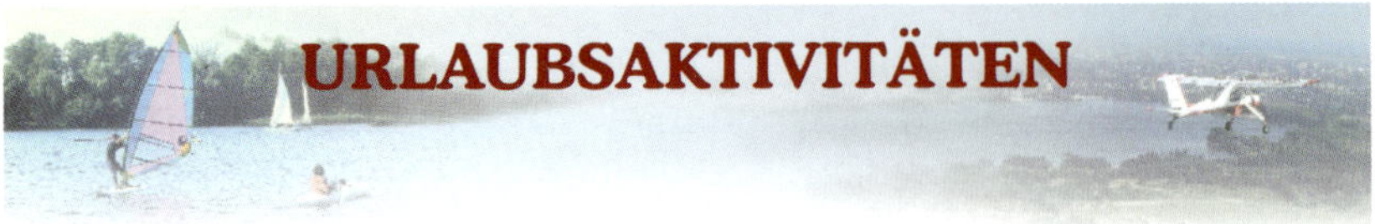

URLAUBSAKTIVITÄTEN

SEGELN

Die Region Masuren wird von ständigen Gästen besucht, die Jahr für Jahr hierher pilgern. Meistens sind es Segler, die hier die besten Bedingungen vorfinden, um aktive Erholung und die Vervollkommnung ihrer Fertigkeiten zu betreiben. Segeln kann man in Masuren fast überall. Im westlichen Teil segeln die Jachten in der Umgebung von Osterode, im südlichen – in der Umgebung von Ortelsburg. Am attraktivsten jedoch ist für die Fans des Segelsports die Region der Großen Masurischen Seen. Die Wasserroute ist vom Norden nach Süden 126 km lang; werden dazu die Nebenrouten zugerechnet, ergibt das die staatliche Gesamtzahl von 200 km! 45 Seen warten auf unser Segelboot. Jeder Segler findet in dieser Region weite Wasserflächen, gute Windbedingungen und bequeme Verbindungen zwischen den Seen. Die Routen werden bezüglich Wassersport gut bewirtschaftet; es gibt keine Probleme bei der Anmietung oder beim Ankern eines Bootes im Hafen bzw. bei der Buchung einer preiswerten Übernachtung.

Die Segelsportzentrale befindet sich natürlich in Lötzen/Giżycko; weitere wichtige Sportzentren sind: Nikolaiken/Mikołajki, Angerburg/Węgorzewo, von geringerer Bedeutung sind Niedersee/Ruciane-Nida, Johannisburg/Pisz und Rhein/Ryn.

Das Segeln auf den masurischen Seen ist zwar sehr attraktiv, aber nicht unbedingt leicht. Auf Draufgänger, die selbständig, ohne Ortskenntnis, waaghalsige Jachtregatten unternehmen, lauern zahlreiche Gefahren: Das Wetter schlägt hier sehr schnell um, es kann plötzlich anfangen zu regnen, und bei Regen und Nebel verliert man oft auch die Orientierung, es kann Schwierigkeiten geben, das entfernte Ufer wiederzufinden. Gefährlich sind große Steinblöcke, die oft direkt unter dem Wasserspiegel unachtsamen Seglern auflauern. Nur einige davon sind durch Stangen mit sich gegenüberliegenden grünen Dreiecken gekennzeichnet. Auf Steine sollte am auch beim Anlegen achten; ein steinerner Boden ist in den masurischen

Gewässern keine Seltenheit. Beachten sollte man auch andere Segler, denn nicht alle kennen das Seglerrecht und es kann leicht zum Rammen der Boote kommen. Zu vermeiden sind auch nachbarliche Beziehungen zu Schiffen der „Weißen Flotte", die hohe Wellen erzeugen und dadurch unser Boot zum Kentern bringen können. Gefährlich kann es auch bei einer Begegnung mit ausgeworfenen Fischernetzen werden. Man sollte auch daran denken, dass manche Seen bzw. ihr Teil zu Ruhezonen erklärt worden sind, und deshalb ist die Nutzung von Verbrennungsmotoren rechtswidrig und unerlaubt.

Besonders schwierig gestaltet sich das Segeln auf dem Spirding-See/jez. Śniardwy, der wegen seiner Größe als Masurisches Meer bezeichnet wird. Um um dieses Becken rundum zu segeln, muss ein erfahrener Segler vier Tage opfern. Der See ist also groß, aber ziemlich seicht. Fast auf jedem Schritt lauern hier weite Sandbänke und Unterwassersteine, die urplötzlich am Boden unserer Jacht scheuern. Ein große Ungewisse ist auch der Wind, der ganz plötzlich aus unerwarteter Richtung sehr stark wehen kann. Bei Windstärke 6 ist das Segeln auf diesem See verboten; schon bei Windstärke 4 ist das Segeln sehr schwierig. Falls unsere Fähigkeiten also noch nie bei diesen Windstärken gefordert worden sind und auch die Witterung unsicher ist, sollte man dieses lockende, allerdings nicht besonders sichere Gewässer meiden.

ANLEGESTELLEN, WASSERSPORTZENTREN

– Babięta, Bootsanlegestelle PTTK, 11-711 Nawiady, Tel. (089) 7420017
– Bieńki 11-705, Bootsanlegestelle PTTK, Tel. (089) 7421059
– Czaple, Bootsanlegestelle am Nieder-See
– Ełk 19-300, Bootsanlegestelle, ul. Kąpielowa 2, Tel. (087) 6103771
– Giżycko 11-500, „Yellow Marina", Tel. (087) 4285063
– Giżycko 11-500, „Yellow Neptun Club", ul. Wojska Polskiego, Tel. (087) 4283160
– Giżycko 11-500, Anlegestelle „Dalba", J. Kurowicki, ul. Nadbrzeżna 11
– Giżycko 11-500, COS, ul. Moniuszki 22, Tel. (087) 4282335
– Giżycko 11-500, Port „Zamek", ul. Moniuszki 1, Tel. (087) 4285438
– Giżycko 11-500, Centrum Żegl., ul. Moniuszki 23a, Tel. (087) 4282636
– Giżycko 11-500, Ośrodek Sport., ul. Nadbrzeżna 15, Tel. (087) 4285697
– Giżycko 11-500, Segel- und Wassertouristikzentrum „Almatur" (am Kissain-See), ul. Moniuszki 24, Tel. (087) 4285971
– Giżycko 11-500, Przystań LOK, ul. Św. Brunona 4, Tel. (087) 4281408
– Jabłoń, Ośrodek Wypoczynkowy, 12-200 Pisz, Tel. (087) 4232880

- Jora Wielka 11-733“Naftoremont“, Tel. (087) 4213000
- Jora Wielka 11-733, Bootsanlegestelle „Sosnowiec“ , Tel. (087) 4213062
- Kamień, Bootsanlegestelle PTTK, 12-210 Ukta, Tel. (087) 4236022
- Krutyń, Bootsanlegestelle PTTK, 11-710 Piecki, Tel. (089) 7421293
- Mikołajki 11-730, „Cicha Zatoka“, ul. Spacerowa 1, Tel. (087) 4215011
- Mikołajki 11-730, Hotel „Gołębiewski“, Bootsanlegestelle am Talter Gewässer, ul. Mrągowska 34, Tel. (087) 4216517
- Mikołajki 11-730, Przystań OZOS, ul. Leśna 9, Tel. (087) 4216032
- Mikołajki 11-730, Wioska Żeglarska, ul. Kowalska 3, Tel. (087) 4216040
- Niegocin (bei Giżycko), Bootsanlegestelle „Tałty“, Tel. (087) 4280112
- Nowy Most, Bootsanlegestelle PTTK, 12-210 Ukta, Tel. (087) 4236045
- Ogonki, Baza Szkoleniowa, 11-600 Węgorzewo, Tel. (087) 4273187
- Okartowo, Stacja Ratownictwa Wodnego, 11-525 Orzysz, Tel. (087) 4237799
- Olecko 19-400, Bootsanlegestelle, ul. Zamkowa, Tel. (087) 5202785
- Orzysz 11-525, OSiR, ul. Leśna 13 (am Arys-See), Tel. (087) 4237041
- Ostróda 14-100, Anlegestelle, ul. Słowackiego 40, Tel. (089) 6464761
- Ostróda 14-100, Klub Wodny, ul. Słowackiego 38a, Tel. (089) 6463454
- Ostróda 14-100, Przystań Żeglugi Ostródzko-Elbląskiej, Tel. (089) 6463871
- Ostróda 14-100, Zentrum „Morliny“, ul. Słowackiego, Tel. (089) 6462164
- Pasym 12-130, Baza PTTK (am Gr. Kalben-See), Tel. (089) 6212152
- Piaski, Bootsanlegestelle, 12-220 Ruciane-Nida, Tel. (087) 4231122
- Piękna Góra (bei Giżycko), „Sailor“, 11-532 Wilkasy, Tel. (087) 4271695
- Piękna Góra, „Energomontaż“, 11-532 Wilkasy, Tel. (087) 4285937
- Piławki, Bootsanlegestelle, 14-140 Miłomłyn, Tel. (089) 6473451
- Pisz 12-200, Ośrodek „Camp-Pisz“, ul. Turystów 1, Tel. (087) 4234463
- Przerwanki, „Huta Katowice“, 11-610 Pozezdrze, Tel. (087) 4217065
- Ruciane-Nida 12-220, „U Andrzeja“, al. Wczasów 17, Tel. (087) 4231012
- Ruciane-Nida 12-220, Zentrum der Touristik und des Wassersports, al. Wczasów 17, Tel./Fax (087) 4231131
- Rydzewo 11-511, Camping „Rydzewo“, Tel. (087) 4211579
- Ryn 11-520, Bootsanlegestelle, ul. Sawickiej 9, Tel. (087) 4218683
- Ryn 11-520, Zentrum für Segler „Kozienice“, Tel. (087) 4218284
- Ryn 11-520, Ośrodek „Sośnica“, ul. Mazurska, Tel. (087) 4218133
- Ryn 11-520, Zentrum für Segler „Szczygłowice“, Tel. (087) 4218547
- Ryn 11-520, Zentrum für Segler „Zofiówka“, Tel. (087) 4218626
- Ryn 11-520, Zentrum für Segler, ul. Mazurska, Tel. (0-87) 4218133
- Skorupki (am Talten Gewässer), 11-520 Ryn, Tel. (087) 4218179
- Sorkwity 11-731, Przystań PTTK, ul. Staromiejska 1, Tel. (089) 7428124
- Spychowo 12-150, Przystań PTTK, ul. Juranda 28, Tel. (089) 6225278
- Stare Jabłonki 14-133, Bootsanlegestelle PTTK (am Schilling-See), ul. Turystyczna, Tel. (089) 6411422
- Stare Sady, Bootsanlegestelle, 11-730 Mikołajki, Tel. (087) 4216720
- Strzelce, Bootsanlegestelle, 11-532 Wilkasy, Tel. (087) 4280177

- Sztynort, Baza Żeglarska, 11-620 Radzieje, Tel. (087) 4277185
- Tałty, Baza Sportów Wodnych, 11-730 Mikołajki Tel. (087) 4216015
- Ukta 12-210, Bootsanlegestelle am Kruttinna-Fluß, Tel. (087) 4257046
- Węgorzewo 11-600, Bootsanlegestelle PTTK, ul. Wańkowicza 1, Tel. (087) 4272443
- Węgorzewo 11-600, Ośrodek Sportów Wodnych, Tel. (087) 4272846
- Wielbark 12-160, „Nad Sawicą", ul. Nowowiejskiego, Tel. (089) 6218198
- Wierzba, Dom Pracy Twórczej PAN, 12-222 Wejsuny, Tel./Fax (087) 4231619
- Wilkasy 11-532, Hafen „Silnowa", ul. Niegocińska 7, Tel. (087) 4280494
- Wilkasy 11-532, „Marina Bełbot Yacht Charter", Tel. (087) 4280385
- Wilkasy 11-532, Jachthafen „Inter-Travel", Tel. (087) 4280431
- Zgon, Zentrum für Segler „Mulik", 11-710 Piecki, Tel. (089) 7420114
- Zielony Gaj, Bootsanlegestelle, 11-735 Woźnice, Tel. (087) 4213754

WINDSURFING

- Giżycko 11-500, „Nord Surfing", ul. Mickiewicza 2, Mobiltel. 0 602689485
- Giżycko 11-500, Rogoński Krzysztof, Tel. (087) 4282243
- Kruklanki 11-612, Wakacyjna Szkoła Windsurfingu „Surf Magic", Tel. 056/31081
- Mikołajki 11-730, Szkoła Windsurfingu M. A. Piaseckich, ul. Nadbrzeżna

BOOTSVERLEIH

- Giżycko 11-500, „Bełbot Yacht Charter", ul. Smętka, Tel. (087) 4287135
- Giżycko 11-500, „Yellow Neptun Klub" (am Kissain-See), al. Wojska Polskiego 35, Tel. (087) 4283160
- Giżycko 11-500, Czarter Jachtów, E. Grzymała, ul. Królowej Jadwigi 2/7, Tel. (087) 4286276. Mobiltel. 0-602584611
- Giżycko 11-500, „Polaris", ul. Nowogródzka 21a, Tel. (087) 4282817
- Giżycko 11-500, Segel- und Wassertouristikzentrum „Almatur" (am Kissain-See), ul. Moniuszki 24, Tel. (087) 4285971
- Krutyń 72 (am Kruttinna-Fluß, nordwestlich von Niedersee), „Flamingo", Paddelbootsverleih und Kajak-Touren, Krzysztof Skrocki, 11-710 Piecki, Tel. (089) 7421835 oder (090) 363635
- Mikołajki 11-730, Wioska Żeglarska, ul. Kowalska 3, Tel. (087) 4216040
- Piękna Góra, „Łajd-Charter Yacht", 11-532 Wilkasy, Tel. (087) 4293458
- Piękna Góra, Port „Sailor", 11-532 Wilkasy, Tel. (087) 4293292
- Ruciane-Nida 12-220, Zentrum der Touristik und des Wassersports „U Andrzeja" (am Nieder-See), al. Wczasów 17, Tel. (087) 4231012
- Rydzewo 11-511, Jachtsverleih, Piotr Pidsutko, Mobiltel. 0 90504305
- Węgorzewo 11-600, „Mamry Jacht Czarter", L. Piskorz, ul. Braci Ejsmontów 2, Tel. (087) 4273185
- Wilkasy 11-532, „Mazur Wind", ul. Klonowa 49, Tel. (087) 4280172
- Wilkasy 11-532, Pensjonat „Yaga", ul. Szkolna 25, Tel. (087) 4280279
- Zielony Gaj, Bootsanlegestelle, 11-735 Woźnice, Tel. (087) 4213754
- Giżycko 11-500, „Żeglarz", ul Konarskiego 16/29, Tel. (087) 4282084

REITEN UND KUTSCHFAHRTEN

- Gałkowo 45, Krzysztof Ferenstein, 12-210 Ukta, Tel. (087) 4236123
- Giżycko 11-500, Ośrodek „Gajewo", ul. Suwalska 5, Tel. (087) 4285846
- Giżycko 11-500, I. T. Żebrowscy, ul. Suwalska 5, Tel. (087) 4285846
- Grądzkie, Ośrodek „Kabardynka", Zygmunt Waraksa, 11-510 Wydminy
- Jędrychowo, „Hotel im Park", 11-731 Sorkwity, Tel./Fax (089) 7428084
- Kamieńskie, Gestüt, S. Polednia, 11-525 Orzysz, Tel. (087) 4237307
- Kętrzyn 11-400, Gestüt mit Zuchthengsten, ul. Bałtycka 1, Tel. (089) 7523672
- Kierzbuń, Gestüt Ciesielscy, 11-010 Barczewo, Tel./Fax (089) 5143491
- Kruklin (bei Giżycko), Izabela Pieczul, 11-506 Siedliska
- Liski (bei Bartenstein), Gestüt, 11-210 Bartoszyce, Tel. (089) 7623223
- Marksewo, S. Nafalski, 12-104 Nowe Kiejkuty, Tel. (089) 6242944
- Mikołajki 11-730, Hotel „Gołębiewski", ul. Mrągowska 34, Tel. (087) 4216517
- Mikołajki 11-730, Hotel „Wałkuski", ul. 3 Maja 13a, Tel. (087) 4216628
- Olsztyn 10-180, „Gestüt Kojrys", ul. Wędkarska 93, Tel. (089) 5238802

- Olsztyn, Ośrodek Jeździecki, ul. Słoneczna 51a, Tel. (089) 5233740
- Orzysz 11-525, T. Lipowski, ul. Wojska Pol. 86, Tel. (087) 4237029
- Pieczonki, Werner Lange, 11-500 Giżycko, Tel. (087) 4282386
- Popielno, Stacja Badawcza PAN, 12-222 Wejsuny, Tel. (087) 4231617
- Pozezdrze 11-610, Leśniczówka, Ośrodek „Halpak“, Tel. (087) 4279017
- Przykop, Stanisław Wąsiakowski, 11-513 Miłki, Tel. (087) 4211086
- Radzieje 11-620, Tadeusz Adrjanowski, Tel. (087) 4277032
- Sasek Mały, Gestüt , 12-670 Szymany, Tel./Fax (089) 6241260
- Wilkasy 11-532, „Country Club“, ul. Niegocińska 7, Tel. (087) 4280454
- Wilkasy 11-532, Leon Parafiniuk, ul. Olsztyńska 36, Tel. (087) 4280327
- Wilkasy 11-532, P. Domagała, ul. Niegocińska 7, Tel. (087) 4280454
- Wilkasy 11-532, W. Zakrzewski, ul. Nadbrzeżna 14, Tel. (087) 4280083
- Zełwągi 11-734, Gestüt „Klonek“, K. Zawiliński, Tel./Fax (087) 4213083
- Żabieniec 3, Gestüt, K. Pochrzęst, 11-732 Kosewo, Tel. (089) 7413280

TOURISTISCHE RUNDFLÜGE

Rundflüge organisieren:

- Chełchy, Hotel „Lega-Inn“, 19-300 Ełk, Tel./Fax (087) 6104443
- Kętrzyn, Lotnisko Wilamowo, Tel. (089) 7524521
- Mikołajki 11-730, Hotel „Gołębiewski“, ul. Mrągowska 34, Tel. (087) 4216517
- Mrągowo, Hotel „Mrongovia“, ul. Giżycka 6, Tel./Fax (089) 7413221
- Olsztyn, Aeroklub Warmińsko-Maz., ul. Sielska 34, Tel. (089) 5273827

Flugverbindung mit Deutschland:
- Flughafen in Szymany (bei Ortelsburg), Tel./Fax (089) 6221134.
- Büro in Szczytno, ul. Wielbarska 5, Tel./Fax (089) 6243281

Ballonfahrten:
- Informationen: Mikołajki (Nikolaiken) 11-730, Hotel „Gołębiewski“, ul. Mrągowska 34, Tel. (087) 4216517 oder rufen Sie direkt den Piloten an: Mobiltel. 0 601394794 und 0 605553913

Ballonfahrt

ANGELN

Wegen der großen Anzahl von Seen, in denen über 40 Fischarten leben, ist die Region ein wahres Paradies für Angler. Angeln ist vom Morgengrauen bis zur Dämmerung erlaubt; vom Ufer aus ab dem 1. April bis zum 30. November, vom Boot aus ab dem 15. Juni bis zum 15. November. Sollten wir mit dem Wagen bis an den See fahren wollen, müssen wir daran denken, das die Fahrt durch den Wald auf nicht befestigten Straßen verboten ist.

Ausländer, die nur in der Urlaubszeit angeln möchten, brauchen keinen Anglerschein, wie ihn die Einheimischen haben müssen; Ausländer müssen allerdings beim Verwalter des jeweiligen Gewässers eine Genehmigung zum Angeln einholen. Die Seen

Wegen der großen Anzahl von Seen, in denen über 40 Fischarten leben, ist die Region ein wahres Paradies für Angler.

befinden sich meistens unter der Verwaltung der Fischereigenos senschaften bzw. des Polnischen Anglerverbandes, seltener sind sie Privatbesitz. Entsprechende Auskünfte, wer einen gewissen See verwaltet, erhalten Sie im Hotel, Reisebüro und in Anglerläden. Einige davon führen selbst den Verkauf von Genehmigungen. Sobald wir erfahren, wer den jeweiligen See verwaltet, können wir uns direkt an ihn wenden. Hier einige Adressen:

- Dorotowo 11-034, Gospodarstwo Rybackie, Tel. (089) 5136278
- Ełk 19-300, Gospodarstwo Rybackie, ul. 11 Listopada 51a, Tel./Fax (087) 6102171
- Głodowo (am Spirding-See) Gospodarstwo Rybackie „Śniardwy“, 12-222 Wejsuny, Tel. (087) 4231841
- Janowo, Zakład Rybacki PZW, 12-100 Szczytno, Tel. (089) 6242317
- Kurki 11-016, Gospodarstwo Rybackie „Szwaderki“, Tel. (089) 5199226
- Leśniewo, Gospodarstwo Rybackie „Rydzówka“, 11-420 Srokowo, Tel. (089) 7534083
- Mikołajki 11-730, Gospodarstwo Rybackie „Śniardwy“, ul. Dybowska 1, Tel. (087) 4216375
- Mikołajki 11-730, Gospodarstwo Rybackie, ul. Mrągowska 14, Tel. (087) 4216335

– Mrągowo 11-700, Gospodarstwo Rybackie, ul. Młodkowskiego 22, Tel. (089) 7413422
– Okartowo (am Spirding-See), Gospodarstwo Rybackie „Śniardwy“, 11-525 Orzysz, Tel. (087) 4237006
– Olecko 19-400, Zakład Ryb. PZW, ul. Zamkowa 17, Tel. (087) 5202083
– Olsztyn 10-854, Gospodarstwo Rybackie, ul. Jeziorna 11a, Tel./Fax (089) 5272710
– Olsztyn 10-135, Polski Związek Wędkarski, Zarząd Okręgu, ul. Bałtycka 2, Tel. (089) 5273460
– Piękna Góra, Gospodarstwo Ryb., 11-532 Wilkasy, Tel. (087) 4285408
– Ruciane-Nida 12-220, Gospodarstwo Rybacko-Wędkarskie PZW, ul. Rybacka 7, Tel. (087) 4231011
– Swaderki (bei Olsztynek), Gospodarstwo Rybackie „Szwaderki“, 11-015 Mierki, Tel. (089) 5199011
– Węgorzewo 11-600, Przedsiębiorstwo Rybackie PZW, pl. Wolności 4a, Tel. (087) 4273110
– Kal (am Schwenzait-See/jez. Święcajty), 11-600 Węgorzewo, Zakład Rybacko-Wędkarski PZW, Tel. (087) 4272995

JAGEN

Die Wälder der Region sind reich an Wild. Auf die Pirsch gehen hier also nicht nur Polen gern, sondern auch Gäste aus dem Ausland. Berechtigungen zur Jagd, die sie fürs eigene Land brauchen, gelten auch in Polen. Man muss lediglich in Kontakt mit einem polnischen Büro treten, das die Jagd betreut. Es schickt dem Jäger entsprechende Unterlagen zu, die ihn berechtigen, Jagdwaffen ins Land zu bringen und erworbene Jagdtrophäen ohne Zollgebühren aus dem Lande mitzunehmen. Das betreuende Jagdbüro veranstaltet die ganze Jagd, und auf Wunsch des Kunden garantiert es Unterkünfte, Verpflegung und einen deutsch sprechenden Betreuer (bei Gruppen mit mindestens 5 Jagdteilnehmern ist die Anmietung eines Dolmetschers Pflicht).

Jagden veranstaltet in Masuren u.a. das Büro „Diana“, das den Polnischen Jagdverband vertritt. Seine Anschrift:

Diana PZŁ, Sp. z o.o., Biuro Polowań
10-014 Olsztyn, ul. 11 Listopada 4, Polska
Tel. 0048 (089) 527 24 07;
0048 (89) 535 15 56
Mobiltel. 0 606649129,
Fax 0048 (89) 527 97 52

Rehbock

Dieses Büro erhebt folgende Gebühren für den Abschuss des Wildes (Richtpreise):

Jagdbares Wild	Jagdzeit	Bezahlung für Abschuß DM
Rebhuhn	9. September – 22. Oktober	22
Fasan	30. September – 28. Februar	16
Schnepte	8. April – 21. Mai	33
Wildente	12. August – 24. Dezember	17
Wildgans	9. September – 24. Dezember	37
Hase	14. Oktober – 21. Januar	34
Dachs	26. August – 28. Februar	120
Marder	26. August – 28. Februar	120
Hirsch – Bulle	26. August – 28. Februar	ca. 1740
Hirschkuh, Hirschkalb	30. September – 21. Januar	100
Damhirsch – Bulle	30. September – 4. Februar	ca. 800
Damhirschkuh, Damhirschkalb	30. September – 21. Januar	100
Rehbock	6. Mai – 1. Oktober	ca. 390
Rehgelß oder Rehkitz	30. September – 21. Januar	50
Wildschwein – Eber	1. April – 28. Februar	ca. 1400
einjähriges Wildschwein, Wildsau, Wildschweinferkel	15. August – 21. Januar	ca. 220

TENNIS

- Chełchy, Hotel „Lega-Inn“, 19-300 Ełk, P.O. Box 34, Tel. (087) 6104443
- Ełk 19-300 (Lyck), ul. Piłsudskiego 27, Tel (087) 6102723
- Giżycko 11-500, „Almatur“, ul. Moniuszki 24, Tel. (087) 4285971
- Gołdap 19-500, OSiR, ul. Stadionowa 4, Tel. (087) 150629
- Kruklanki 11-612, GOK, Tel. (087) 4217301
- Mikołajki 11-730, Hotel „Gołębiewski“, ul. Mrągowska 34, Tel. (087) 4216517
- Mrągowo 11-700, Hotel „Mrongovia“, ul. Giżycka 6, Tel. (089) 7413221
- Olsztyn, „Anko“, Korty, ul. Kanafojskiego 1, Mobiltel. 0 501751119
- Olsztyn, Korty, ul. Kardynała Wyszyńskiego 12a, Tel. (089) 5330215
- Ostróda 14-100, KS „Sokół“, ul. Słowackiego 40, Tel. (089) 6464761
- Ruciane-Nida 12-220, ul. Słoneczna 17, Tel. (087) 4231525
- Stare Jabłonki 14-133, Hotel „Anders“, ul. Spacerowa 2, Tel./Fax (089) 6411425
- Wilkasy 11-532, Ośrodek AZS, ul. Niegocińska 5, Tel. (087) 4280072

WINTERSPORT

In der Region gibt es günstige Wintersportverhältnisse. Darüber entscheidet u.a. das differenziert gestaltete Gelände, eine hohe Anzahl von Anhöhen mit steilen (bei fortgeschrittenen Skiläufern beliebt) oder sanften Hängen (für Anfänger). Der Winter dauert hier normalerweise ziemlich lange, die Schnee- und Eisdecken sind beständig.

Schon zwischen den Kriegen wurde Masuren als Wintersportregion auserkoren. Besonders gut entwickelte sich hier der Skilauf. Am Löwentin-See wurde damals die preußische Sprungschanze errichtet, auf dem Löwentin- und dem Mauer-See wurden Eisseglerwettbewerbe veranstaltet. Auch heute gibt es für die sich in der Region erholenden Gäste die Möglichkeit, Schlittschuh- oder Skisport zu treiben.

In Wygoda (Ruhwalde), südlich von Osterode, wurden auf einer Anhöhe zwei Skipisten mit 350 und 500 m Längeund eine Rodelbahn mit einem Gefälle von 50 m bei einer Länge von 200 m vorbereitet und ein Skilift aufgestellt. Von der Anhöhe hat man einen guten Ausblick auf die ganze Umgebung. Bei guter Sicht sind von dort aus

Wintersportzentrum in Heilsberg/Lidzbark Warmiński

Ortschaften zu sehen, die in einigen Zehn km Entfernung liegen. An Ort und Stelle kann man sich verpflegen lassen und in der Gemeindeherberge übernachten. Anschrift: 14-123 Wygoda, Tadeusz Sosnowski, Tel. (089) 6471110, Fax.: (089) 6421164.

Wegen einer Übernachtung in der Herberge ist der Direktor der hiesigen Schule unter der Rufnummer: (089) 6471115 anzurufen.

Ein Wintersportzentrum gibt es auch auf dem Kreuzberg/Krzyżowa Góra in Heilsberg/Lidzbark Warmiński. Den Rodlern stehen Rodelbahnen, Skilauf-Strecken, eine Sprungschanze, Abfahrtspisten, zwei Skilifts und sogar eine Station des Bergrettungsdienstes zur Verfügung. Alle Abfahrtshänge sind beleuchtet – im Falle von Schneemangel werden sie künstlich beschneit. Anschrift: 11-100 Lidzbark Warmiński, Ośrodek Sportów Zimowych „Krzyżowa Góra", ul. Olsztyńska, Tel. (089) 7676062.

In Goldap befinden sich auf dem Goldaper Berg (Schönberg): Skipiste, Skilift und Sprungschanze. Übernachtungsmöglichkeiten gibt es z.B. im Wirtshaus unterhalb des Berges. Auskunft: Gołdap 19-500, Zajazd „Pod Piękną Górą", Tel. (087) 615 32 55.

Winter in Masuren

FOLKLORISTISCHE SCHAUSPIELE

In Olsztyn ist das Folkloreensemble „Warmia“ (Ermland) aktiv, das die ermländisch-masurische Folklore auf Bühnen im In- und Ausland präsentiert. Im Sommer kommen etwa 10 Künstler dieses Ensembles montags, mittwochs und freitags nach Dietrichswalde/Gietrzwałd, um Gästen Tänze, Lieder und Bräuche aus Ermland und Masuren zu präsentieren. Diese Show findet im ermländischen Wirtshaus statt. Auf seinem Hof sind auch Handwerker und Künstler (Töpfer, Bäcker, Schmied, Spinnerin, Bildhauer) anzutreffen, die unter den Blicken der Besucher ihre Produkte anfertigen und feilbieten. Die Veranstaltungen dauern dort von 18.00 bis 22.00 Uhr. Täglich kann man hier auch ermländische bzw. masurische Gerichte bestellen,

Begegnungen mit der ermländisch-masurischen Folklore bieten Veranstaltungen bei Janusz Kojrys am Stadtrand von Allenstein.

denn das Wirtshaus ist täglich von 11.00 bis 22.00 Uhr geöffnet. Dietrichswalde ist ein großes Dorf an der Strecke Allenstein – Osterode. Anschrift: 11-036 Gietrzwałd, Karczma Warmińska, Telefax: (089) 5123457, Tel. (089) 5123423.

Plätze bestellen oder Auskünfte einholen kann man auch im Touristenbüro in Olsztyn. Anschrift: Olsztyn, BP Traveland, ul. Warmińska 27a, Tel. (089) 5274718, Fax.: (089) 5235844.

Begegnungen mit der ermländisch-masurischen Folklore bieten auch Veranstaltungen bei Janusz Kojrys am Stadtrand von Allenstein. Die Gäste verlassen hier den Bus oder ihren Wagen und nehmen auf herkömmlichen ermländischen Kremsern bzw. Kutschen Platz. Auf Feld- und Waldwegen werden sie zur Siedlung Redykajny gebracht, die außerhalb der Stadt, weit ab vom großstädtischen Lärm liegt. Sie werden von Wirtsleuten in Volkstrachten empfangen und steigen vor dem alten Bauernhaus auf einer Anhöhe zwischen zwei Seen aus. Hier findet gerade eine „Bauernhochzeit" statt, zu der die Gäste natürlich eingeladen werden. Sie bleiben aber keine passiven Zuschauer, sondern nehmen aktiv am Geschehen teil. Sogar die Braut wird unter den Gästen ausgewählt. Alles ist natürlich Spaß und Spiel, aber mit viel Geschmack veranstaltet. Während dieses Spiels

Die Gäste von Janusz Kojrys verlassen den Bus und nehmen auf Kremsern Platz.

lernen die Gäste die ermländischen Volkstrachten kennen, sie können am Volkstanz teilnehmen und haben Gelegenheit, Volkslieder zu hören und falls möglich auch selbst zu singen. Zu guter Letzt werden sie an die reichlich gedeckten Tische gebeten, um zu erleben, wie man früher mal auf ermländischen bzw. masurichen Hochzeiten bewirtet worden ist.

Herr Kojrys offeriert Touristen, die ihn besuchen wollen, auch andere Attraktionen. In dem von ihm betriebenen Gestüt kann man reiten lernen, bzw. unter dem fachmännischen Blick eines erfahrenen Betreuers auf dem Rücken eines Pferdes den See zu durchschwimmen. Im Herbst schmecken die Kartoffeln aus dem Lagerfeuer ausgezeichnet, und im Winter ist die Beteiligung an einer Schlittenfahrt auf Waldwegen hinter einem Pferd ein einmaliges Erlebnis. Alle Veranstaltungen können in einem beliebigen, von den Teilnehmern selbst bestimmten Termin (Postkarte oder Anruf genügen) durchgeführt werden. Anschrift: 10-180 Olsztyn, Usługi Turystyczno-Rekreacyjne, Janusz Kojrys, ul. Wędkarska 93, Tel./Fax (089) 5238802, Mobiltel. 0 604216049.

TANZEN / DISCO

- Chełchy (bei Ełk), Hotel „Lega-Inn“, 19-300 Ełk, Tel./Fax (087) 6104443
- Dąbrówka 12, Dyskoteka „Łoś“, Mobiltel. 0 501536240
- Ełk, Klub Nocny „Berliński“, ul. Chopina 5, Tel. (087) 6103344
- Giżycko, Dyskoteka, Port „Yellow“, ul. Kolejowa
- Mikołajki, Hotel „Gołębiewski“, ul. Mrągowska 34, Tel. (087) 4216517
- Mrągowo, Dyskoteka „Music Box“, os. Parkowe 16, Tel. (089) 7426265
- Olecko, „Czar Północy“, ul. Gołdapska 12, Tel. (087) 5202643
- Olsztyn, „Agros“, ul. Kanafojskiego 14, Tel. (089) 5233269
- Olsztyn, Klub „Antałek“, ul. Oczapowskiego 10, Tel. (089) 5233357
- Olsztyn, Klub „Azymut“, ul. Dybowskiego 9, Tel. (089) 5234487, w. 1900
- Olsztyn, Klub „Sumer“, ul. Kanafojskiego 8, Tel. (089) 5234863
- Olsztyn, Klub Muzyczny „Come in“, ul. Knosały 7c, Tel. (089) 5359567
- Ruciane-Nida, Klub „Grendial“, ul. Gałczyńskiego 11, Tel. (087) 4231221
- Ukta 106 (bei Niedersee), Dyskoteka „Alcatraz“, Tel. (087) 4257340
- Węgorzewo, Dyskoteka „Laser“, ul. Zamkowa 10g, Tel. (087) 4274777

KONZERTE

- Olsztyn, Filharmonia, ul. Kościuszki 39, Tel. (089) 5275176
- Święta Lipka, Tel. (089) 7551481. Orgelkonzerte (Siehe: Heiligelinde)
- Kętrzyn, Kościół św. Jerzego (Pfarkirche St. Georg), Tel. (089) 7524535

- Giżycko, Evangelische Kirche, pl. Grunwaldzki 6, Tel. (087) 4284668, Fax (087) 4282375

MUSEEN

- Frombork 14-530 (Frauenburg), Nikolaus-Kopernikus-Museum, ul. Katedralna 8, Tel. (055) 2437392, geöffnet täglich außer montags: 9.00-16.00 Uhr
- Giżycko 11-500 (Lötzen), Museum der Festung Boyen, ul. Turystyczna 1, Tel. (087) 4282959
- Kętrzyn 11-400 (Rastenburg), Wojciech-Kętrzyński-Museum (in der Burg), pl. Zamkowy 1, Tel. (089) 7523282, geöffnet täglich außer montags: 9.00-16.00 Uhr
- Krutyń (Kruttinnen), Naturwissenschaftliches Museum, Mazurski Park Krajobrazowy, 11-710 Piecki, Tel./Fax (089) 7421405. Die Ausstellung ist Montag bis Freitag von 8.00-15.00 Uhr geöffnet. Im Sommer auch an Samstagen und Soonntagen, jedoch nicht regelmäßig.
- Lidzbark Warmiński 11-100 (Heilsberg), Ermländisches Museum (im Schloß), pl. Zamkowy 1, Tel. (089) 7672980, geöffnet täglich außer montags: 9.00-16.00 Uhr
- Łajsy (bei Mehlsack), Freilichtsmuseum für die Landwirtschaftlichen Maschinen, Stanisław Chorążyczewski, 13-520 Pieniężno, Tel. (055) 2436110, geöffnet täglich: 10.00-16.00 Uhr
- Mikołajki 11-730 (Nikolaiken), Museum der Reformation, ul. Kolejowa 6, Tel. (087) 4216087, geöffnet täglich: 9.00-17.00 Uhr
- Morąg 14-300 (Mohrungen), Museum im Schloß der Familie Dohna, ul. Dąbrowskiego 39, Tel. (089) 7572848, geöffnet täglich außer montags: 9.00-16.00 Uhr
- Mrągowo 11-700 (Sensburg), Museum des Sensburger Landes, ul. Ratuszowa 5, Tel. (089) 7412812, geöffnet in der sommerlichen Saison täglich außer montags: 9.00-16.00 Uhr, nach der Saison täglich außer sonntags: 10.00-15.00 Uhr
- Nidzica 13-100 (Neidenburg), Museum des Neidenburger Landes (in der Burg), Tel./Fax (089) 6253144, geöffnet täglich: 10.00-18.00 Uhr
- Ogródek 19-324 (Kalgendorf), Michał-Kajka-Museum, Tel. (087) 4237426, geöffnet täglich außer montags: 8.00-16.00 Uhr, samstags und sonntags: 10.00-17.00 Uhr
- Olsztyn 10-074 (Allenstein), Museum von Ermland und Masuren (in der Burg), ul. Zamkowa 2, Tel. (089) 5279596, geöffnet täglich außer montags: 9.00-16.00 Uhr
- Olsztyn, Allenstein), Naturwissenschaftliches Museum, ul. Metalowa 6, Tel. (089) 5334780
- Olsztynek 14-150 (Hohenstein), Freilichtmuseum, ul. Sportowa 21, Tel. (089) 5192164, geöffnet täglich außer montags: 9.00-17.00 Uhr

Priesterseminar in Mehlsack/Pieniężno

- Olsztynek 14-150 (Hohenstein), Haus von K. Mrongowiusz (am Markt), Tel. (089) 5192491, geöffnet täglich außer montags: 9.00-16.00 Uhr
- Ostróda 14-100 (Osterode), Heimatmuseum, ul. Mickiewicza 22, Tel. (089) 6462602
- Pieniężno 14-520 (Mehlsack), Museum mit Schätzen aus Übersee (im Priesterseminar), Kolonia 19, Tel. (055) 2429243, geöffnet täglich: 8.00-17.00 Uhr, an Sonn- und Feiertagen: 11.00-17.00 Uhr
- Piersławek (Kleinort) bei Piecki/Peitschendorf, Ernst-Wiechert-Museum, geöffnet täglich: 10.00-16.00 Uhr, samstags und sonntags: 11.00-14.00
- Pisz 12-200 (Johannisburg), Museum des Johannisburger Landes, pl. Daszyńskiego 8b, Tel. (087) 4232264, geöffnet täglich außer montags: 9.00-15.00 Uhr
- Pranie (Seehorst), 12-250 Karwica, Konstanty-Ildefons-Gałczyński-Museum, Tel. (087) 4231921, geöffnet täglich außer montags und dienstags: 9.30-17.00 Uhr
- Ryn 11-520 (Rhein), Heimatmuseum in der Burg, pl. Wolności 2, geöffnet in der sommerlichen Saison: 10.00-16.00 Uhr
- Sądry (Zondern), Museum „Masurischer Bauernhof", K. D. Dickti, 11-704 Użranki, Tel./Fax (089) 7423611, geöffnet täglich: 10.00-18.00 Uhr
- Stębark 14-108 (Tannenberg), Museum, Tel. (089) 6472227, geöffnet von 1. Mai bis 15. Oktober täglich: 8.00-18.00 Uhr
- Szczytno 12-100 (Ortelsburg), Masurisches Museum, ul. Sienkiewicza 1, Tel. (089) 6242437, geöffnet täglich außer montags: 10.00-16.00 Uhr

- Węgorzewo 11-600 (Angerburg), Museum der Volkskultur, ul. Portowa 1, Tel. (087) 4273242, geöffnet täglich: 8.00-18.00 Uhr, samstags und sonntags: 10.00-15.00 Uhr

AUSSTELLUNGEN (Malerei, Kunstphotographie)

- Bartoszyce, Dom Kultury, ul. Bohaterów Warszawy 11
- Gołdap, Galeria K-2, ul. Krótka 2
- Lidzbark Warmiński, Dom Kultury, ul. Słowackiego 4
- Mrągowo, Centrum Kultury i Turystyki, ul. Warszawska 26
- Nidzica, Galeria pod Belką, Dom Kultury (in der Burg)
- Olsztyn, Centrum Polsko-Francuskie, ul. Dąbrowszczaków 39
- Olsztyn, Galeria „Spichlerz“, ul. Piastowska 13
- Olsztyn, Galeria Sztuki Współczesnej BWA, al. Piłsudskiego 38
- Olsztyn, Klub Aquarius, ul. Orłowicza 4,
- Reszel, Galeria „Rynek 5“, D. A. Bieleccy

FOTOGRAFIEREN

In Polen sind die Zeiten längst vorbei, als ein Ausländer, der seiner Familie auf dem Bahnhof ein Foto schoss, mit Schwierigkeiten rechnen musste. Aber auch heute – wie in jedem anderen Land auch – gibt es beim Fotografieren gewisse Begrenzungen. Ohne Genehmigung darf man nicht nur keine Militärobjekte fotografieren. Das

Mitbringsel aus Masuren

Verbot betrifft auch einige Gotteshäuser und Museen, in denen entweder überhaupt nicht fotografiert werden darf, oder auf das Blitzlicht verzichtet werden muss. Diese Plätze, die zum Fotografieren nicht freigegeben sind, müssten eigentlich ausgewiesen sein. Entsprechende Warnungen werden meist am Eingang ins Objekt seltener im Inneren ausgehängt. In Zweifelsfällen sollte der Betreuer oder ein Mitarbeiter im Objekt gefragt werden, also: erst fragen, dann knipsen!

Fast alle gängigen Filme für unsere Apparate sind problemlos an allen Plätzen zu kaufen, die von Touristen besucht werden. Falls wir aber nur bei einer gewissen Marke glücklich sind, oder Filme suchen, um Dias zu schießen, ist es ratsam, Fotogeschäfte in der Stadt aufzusuchen, die ein umfangreiches Warensortiment führen.

Im Wildpark Einsiedeln/Kadzidłowo

ESSEN

Die masurischen Spezialitäten sind:
żurek – Kartoffelsuppe mit Einlage
barszcz (Borschtsch) – Rote-Bete-Suppe ohne Zutaten
zupa szczawiowa – Sauerampfersuppe
zupa pomidorowa z makaronem – Tomatensuppe mit Nudeln
zupa ogórkowa – Gurkensuppe
grochówka – Erbsensuppe
kapuśniak – Kohlsuppe
kołduny – Suppe mit fleischgefüllten Teigklößchen
chłodnik – Kalte-Bete-Suppe
bigos – Sauerkraut mit feingeschnittenen Fleisch- und Wurststücken
gołąbki – Kohlrouladen
pierogi ruskie – Piroggen aus Quark und Kartoffeln
kotlet schabowy – Schweinskotelett
flaki – ein Gericht aus Kaldaunen vom Rind, scharf gewürzt
zrazy – Rindfleischschnitten mit Grütze
makowiec – Mohnkuchen

Begegnungen mit der masurischen Folklore in Angerburg/Węgorzewo

Seenlandschaft

Viadukt in Staatshausen/Stańczyki

Im Wildpark Einsiedeln/Kadzidłowo

In der Natur

UNTERKUNFT

HOTELS

- Chełchy, „Lega-Inn", 19-300 Ełk, P.O. Box 34, Tel. (087) 6104443
- Dudki, „Panorama", 19-411 Świętajno, Tel. (087) 5215684
- Działdowo 13-200, „Varia", ul. Hallera 30, Tel. (023) 6973775
- Ełk 19-300, „Grunwald", ul. Królowej Jadwigi 21, Tel. (087) 6102262
- Ełk 19-300, „Horeka", ul. Wojska Pol. 63, Tel. (087) 6213767
- Ełk 19-300, „Oleńka", ul. Letniskowa 11, Tel. (087) 6200504
- Ełk 19-300, „Zodiak", ul. Kajki 1, Tel. (087) 6102491
- Gierłoż (bei Kętrzyn), Hotel „Wilcze Gniazdo" (Wolfsschanze), 11-400 Kętrzyn, Tel./Fax (089) 7524429
- 11-500 Giżycko, DW „Bijo", ul. Nadbrzeżna 11, Tel./Fax (087) 4282905
- Giżycko 11-500, „Europa", al. Wojska Pol. 37, Tel. (087) 4293001
- Giżycko 11-500, „Mazury", al. Wojska Pol. 56, Tel. (087) 4285956
- Giżycko 11-500, „Wodnik", ul. 3 Maja 2, Tel. (087) 4283871
- Giżycko 11-500, „Yellow Neptun Club", ul. Wojska Polskiego 35, Tel./Fax (087) 4283160
- Giżycko 11-500, „Zamek", ul. Moniuszki 1, Tel. (087) 4282419
- Gołdap 19-500, „Andromeda", ul. Reymonta 21, Tel. (087) 6150784
- Gołdap 19-500, „Janczes", pl. Zwycięstwa 22, Tel. (087) 6151377
- Gołdap 19-500, PW „Wital", ul. Wczasowa 7, Tel. (087) 6151962
- Jędrychowo, „Hotel im Park", 11-731 Sorkwity, Tel./Fax (089) 7428084
- Kętrzyn 11-400, „Agros", ul. Kasztanowa 1, Tel. (089) 7515240
- Kętrzyn 11-400, „Koch", ul. Traugutta 3, Tel. (089) 7522058
- Kętrzyn 11-400, „Wanda", ul. Wojska Pol. 27, Tel. (089) 7518584
- Kosewo 11-732, „Country House", Tel./Fax (089) 7424522
- Mierki 11-015, „Kormoran", Tel. (089) 5192303
- Mikołajki 11-730, „Elitklub Mazury", ul. Ogrodowa 1, Tel. (087) 4216498
- Mikołajki 11-730, „Gołębiewski", ul. Mrągowska 34, Tel. (087) 4290700
- Mikołajki 11-730, „Król Sielaw", ul. Kajki 5, Tel. (087) 4216323
- Mikołajki 11-730, „Mazur", pl. Wolności 6, Tel. (087) 4216941
- Mikołajki 11-730, „Wałkuski", ul. 3 Maja 13a, Tel. (087) 4216628
- Miłki 11-513, „Non Stop", Tel. (087) 4211190
- Miłomłyn 14-140, „Petro-Młyn", ul. Ostródzka 2a, Tel. (089) 6473354
- Mrągowo 11-700, „Krajan", ul. Kolejowa 9, Tel. (089) 7416099
- Mrągowo 11-700, „Eden" ul. Skłodowskiej 1a, Tel. (089) 7414131

- Mrągowo 11-700, „Kowalski“, ul. Skłodowskiej 1a, Tel./Fax (89) 7414131
- Mrągowo 11-700, „Meltur“, ul. Sienkiewicza 16, Tel. (089) 7415900
- Mrągowo 11-700, „Mrongovia“, ul. Giżycka 6, Tel. (089) 7413221
- Mrągowo 11-700, „Panoramic-Oscar“ (am Schoß-See), Jaszczurcza Góra 16/18, Tel./Fax (089) 7413970
- Mrągowo 11-700, „Polonia“, ul. Warszawska 10, Tel. (089) 7413572
- Mrągowo 11-700, „Solar“, Jaszczurcza Góra 24, Tel./Fax (089) 7412484
- Mrągowo 11-700, „To-Tu“, Jaszczurcza Góra 26, Tel. (089) 7413977
- Mrągowo 11-700, „Warmia“, ul Młynowa 39, tel. (089) 7412116
- Mrągowo 11-700, „Venus“, ul. Krzywa 82, Tel. (089) 7414176
- Nidzica 13-100, „Kamex“, pl. Wolności 4, Tel. (089) 6256050
- Nidzica 13-100, „Stadion“, ul. Polna 7, Tel. (089) 6253293
- Nidzica 13-100, „Zamek“, ul. Orzeszkowej 2, Tel. (089) 6255193
- Nowy Zyzdrój, „Kanu Club“, 11-710 Piecki, Tel. (089) 7420014
- Ogonki, „Stara Kuźnia“, 11-600 Węgorzewo Tel. (087) 4270090
- Olecko 19-400, „Centrum“, pl. Wolności 8c, Tel. (087) 5201200
- Olecko 19-400, „Ishizaka“, pl. Zamkowy, Tel. (087) 5204252
- Olecko 19-400, „Maraton“, Park 1, Tel. (087) 5202248
- Olecko 19-400, „Mazury“, ul. Gołdapska 10c, Tel. (087) 5204050
- Orzysz 11-525, „Kasieńka“, ul. Ełcka 33, Tel. (087) 4237536
- Orzysz 11-525, „Mazury“, Rynek 3, Tel./Fax (087) 4237995
- Ostróda 14-100, „Park Hotel“, ul. 3 Maja 21, Tel. (089) 6462227
- Ostróda 14-100, „Drwęcki“, ul. Mickiewicza 7, Tel. (089) 6463035
- Ostróda 14-100, „Falcon“, ul. 3 Maja 19, Tel. (089) 6464941
- Ostróda 14-100, „Kingston“, ul. Mickiewicza 23, Tel. (089) 6462057
- Ostróda 14-100, Hotel „Ostróda“, ul. Mickiewicza 3, Tel. (089) 6464275
- Piękna Góra (bei Giżycko), Relax-Center „Gwarek“, 11-532 Wilkasy, Tel. (087) 4285816
- Piławki, Dom Wycieczkowy, 14-140 Miłomłyn, Tel. (089) 6473451
- Pisz 12-200, „Nad Pisą“, ul. Ratuszowa 13, Tel. (087) 4233253
- Pisz 12-200, Ośrodek „Roś“, al. Turystów 3, Tel. (087) 4234960
- Ruciane-Nida 12-220, Dom Wczasowy „Perła Jezior“, al. Wczasów 15, Tel. (087) 4231044
- Ruciane-Nida 12-220, DW PTTK, ul. Mazurska 14, Tel. (087) 4231006
- Ruciane-Nida 12-220, Ośrodek „Kowalik“, Tel. (087) 4236514
- Ruciane-Nida 12-220, „U Andrzeja“, al. Wczasów 17, Tel. (087) 4231012
- Ryn 11-520, „Żero“, ul. Partyzantów 5, Tel. (087) 4218539
- Sorkwity 11-731, „Pałac Sorkwity“, ul. Zamkowa 15, Tel. (089) 7428250
- Spychowo 12-150, „Jurand“, Tel. (089) 6225086
- Stare Jabłonki 14-133, „Anders“, ul. Spacerowa 2, Tel. (089) 6411425
- Stare Juchy 19-330, Hotel, W. Ptak, Tel. (087) 6199082
- Stare Sady (bei Nikolaiken), „Mazurski Dworek“ (am Talter Gewässer), 11-700 Mikołajki, Tel. (087) 4216918
- Szczytno 12-100, „Hotel Leśny“, ul. Ostrołęcka 6, Tel. (089) 6243246

- Szczytno 12-100, „Irena“, Korpele 8, Tel. (089) 6243048
- Szczytno 12-100, „Kania“, ul. Linki 2, Tel. (089) 6243551
- Szczytno, „Krystyna“, ul. Żwirki i Wigury 10, Tel. (089) 6242169
- Szeligi, „Gryfia-Mazur“, 19-300 Ełk, Tel. (087) 6103709
- Święta Lipka 11-407, „Dom Pielgrzyma“, Tel. (089) 7551481
- Tałty, „Tałty“, 11-730 Mikołajki, Tel. (087) 4216398
- Węgorzewo 11-600, „Nautic“, ul. Słowackiego 14, Tel. (087) 4272080
- Wilkasy 11-532, Hotel „Tajty“, ul. Przemysłowa 17, Tel. (087) 4280194

PENSIONEN

- Brajniki (bei Jedwabno), „U Kulasa“, Tel. (089) 6213252
- Dąbrowa, „Dąbrówka“, 12-120 Dźwierzuty, Tel. (089) 6211190
- Dąbrówno 14-120, „Zacisze“, ul. Ogrodowa 7, Tel. (089) 6473033
- Ełk 19-300, „Grażyna“, ul. Nadjeziorna 11, Tel. (087) 6211700
- Ełk 19-300, „Wioletta“, ul. Sikorskiego 8, Tel. (087) 6104408
- Giżycko 11-500, „Relax“, ul. Białostocka 5, Tel. (087) 4283070
- Giżycko 11-500, „Skarpa“, ul. Olsztyńska 44a, Tel./Fax (089) 4280142
- Gołdap 19-500, „Zacisze“, ul. Stadionowa 3, Tel. (087) 6152799
- Harsz, „Dargin“, 11-610 Pozezdrze, Tel. (087) 4279120
- Iznota, „Galindia-Mazurski Eden“, 12-210 Ukta, Tel./Fax (087) 4231669
- Jora Wielka, „Jora“, 11-730 Mikołajki, Tel. (087) 4213047
- Kal, „Teresa“, 11-600 Węgorzewo, Tel. (087) 4274103
- Kamień, „Eureka“, 12-210 Ukta, Tel./Fax (087) 4236782
- Kietlice (bei Sztynort), Pensjonat, 11-620 Radzieje, Tel. (087) 4277068
- Kosewo 11-732, „Pensjonat Mazurski“, Tel. (089) 7424591
- Kosewo 11-732, „Country Holiday“, Tel. (089) 7424350
- Kosewo 11-732, „Hubertus“ (am Ixt-See), Tel./Fax (089) 7424557
- Kosewo 11-732, „Lech“, Tel./Fax (089) 7424576
- Kosewo 11-732, „Wodnik“, Tel. (089) 7424585
- Kruklanki 11-612, „Aga“, Tel. (087) 4217077
- Krutyń, „Harenda“, 11-710 Piecki, Tel. (089) 7421218
- Krutyń, „Magda“, 11-710 Piecki, Tel./Fax (089) 7421407
- Krutyń, „Mazur“, 11-710 Piecki, Tel./Fax (089) 7421836
- Maradki, „Hubertus“, 11-731 Sorkwity, Tel./Fax (089) 7428167
- Marcinowa Wola, „Teresa“, 11-513 Miłki, Tel. (087) 4211644
- Mikołajki 11-730, „Fala“, ul. Mrągowska 24, Tel. (087) 4216953
- Mikołajki 11-730, „Kos“, os. Na Górce 8, Tel. (087) 4216583
- Mikołajki 11-730, „Mikołajki“ , ul. Kajki 18, Tel. (087) 4216437
- Mikołajki 11-730, „Tabu“, ul. Mrągowska 13, Tel. (087) 4216280
- Mrągowo 11-700, „Edyta“, ul. Laskowa 10, Tel. (089) 7414366
- Mrągowo 11-700, „Eva“, Jaszczurcza Góra 14, Tel. (089) 7418271
- Mrągowo 11-700, „Gościniec Maz.“, ul. Wolności 10, Tel. (089) 7415901
- Mrągowo 11-700, „Maria“, Jaszczurcza Góra 20, Tel. (089) 7418477

- Nowe Guty 11-525, „Śniardwy“, 11-525 Orzysz, Tel. (087) 4238038
- Olecko 19-400, „Śnieżka“, ul. Warmińska 2/6, Tel. (087) 5202116
- Ruska Wieś, „Seeblick“, 11-700 Mrągowo, Tel. (089) 7414011
- Ryn 11-520, „Baszta“, pl. Wolności 6, Tel./Fax (087) 4218205
- Ryn 11-520, „Hetman“, ul. Kopernika 18, Tel. (087) 4218714
- Sasek Mały, E. T. Piórkowscy, 12-670 Szymany, Tel. (089) 6241260
- Sawica, „Krystyna“, 12-100 Szczytno, Tel. (089) 6241644
- Sądry, „Christel“, K. D. Dickti, 11-704 Użranki, Tel./Fax (089) 7414011
- Sorkwity 11-731, „Oaza nad Jeziorem“, ul. Plażowa 12, Tel. (089) 7428046
- Stańczyki, „Biały Dwór“, 19-504 Dubeniki, Tel. (087) 6158172
- Stare Kiejkuty, „Mazurskie Uroczysko“, (am Łęczek-See) 12-104 Nowe Kiejkuty, Tel. (029) 7664741, Mobiltel. 0 90241277
- Stare Sady, „Złote Wrota“, 11-730 Mikołajki, Tel. (089) 4216608
- Szczytno 12-100, „Teresa“, ul. Władysława IV 12a, Tel. (089) 6245781
- Trygort, „Aniata“, 11-600 Węgorzewo, Tel. (087) 4274291
- Węgorzewo 11-600, „Pod Dębami“, ul. Łuczańska 33, Tel./Fax (087) 4272218
- Węgorzewo 11-600, „Zygmuntówka“, ul. Kraszewskiego 5, Tel. (087) 4272372
- Wikno (bei Nidzica), „Gawra“, 13-106 Jabłonka, Tel./Fax (089) 6253318
- Wilkasy 11-532, „Fregata“, ul. Olsztyńska 86, Tel. (087) 4280202
- Wilkasy 11-532, „Skarpa“, ul. Olsztyńska 44a, Tel./Fax (087) 4280142
- Wilkasy 11-532, „Yaga“, ul. Szkolna 25, Tel. (087) 4280279
- Wojnowo, „Wojnowianka“, 12-210 Ukta, Tel. (087) 4236805
- Wrony, R. Tuszkowski, 11-500 Giżycko, Tel. (087) 4285665

GASTHÄUSER

- Dębie (bei Piecki), Leśniczówka (Försterei), Tel. (089) 7421074
- Jedwabno 12-122, Zajazd „Oleńka“, ul. Polna 2a, Tel. (089) 6213244
- Kętrzyn 11-400, „Pod Zamkiem“, pl. Zamkowy, Tel. (089) 7523117
- Maldanin, „Zajazd Myśliwski“, 12-200 Pisz, Tel. (087) 4233276
- Napierki 13-122 (bei Nidzica), Zajazd „Eden“, Tel. (089) 6254346
- Olsztynek 14-150, „Zajazd Mazurski“, Park 1, Tel. (089) 5192885
- Orzysz 11-525, „Minihotel Leśny“, ul. 1 Maja 2, Tel. (087) 4237586
- Pasym 12-130, „Przy Drodze“, ul. Olsztyńska 4, Tel. (089) 6212504
- Popielno, Stacja Badawcza PAN, 12-222 Wejsuny, Tel. (087) 4231617
- Ryn 11-520, „U Wallenroda“, pl. Wolności 3a, Tel. (087) 4218675
- Stara Różanka, Zajazd „Belje“, 11-400 Kętrzyn, Tel. (089) 7511370
- Wierzbiny 11-525, Zajazd „Rado“, Tel. (087) 4237336
- Sterławki Wielkie 11-531, Zajazd „Stary Młyn“, Tel. (087) 4214454

URLAUB AUF DEM BAUERNHOF

- Czerniki (bei Rastenburg), Gospodarstwo Agroturystyczne „Eden“, Teresa und Jerzy Wróblewscy, 11-400 Kętrzyn, Tel. (089) 7523243
- Dabrówno 14-120, Agroturystyka, ul. Jagiełły 4, Tel. (089) 6474189
- Kosewo 11-732, Teresa Stachelek, Tel. (089) 7424596
- Lipowo, Zbigniew Ciepluch, 11-710 Piecki, Tel. (089) 7421403
- Lubiewo, Halina Kieśluk, 11-734 Zełwągi, Tel (087) 4213067
- Marksewo, S. Nafalski, 12-104 Nowe Kiejkuty, Tel. (089) 6242944
- Martiany, Danuta Birska, 11-531 Sterławki Wielkie, Tel. (089) 7523387
- Nowy Most (bei Alt Ukta), W. Bąba, 12-210 Ukta, Tel. (087) 4236120
- Przykop, Stanisław Wąsiakowski, 11-513 Miłki, Tel. (087) 4211086
- Sterławki Wielkie 11-531, Stanisław Bojarski, Tel. (087) 4214484
- Wejsuny 12-222, Antoni Pijanowski, Tel. (087) 4236576
- Wojnowo, Pensjonat „Wojnowianka“, 12-210 Ukta, Tel. (087) 4236805

JUGENDHERBERGEN

- Działdowo 13-200, ul. Grunwaldzka 5, Tel. (023) 6972753
- Ełk 19-300, ul. Sikorskiego 7a, Tel. (087) 6212514
- Giżycko 11-500, TMTB, ul. Turystyczna 1, Tel. (087) 4282959
- Gołdap 19-500, ul. Wojska Polskiego 19, Tel. (087) 5150266
- Mikołajki 11-730, ul. Łabędzia 18, Tel. (087) 4216434
- Mrągowo 11-700, ul. Wojska Polskiego 2, Tel. (089) 7412712
- Okartowo, 11-525 Orzysz, Tel. (087) 4237168
- Olecko 19-400, ul. Kolejowa 33, Tel. (087) 5202274
- Olsztyn 10-512, ul. Kopernika 45, Tel./Fax (089) 5276650
- Ostróda 14-100, ul. Kościuszki 14, Tel. (089) 6465563
- Pisz 12-200, ul. Gizewiusza 10, Tel. (087) 4232027
- Szczytno 12-100, ul. Pasymska 7, Tel. (089) 6243992
- Ukta 12-210, Tel. (087) 4231290
- Wejsuny 12-222, Tel. (087) 4231842
- Węgorzewo 11-600, ul. Portowa 6, Tel. (087) 4273287

CAMPINGP / CARAVAN / ZELTEN

- Bartosze, Ośrodek „Daewoo-FSO“, 19-300 Ełk, Tel. (087) 6103571
- Dziubiele 12-252, Stanica Wędkarska, Tel. (087) 4237496
- Gizewo, Hotel Camping Park (am Kersten-Se), 11-707 Warpuny
- Giżycko 11-500, Camping „Borowo“, os. Bystry, Tel. (087) 4285076
- Giżycko 11-500, Camping „Zamek“, ul. Moniuszki 1, Tel. (087) 4283410
- Giżycko 11-500, Camping, ul. Lotnicza 4, Tel. (087) 4282530
- Giżycko 11-500, Centrum Żeglarskie, ul. Moniuszki , Tel. (087) 4282636
- Giżycko 11-500, Zentrum für Segler LOK, ul. Św. Brunona, Tel. (087) 4281408

- Gołdap 19-500, Camping C-220, ul. Stadionowa 8, Tel. (087) 6150269
- Harsz, Camp Sonata (am Dargainen-See), Mobiltel. 0 602115864
- Jabłoń, Camping, 12-200 Pisz, Tel. (087) 4232880
- Kamień, Camping nr 5, 12-210 Ukta Tel. (087) 4236022
- Kietlice, Camping am Mauer-See, 11-620 Radzieje, Tel. (087) 4277068
- Kosewo 11-732, Pole Biwakowe OSiR, Tel. (089) 7424521
- Malinówka Wielka 19-325 (bei Ełk), Pole Biwakowe
- Mikołajki 11-730, „Wagabunda", ul. Leśna 2, Tel. (087) 4216018
- Mikołajki 11-730, Klub Żeglarski, ul. Okrężna, Tel. (087) 4216206
- Mrągowo 11-700, Camping, Jaszczurcza Góra 1, Tel. (089) 7412533
- Okartowo, „Nad Śniardwami", 11-525 Orzysz, Tel. (087) 4237517
- Olecko 19-400, Camping, ul. Zamkowa, Tel. (087) 5202785
- Olecko 19-400, „Tawerna Tęcza", ul. Warmińska 2, Tel. (087) 5202116
- Orzysz 11-525, Ośrodek Wypoczynkowy, Leśna 13, Tel. (087) 4237014
- Ostróda 14-100, KS „Sokół", ul. Słowackiego 40, Tel. (089) 6464761
- Pasym 12-130, Camping 249, ul. Wypoczynkowa 3, Tel. (089) 6212152
- Piecki 11-710, Camping 269, ul. Zwycięstwa 60, Tel. (089) 7421025
- Pieczarki (bei Lötzen), Camping „Zum Teich", Tel. (087) 4282589
- Piękna Góra, Przystań „Sailor", 11-532 Wilkasy, Tel. (087) 4271695
- Piławki, Camping, 14-140 Miłomłyn, Tel. (089) 6473451
- Pisz 12-200, „Camp-Pisz", ul. Turystów 1, Tel. (087) 4234463
- Ruciane-Nida 12-220, „U Andrzeja", al. Wczasów, Tel. (087) 4231012
- Rydzewo 11-511, Camping „Echo", Tel. (087) 4211586
- Rydzewo 11-511, Camping „Rydzewo", Tel. (087) 4211579
- Rydzewo 11-511, Zentrum für Segler „Cadet" (am Saiten-See)
- Sedranki (bei Olecko), Camping OSiR, Tel. (087) 5206216
- Sorkwity 11-731, Bootsanlegestelle, ul. Zamkowa, Tel. (089) 7428124
- Stare Jabłonki 14-133, Camping, Tel. (089) 6471423
- Stare Juchy 19-330, Camping 272, ul. Sportowa 2, Tel. (087) 6199044
- Strzelce, Bootsanlegestelle, 11-532 Wilkasy, Tel. (087) 4280177
- Szeligi, Ośrodek „Selment", 19-300 Ełk, Tel. (087) 6104392
- Tałty, Camping „Kama", 11-730 Mikołajki, Tel. (087) 4216575
- Ukta 12-210, Camping „Nad Rzeką", Tel. (087) 4257071
- Wejsuny 12-222, Camping „Wejsunek", Tel. (087) 4231484
- Węgorzewo 11-600, Camping „Rusałka", Tel. (087) 4272191
- Wiartel Mały 12-214, Camping „Wiartel", Tel. (087) 4232600
- Wierzbiny 11-525, Camping (am Arys-See), Tel. (087) 4237338
- Wierzbiny 11-525, Camping „Hoska", Tel. (087) 4237783
- Wilkasy 11-532, Ośrodek AZS, ul. Niegocińska 5, Tel. (087) 4280072
- Wydminy 11-510, Ośrodek Wczasów Campigowych, Tel. (087) 4210164

REISEBÜROS / AUSKUNFT

- Ełk 19-300, „Światowid", ul. Armii Krajowej 31, Tel. (087) 6100330
- Giżycko 11-500, „Orbis", ul. Dąbrowskiego 3, Tel. (087) 4281334
- Gołdap 19-500, „Nolia", ul. Gumbińska 25, Tel. (087) 6153630
- Kętrzyn 11-400, „Orbis", pl. Piłsudskiego 1, Tel./Fax (089) 7512040
- Mrągowo 11-700, „MAT", ul. Ratuszowa 5, Tel./Fax (089) 7418151
- Nidzica 13-100, „Ewa Travel", ul. Kilińskiego 13, Tel./Fax (089) 6255262
- Olecko 19-400, „Orbis", pl. Wolności 7c, Tel. (087) 5203773
- Olsztyn 10-950, Wojewódzkie Centrum Informacji Turystycznej, ul. Staromiejska 1, Tel. (089) 5353565
- Ostróda 14-100, Żegluga Ostródzko-Elbląska, ul. Grunwaldzka 49, Tel. (089) 6463871 (Schiffsfahrten auf dem Oberländischen Kanal)
- Pisz 12-200, „Orbis", ul. Okopowa 3a, Tel./Fax (087) 4250930
- Szczytno 12-100, DNV-Tours Polska, Rudka 9a, Tel. (089) 6243005
- Węgorzewo 11-600, Przedsiębiorstwo Turystyczne „Centrum Mazur", ul. Sienkiewicza 1, Tel./Fax (087) 4272049

Schiff der Weißen Flotte

GESELLSCHAFTEN DER DEUTSCHEN MINDERHEIT

- Biskupiec 11-300 (Bischofsburg), Towarzystwo Społeczno-Kulturalne Mniejszości Niemieckiej na Warmii i Mazurach, ul. Bolesława Chrobrego 10, Tel. (089) 7154111
- Ełk 19-300 (Lyck), Stowarzyszenie Mniejszości Narodowej Niemieckiej „Mazury", ul. 1 Listopada 2, Tel. (087) 6213200
- Giżycko 11-500 (Lötzen), Niemieckie Stowarzyszenie Kulturalno-Socjalne, ul. Gdańska 11, Tel. (087) 4282015
- Giżycko 11-500 (Lötzen), Stowarzyszenie Wspólnota Mazurska, ul. Warszawska 17, Tel. (087) 4282172
- Kętrzyn 11-400 (Rastenburg), Stowarzyszenie Mniejszości Niemieckiej, ul. Polna 12, Tel./Fax (089) 7512582
- Lidzbark Warmiński 11-100 (Heilsberg), Stowarzyszenie Mniejszości Niemieckiej „Warmia", ul. Polna 36, Tel. (089) 7674351
- Mrągowo 11-700 (Sensburg), Mrągowskie Stowarzyszenie Niemieckie „Niedźwiedzia Łapa", ul. Wolności 15, Tel./Fax (089) 7413295
- Morąg 14-300 (Mohrungen), Stowarzyszenie Ludności Niemieckiej „Herder", ul. Pomorska 23
- Olsztyn 10-015 (Allenstein), Olsztyńskie Stowarzyszenie Mniejszości Niemieckiej, ul. Knosały 7, Tel./Fax (089) 5236990
- Olsztyn 10-678 (Allenstein), Stowarzyszenie Niemieckie „Łoś", ul. Rzeszowska 14, Tel./Fax (089) 5426359
- Olsztyn 10-129 (Allenstein), Stowarzyszenie Niezależnej Ludności Pochodzenia Niemieckiego „Korzenie", ul. Kromera 8, Tel. (089) 5275031
- Olsztyn 10-501 (Allenstein), Związek Stowarzyszeń Niemieckich w Byłych Prusach Wschodnich, ul. Kościuszki 13, Tel. (089) 5345084
- Szczytno 12-100 (Ortelsburg), Stowarzyszenie Kulturalne Niemców „Heimat", ul. Warszawska 1, Tel. (089) 6245720

EVANGELISCH-AUGSBURGISCHE KIRCHENGEMEINDEN

- Działdowo 13-200 (Soldau), ul. Wł. Jagiełły 28, Tel. (023) 6972419
- Giżycko 11-500 (Lötzen), pl. Grunwaldzki 6, Tel. (087) 4282375
- Kętrzyn 11-400 (Rastenburg), ul. Zjazdowa 15, Tel. (089) 7522362
- Mikołajki 11-730 (Nikolaiken), pl. Kościelny 5, Tel. (087) 4216293
- Mrągowo 11-700 (Snsburg), ul. Kościelna 2, Tel./Fax (089) 7413044
- Nidzica 13-100 (Neidenburg), ul. Zamkowa 3, Tel./Fax (089) 6252713
- Olsztyn (Allenstein), Stare Miasto 1, Tel./Fax (089) 5272245
- Ostróda 14-100 (Osterode), ul. Sienkiewicza 22b, Tel. (089) 6462561
- Pasym 12-130 (Passenheim), ul. Jedności Słow. 3, Tel. (089) 6212018
- Pisz 12-200 (Johannisburg), pl. Daszyńskiego 12a, Tel. (087) 4232280
- Ryn 11-520 (Rhein), ul. Partyzantów 6, Tel. (087) 4218066
- Sorkwity 11-731 (Sorquitten), Tel. (089) 7428187
- Szczytno 12-100 (Ortelsburg), ul. Warszawska 1, Tel. (089) 6242529

DIPLOMATISCHE VERTRETUNGEN

Deutschland

- Deutsche Botschaft, 03-932 Warszawa, ul. Dąbrowiecka 30
  Tel. (022) 6173011, nachts (022) 6173017, Fax (022) 6173582
- Deutsches Konsulat, 80-219 Gdańsk, al. Zwycięstwa 23
  Tel. (058) 3414366

Österreich

- Österreichische Botschaft, 00-753 Warszawa, ul. Gagarina 34
  Tel. (022) 8410081, Fax (022) 8410085
- Österreichisches Konsulat, 80-384 Gdańsk, ul. Śląska 17
  Tel. (058) 6201933, Fax (058) 6611912

Schweiz

- Schweizerische Botschaft, 00-540 Warszawa, Al. Ujazdowskie 27
  Tel. (022) 6280481, Fax (022) 6210584

AUTOVERLEIH

- Elbląg, PW „George", ul. Jagiellończyka 1, Mobiltel. 0 601330024
- Olsztyn, „Orbis" ul. Dąbrowszczaków 1, Tel. (089) 5275793
- Olsztyn, Autowypożyczalnia, pl. Konstytucji 3 Maja 4,
  Tel. (089) 5345864, w. 179
- Olsztyn, Hotel „Novotel", ul. Sielska 4a, Tel. (089) 5220500,
  Fax (089) 5275403
- Szczytno, „Jata", ul. Brzozowa 10, Tel. (089) 6244288

GRENZÜBERGÄNGE

Grenze Polen – Rußland

Für Autofahrer stehen folgende Grenzübergänge zur Verfügung:

- **Bezledy**, geöffnet Tag und Nacht, Tel. (089) 7616530
- **Gronowo**, geöffnet Tag und Nacht, Tel. (055) 2433991
- **Gołdap,** nur für polnische und russische Staatsbürger, geöffnet 7.00-19.00 Uhr, Tel. (087) 6153816

Eisenbahnübergang:

- **Braniewo,** geöffnet Tag und Nacht, Tel. (055) 2433991

Am Kersten-See

Sonnenuntergang

KLEINER SPRACHFÜHRER

Guten Morgen	Dzień dobry
Guten Tag	Dzień dobry
Guten Abend	Dobry wieczór
Danke	Dziękuję
Bitte	Proszę
Entschuldigung	Przepraszam
Ja	Tak
Nein	Nie
Auf Wiedersehen	Do widzenia
Gute Nacht	Dobranoc
Ich verstehe nicht	Nie rozumiem

Unterwegs.	**W drodze.**
Wo ist ...?	Gdzie jest ...?
Wie komme ich nach ...?	Jak dojechać do ...?
Welcher Bus fährt nach ...?	Który autobus jedzie do ...?
Wann kommen wir an?	O której będziemy na miejscu?
Wo sind die Toiletten?	Gdzie są toalety?
Bahnsteig	peron
Ist der Parkplatz bewacht?	Czy ten parking jest strzeżony?
Können Sie mir helfen?	Czy może mi Pan (Pani) pomóc?
rechts	w prawo
links	w lewo
geradeaus	prosto
nah	blisko
weit	daleko

Im Hotel.	**W hotelu.**
Mein Name ist ...	Nazywam się ...
Haben Sie noch Zimmer frei?	Czy są jeszcze wolne pokoje?
Ich habe reservieren lassen ...	Zarezerwowałem ...
ein Einzelzimmer	pokój jednoosobowy
ein Doppelzimmer	pokój dwuosobowy
ein Zimmer mit Bad	pokój z łazienką
Kann ich das Zimmer sehen?	Mógłbym obejrzeć pokój?
Ich möchte ein anderes Zimmer	Chciałbym inny pokój
Wieviel kostet es pro Nacht?	Jaka jest opłata za noc?
Ist das Frühstück inbegriffen?	Czy w cenę jest wliczone śniadanie?

Im Restaurant.	W restauracji.
Ich möchte einen Tisch für 3 Personen resevieren lassen.	Chciałbym zarezerwować stolik dla 3 osób.
Kann ich bitte die Speisekarte haben?	Mogę prosić o jadłospis?
Was würden Sie mir empfehlen?	Co by mi Pan polecił?
Ich hätte gern eine Suppe.	Poproszę o zupę.
Ich hätte gern Fisch.	Chciałbym zjeść rybę.
Aal	węgorz
Barsch	okoń
Brasse	leszcz
Dorsch	dorsz
Felchen	sielawa
Hecht	szczupak
Karpfen	karp
Hering	śledź
Lachs	łosoś
Zander	sandacz
Ich hätte gern Fleisch.	Chciałbym coś z mięsa.
Eisbein	golonka
Rippensteak	kotlet wieprzowy
Schinken	szynka
Hähnchen	kurczak
Kartoffeln	ziemniaki (kartofle)
Pommes frites	frytki
Reis	ryż
Käse	ser
Bier	piwo
Wein	wino
Mineralwasser	woda mineralna
Saft	sok
Kaffe	kawa
Tee	harbata

Beim Arzt.	U lekarza.
Können Sie einen Arzt rufen?	Czy może Pan wezwać lekarza?
Ich habe hier Schmerzen.	Tu mam bóle.

Geldwechsel.	Wymiana pieniędzy.
Wo ist eine Wechselstube?	Gdzie jest kantor?
Wo ist hier eine Bank?	Gdzie tu jest bank?
Ich möchte wechseln ...	Chciałbym wymienić ...

ANMERKUNGEN

1. Quelle: Reinhold Weber, *Masuren. Geschichte – Land und Leute*, Leer 1983, S. 10-11
2. Quelle: Jan Bałdowski, *Kraina Wielkich Jezior Mazurskich*, Warszawa 1977, S. 8-9
3. Quellen: *Wielka Encyklopedia Powszechna PWN*, Warszawa 1963, 2. Band, S. 27; „Życie Warszawy" – 15.07.1994; „Życie Warszawy" – 20.04.1994, Jerzy Ptaszak, *Bocian biały a zmiany w krajobrazie i środowisku*, „Problemy" nr 11-12, XII 1991.
4. Quelle: Reinhold Weber, a.a.O., S. 18-182
5. Vgl. Wacław Kowalski, *Województwo olsztyńskie*, Warszawa 1969, S. 24; Jerzy Szynkowski, *Das Land der Großen Masurischen Seen*, Dülmen 1993, S. 16
6. Vgl. Andrzej Sakson, *Mazurzy – społeczność pogranicza*, Poznań 1990, S. 27-28
7. Ebenda, S. 43-52
8. Ebenda, S. 37
9. Ebenda, S. 65-69
10. Ebenda, S. 76-77, 204
11. Vgl. Max Toeppen, *Historia Mazur*, Olsztyn 1995, S. 391-393
12. Vgl. Tomasz Jurasz, *Warmia i Mazury. Panorama turystyczna*, Warszawa 1979, S. 138-139
13. Ebenda, S. 123-124
14. Anna Szyfer, *Zwyczaje, obrzędy i wierzenia Mazurów i Warmiaków*, Olsztyn 1975, S. 75-76
15. Ebenda, S. 79
16. Maria Drabecka, Barbara Krzyżaniak, Jarosław Liskowski, *Folklor Warmii i Mazur*, Warszawa 1978, S. 457-521; Tomasz Jurasz, a.a.O., S. 94
17. Anna Szyfer, a.a.O., S. 17-71; Jan Stanisław Bystroń, *Etnografia Polski*, Warszawa 1947, S. 183
18. Anna Szyfer, a.a.O., S. 441-444
19. Ebenda, S. 454-456
20. Ebenda, S. 73
21. Quelle: Tadeusz Oracki, *Folklor ustny* (in:) *Kultura ludowa Mazurów i Warmiaków*. Praca zbiorowa pod red. Józefa Burszty, Wrocław 1976, S. 441-447;
22. Ebenda, S. 443; Max Toeppen, *Aberglauben aus Masuren*, Danzig 1867

23. Alicja Kruszelnicka, Jerzy Kruszelnicki, *Mazurski Park Krajobrazowy. Przewodnik ilustrowany*, Krutyń 2000, S. 19
24. Quellen: Jerzy Szynkowski, a.a.O., S. 144-147, *Mrągowo. Z dziejów miasta i powiatu*. Praca zbiorowa pod red. Teresy Kurzyny, Olsztyn 1975, S. 215, 217-235
25. Quelle: Agnieszka Zduniak, *Heiligelinde. Reiseführer*, Olsztyn 1999
26. Otylia Sakowska, Leszek Matela, *Tajemnice mazurskiej piramidy*, „Express Wieczorny", Nr. 144, 23-25.06.1995
27. Quellen: Bogdan Szczotko, *Twierdza Boyen*, Giżycko 1998; Wiesław Bolesław Łach, *System obronny Prus Wschodnich (do 1935 roku)*, Olsztyn 1997, S. 104-113
28. Quelle: Grzegorz Rąkowski, *Mazury Garbate*, Warszawa 1989, S. 85-86
29. Dönhoff, Marion Gräfin, *Namen, die keiner mehr nennt*, München 1987
30. Ebenda
31. Alicja Kruszelnicka, a.a.O., S. 18-19
32. Quellen: Peter Hoffmann, *Die Sicherheit des Diktators. Hitlers Leibwachen, Schutzmaßnahmen, Residenzen, Hauptquartiere*, München-Zürich 1975; Bogdan Wasilenko, *Polowa główna kwatera Hitlera w Gierłoży pod Kętrzynem*, Kętrzyn 1974
33. Quellen: Kurt Finker, *Stauffenberg und der 20. Juli 1944*, Berlin 1972; Peter Hoffmann, *Widerstand gegen Hitler. Probleme des Umsturzes*, München 1984; Peter Hoffmann, *Claus Schenk Graf von Stauffenberg und seine Brüder*, Stuttgart 1992
34. Vgl. *Żywkowo – ein Dorf der Störche*, Północnopodlaskie Towarzystwo Ochrony Ptaków, Białystok, o.J.
35. Bogdan Płoński, *Ełcka kolej wąskotorowa*, Ełk, o.J.
36. Elżbieta Szymkiewicz, Marian Szymkiewicz, *Szlakami Mazur Południowych*, Szczytno 1994
37. Alicja Kruszelnicka, *Der Naturpfad Krutyń – Zgon*, Krutyń, o.J.
38. Alicja Kruszelnicka, *Der Naturpfad Krutyń – Rosocha*, Krutyń, o.J.
39. Vgl. Witold Piechocki, *Ostródzko-Elbląski szlak wodny*, Warszawa 1971; Jan Bałdowski, *Warmia, Mazury, Suwalszczyzna. Przewodnik*, Warszawa 1996, S. 316-319
40. Vgl. Paweł Luboński, Andrzej Wyszkowski, *Szlak wodny Krutyni*, Warszawa 2000, Jan Bałdowski, *Warmia, Mazury, Suwalszczyzna. Przewodnik*, Warszawa 1996, S. 337-340

LITERATURVERZEICHNIS

1. Achremczyk, Stanisław, *Historia Warmii i Mazur*, Olsztyn 1997
2. Baldowski, Jan, *Ermland und Masuren*, Dülmen 1995
3. Bałdowski, Jan, *Kraina Wielkich Jezior Mazurskich*, Warszawa 1977
4. Bałdowski, Jan, *Mrągowo, Mikołajki, Reszel*, Warszawa 1974
5. Bałdowski, Jan, *Warmia, Mazury, Suwalszczyzna. Przewodnik*, Warszawa 1996
6. Borjans, Axel, *Polen – kennen und lieben*, Lübeck 1987
7. Braunsberg, Rudolf, *Reise durch Masuren*, Baden-Baden 1975
8. Bredenberg, Fritz, *Der Kreis Sensburg*, Würzburg 1960
9. Dönhoff, Marion Gräfin, *Namen, die keiner mehr nennt*, München 1987
10. Drabecka Maria, Krzyżaniak Barbara, Liskowski Jarosław, *Folklor Warmii i Mazur*, Warszawa 1978
11. Finker, Kurt, *Stauffenberg und der 20. Juli 1944*, Berlin 1972
12. Gałczyńska, Kira, *Leśniczówka Pranie*, Warszawa 1989
13. Gause, Fritz, *Geschichte des Prußenlandes*, Leer 1966
14. *Giżycko. Z dziejów miasta i okolic*. Praca zbiorowa pod red. Andrzeja Wakara, Olsztyn 1983
15. *Heimatkarte von Ostpreußen und der freien Stadt Danzig*, Verlag Schadinsky, Celle
16. Hoffmann, Peter, *Die Sicherheit des Diktators*, München-Zürich 1975
17. Hoffmann, Peter, *Widerstand gegen Hitler*, München 1984
18. Jurasz, Tomasz, *Warmia i Mazury, panorama turystyczna*, Warszawa 1979
19. *Kętrzyn. Z dziejów miasta i okolic*. Praca zbiorowa pod red. Andrzeja Wakara, Olsztyn 1978
20. Kowalski, Wacław, *Województwo olsztyńskie. Przewodnik*, Warszawa 1969
21. Kruszelnicka Alicja, Kruszelnicki Jerzy, *Mazurski Park Krajobrazowy. Przewodnik ilustrowany*, Krutyń 2000
22. Kruszelnicka, Alicja, *Der Naturpfad Krutyń – Rosocha*, Krutyń o.J.
23. Kruszelnicka, Alicja, *Der Naturpfad Krutyń – Zgon*, Krutyń, o.J.
24. Kuczkowski, Wojciech, *Przewodnik dla żeglarzy*, Warszawa 1993
25. Kulczyk Sylwia, Tomczyk Edyta, *Kraina Wielkich Jezior*, Bielsko-Biała 2000
26. *Kultura ludowa Mazurów i Warmiaków*. Praca zbiorowa pod red. Józefa Burszty, Wrocław 1976
27. Luboński Paweł, Wyszkowski Andrzej, *Szlak wodny Krutyni*, Warszawa 2000

28. Łach, Wiesław Bolesław, *System obronny Prus Wschodnich (do 1935 roku)*, Olsztyn 1997
29. *Mragowo. Z dziejów miasta i powiatu*. Praca zbiorowa pod red. Teresy Kurzyny, Olsztyn 1975
30. *Olecko. Z dziejów miasta i powiatu*. Praca zbiorowa pod red. Teresy Kurzyny, Olsztyn 1974
31. Panfil, Jan, *Pojezierze Mazurskie*, Warszawa 1968
32. Paszenda, Jerzy, *Heiligelinde. Begleiter bei der Besichtigung*, Święta Lipka 1995
33. Piechocki, Witold, *Ostródzko-Elbląski szlak wodny*, Warszawa 1971
34. *Pisz. Z dziejów miasta i powiatu*. Praca zbiorowa pod red. Wandy Koryckiej, Olsztyn 1970
35. Płoński, Bogdan, *Ełcka Kolej Wąskotorowa*, Ełk 2000
36. Rąkowski, Grzegorz, *Kraina Wielkich Jezior Mazurskich*, Warszawa 1988
37. Rąkowski, Grzegorz, *Mazury Garbate*, Warszawa 1989
38. Rzempołuch, Andrzej, *Święta Lipka. Przewodnik*, Olsztyn 1991
39. Sakson, Andrzej, *Mazurzy, społeczność pogranicza*, Poznań 1990
40. Siemiński, Stanisław, *Masuren. Bekanntes und doch unbekanntes Land*, Kętrzyn 1999
41. *Słownik geograficzno-krajoznawczy Polski*. Praca zbiorowa pod red. Marii Ireny Mileskiej, Warszawa 1983
42. Szczotko, Bogdan, *Twierdza Giżycka*, Giżycko 1998
43. Szyfer, Anna, *Zwyczaje, obrzędy i wierzenia Mazurów i Warmiaków*, Olsztyn 1975
44. Szymkiewicz Elżbieta, Szymkiewicz Marian, *Szlakami Mazur Południowych*, Warszawa 1994
45. Szynkowski, Jerzy, *Das Land der Großen Masurischen Seen*, Dülmen 1993
46. Toeppen, Max, *Aberglauben aus Masuren*, Danzig 1867
47. Tomczyk, Edyta, *Mazury na weekend. Przewodnik turystyczny. 9 tras po najpiękniejszych zakątkach Mazur*, Bielsko Biała 1999
48. *Warmia i Mazury*. AFW „Mazury“, Olsztyn 1993
49. *Warmia i Mazury*. Praca zbiorowa pod red. Stanisławy Zajchowskiej i Marii Kiełczewskiej-Zaleskiej, Poznań 1953
50. Weber, Reinhold, *Masuren*, Leer 1983
51. *Węgorzewo. Z dziejów miasta i powiatu*. Praca zbiorowa pod red. Wandy Koryckiej, Olsztyn 1968
52. *Wielka Encyklopedia Powszechna PWN*, Warszawa 1963
53. *Żywkowo – ein Dorf der Störche*, Północnopodlaskie Towarzystwo Ochrony Ptaków, Białystok, o.J.

REGISTER
(polnisch-deutsch und deutsch-polnisch)